Die Essener-Berichte
des Flavius Josephus

'Einen Blick auf die unermeßlichen Autorenregister des Plinius zu werfen, sollte sich niemand entgehen lassen, der Quellenstudien treiben muß, auf daß er über die Grenzen des Wissensmöglichen kleinmütiger zu denken lerne.'

Eduard NORDEN
(in: Zur Josephus-Forschung, 67)

Roland Bergmeier

Die Essener-Berichte des Flavius Josephus

Quellenstudien zu den Essenertexten im Werk des jüdischen Historiographen

Pharos

Kok Pharos Publishing House
Kampen – The Netherlands

CIP-GEGEVENS KONINKLIJKE BIBLIOTHEEK, DEN HAAG

Bergmeier, Roland

Die Essener-Berichte des Flavius Josephus: Quellenstudien zu den
Essenertexten im Werk des jüdischen Historiographen/Roland
Bergmeier. – Kampen: Kok Pharos
Met lit. opg., reg.
ISBN 90-390-0014-X
NUGI 632
Trefw.: Josephus, Flavius (werken); bronnenonderzoek/Essenen.

© 1993, Kok Pharos Publishing House,
P.O. Box 130, 8260 AC Kampen, The Netherlands
Cover Design by Rob Lucas
Typesetting: Elgraphic bv, Schiedam
ISBN 90 390 0014 X
NUGI 632

Vorwort

Bei der Vorbereitung eines Philosophie-Grundkurses am Thomas-Mann-Gymnasium Stutensee, an dem ich als Religionslehrer tätig bin, stieß ich auf jene Stelle im 'Gastmahl' des Plato, wo Alkibiades, den Sokrates lobend, auch dies erzählt, wie jener, ganz in Nachdenken versunken, beharrlich einen Tag und eine Nacht lang auf ein und derselben Stelle stehenlieb, bis ihm, wie wir sagen, ein Licht aufging und er, nach einem Gebet zur Sonne, weggehen konnte (Symp. 220D). Mir fiel spontan jene für mich bis dahin unverständliche Notiz des Josephus ein, wonach die Essener ihre morgendlichen Gebete zur Sonne gerichtet hätten (bell. 2,128). Das Feuer des Interesses war entzündet, doch schwer, wie Sokrates, ging mir das Nachdenken vonstatten – und dies länger als einen Tag und eine Nacht lang – darüber, wie jene Stelle bei Josephus wohl gemeint sein könnte. Waren die Worte des Josephus gar nicht als Andeutung von *Sonnenkult* der Essener, sondern als eine Anspielung auf ihre spezielle Gebetsrichtung zu verstehen, wie F.M. Cross, Die antike Bibliothek von Qumran, 107, Anm. 131 wahrscheinlich zu machen versucht hatte? Oder war die Stelle, wie E. Zeller in seiner Philosophiegeschichte zu sehen gelehrt und begründet hatte, ein Beweis für die Vereinigung von vita Pythagorica und jüdischem Glauben, die der Essenismus in seiner Gänze darstellen sollte? Eine Inkulturation des Pythagoreismus im Frühjudentum, für die mit A. Dupont-Sommer selbst in den Qumrantexten Indizien aufzuspüren waren? Deutete selbst der Name Essener, anklingend an die 'Essenen' am Artemision zu Ephesus, auf Fremdeinwirkung in der einen oder anderen Weise hin?

Als mir ein Licht aufging, wie jene Stelle Sinn und Bedeutung in einer *Quelle* des Josephus gehabt haben könnte, war das Problem noch immer nicht befriedigend gelöst, ja es hatte sich inzwischen vergrößert und verschärft. Mit W. Bauer hatte ich die *Disparatheit* des Stoffes der Essenertexte bei Josephus zu sehen gelernt. So erwies es sich als unmöglich, hinter den Essenertexten des Josephus *eine* große Quellendarstellung zu vermuten. Zug um Zug schälten sich mir zwingend weitere Quellenschriften als notwendige Postulate heraus. So hilfreich, anregend und unverzichtbar dabei die Wahrnehmung von Sekundärliteratur auch gewesen sein mag, die heute weltweit wachsende Zahl wissenschaftlicher Beiträge zum Themenkomplex auch nur annähernd in meine Bemühung um Lösungen der Essener-Problematik einzubeziehen, war mir nicht möglich gewesen. Doch habe ich mich redlich bemüht, vielseitige Perspektiven der Literatur zur Kenntnis zu nehmen und zu verarbeiten. Dank darf ich in diesem Zusammenhang abstatten an die Landeskirchliche Bibliothek Karlsruhe für Hilfe, Nachsicht und Entgegenkommen, Dank auch an die unersetzliche Einrichtung der Badischen Landesbibliothek Karlsruhe.

Bei der beharrlichen Mühe des Nachdenkens unersetzlich war auch die Hilfe all jener, die sich von mir in Probleme, Fragen und Diskussionen einspannen ließen und mir dankenswerterweise in der einen oder anderen Form geantwortet und weitergeholfen haben: allen voran die Güte und Geduld selbst, Herr Professor Dr. Klaus Beyer, weiter die vielfach ausgewiesene Essener-Kompetenz, Herr Professor Dr. Christoph Burchard, schließlich Herr Professor Dr.Dr. Hartmut Stegemann und nicht zuletzt Herr Professor D.Dr. Karl Heinrich Rengstorf, ohne dessen Ermutigung die Arbeit vielleicht nie hätte zum Abschluß gebracht werden können.

Mit Wohlwollen und hilfreichem Rat hat Frau Drs. Kristin De Troyer, Publisher Kok Pharos, die Wege geebnet, daß die vorliegende Untersuchung veröffentlicht werden konnte. Auf ihre Bitte hin habe ich noch Übersetzungen eingefügt, um die Lektüre auch für den Nichtspezialisten verständlich und erträglich zu machen. Empfehlend darf ich in diesem Zusammenhang auch auf das Register hinweisen, in das eine Reihe lexikalischer Angaben eingearbeitet wurde.

Weingarten (bei Karlsruhe), im Februar 1992

Roland Bergmeier

Inhalt

0	Einführung	9
1	Die Essenertexte im Werk des Josephus	12
2	Die Essenertexte des Josephus im Rahmen der antiken Berichte über die Essener	23
3	Qumran und die Essener, das Problem der Quellen des Josephus	49
3.1	Die Essener als Paragnosten im Lichte der Qumrantexte	52
3.2	Die Essener im Rahmen der jüdischen Religionsgruppen	56
3.2.1	Drei Philosophenschulen und die vierte Schulrichtung	58
3.2.2	Die Drei-Schulen-Darstellung als Quelle	60
3.2.3	Die Drei-Schulen-Quelle und die Qumrantexte	64
3.3	Die Essener des Josephus und die Essäer bei Philo	66
3.3.1	Die hellenistisch-jüdische Essäer-Quelle	67
3.3.2	Die hellenistisch-jüdische Essäer-Quelle und die Qumrantexte	72
3.3.3	Ergebnis	78
3.4	Die Essener als Richtung mit pythagoreischer Lebensweise	79
3.4.1	Die pythagoraisierende Essener-Quelle	81
3.4.2	Die pythagoraisierende Essener-Quelle und die Qumrantexte	94
3.4.3	Ergebnis	104
4	Sprachliche Besonderheiten als Indizien für Quellenbenützung	108
5	Zusammenfassung, Ergebnis und offene Fragen	114
6	Bibliographie	122
6.1	Quellen, Textsammlungen, Übersetzungen	122
6.2	Allgemeine Hilfsmittel, Literaturberichte, Bibliographien	125
6.3	Sekundärliteratur	127
7	Register	138
7.1	Register moderner Autoren	138
7.2	Stichwortregister	143
7.2.1	Namen und Sachen	143
7.2.2	Griechische Wörter	152
7.3	Stellenregister	153
7.3.1	Biblische Bücher	153
7.3.2	Apokryphen und Pseudepigraphen des Alten Testaments	155

7.3.3 Qumran (Wüste Juda) 157
7.3.4 Josephus 161
7.3.5 Philo von Alexandria 167
7.3.6 Griechische und lateinische Profanschriftsteller 171
7.3.7 Kirchliche Schriftsteller 175

Einführung

Zweimal bin ich schon während meines Theologiestudiums mit dem Gegenstand dieser Untersuchung des näheren in Berührung gekommen, zunächst durch Mitarbeit am Institutum Judaicum in Tübingen[1], wo unter federführender Leitung von O. Michel die zweisprachige Ausgabe von Josephus' Bellum Judaicum entstand, danach durch Mitarbeit in der Qumranforschungsstelle Heidelberg[2], wo unter der Ägide von K.G. Kuhn ein Wörterbuch zu den Qumrantexten hatte entstehen sollen. Auch während der Arbeit an meiner Dissertation, in der ich u.a. Aufkommen und Geschichte des prädestinatianischen Dualismus verfolgte[3], war ich wieder und wieder in die eigentlich offenen Fragen um die Beziehungen zwischen Essenertum und Qumranbewegung involviert, ohne mich der stets als schwierig empfundenen Aufgabe genauerer Rückfrage stellen zu können. Seitdem hatte ich das Gefühl des Ungenügens immer wieder beiseitegeschoben, das ungute Gefühl, das einen beschleicht, wenn man die Essener-Nachrichten des Josephus, der ja den Anschein erweckt, als beschreibe er jene religiöse Gruppe des Judentums aus eigener Erfahrung und Anschauung[4], mit den Texten aus Qumran vergleicht, die wir essenisch, essenistisch bzw. qumran-essenisch zu nennen uns angewöhnt haben[5]. Natürlich gibt es Übereinstimmungen, die denn auch bald nach Bekanntwerden der Schriftrollen vom Toten Meer zur Identifizierung der Qumranbewegung mit den Essenern geführt haben[6].

1) Vgl. R. Bergmeier, ZNW 54, 268-271.
2) Vgl. R. Bergmeier-H. Pabst, RdQ 5, 435-439.
3) Glaube als Gabe, Teil II: Determination, Prädestination und Dualismus in Texten des antiken Judentums, 48-116.
4) Vgl. Ch. Rabin, Qumran Studies, 9f.: 'Josephus claims (Vita 2) to have passed through the "three courses" himself, i.e. at least to have gone through the Essene novitiate. Even if he was unsuccessful in being finally accepted, he must have been acquainted with the conditions imposed on novices, ...' A. Pelletier, Flavius Josèphe, II, 206, Anm. 4:« Son témoignage est de première main, puisqu'il les a longuement étudiées sous la conduite d'un maître, Bannos, qui vivait au désert. Vita 11.»
5) W. Grundmann, in: Umwelt, I, 238: 'Die Leute von Qumran haben der Bewegung zugehört, die man Essener genannt hat; und wahrscheinlich ist Qumran das Zentrum der Bewegung gewesen, die überall ihre Gruppen hatte, dabei jedoch auch verschiedene Richtungen aufwies.' Vgl. auch E. Schürer, History, II, 583-585.
6) E.L. Sukenik, Megillot, 16; A. Dupont-Sommer, Aperçus, 105ff.; K.G. Kuhn, ThLZ 75, 85, Anm. 2. Seitdem von vielen und vielfach wiederholt, erhärtet, ergänzt, s. z.B. F.M. Cross, Bibliothek, 61-108; D. Flusser, in: Qumran, 121f.; Megillot, 10.

Aber wie erklären sich die zum Teil wenigstens eklatanten Widersprüche und wie – noch mehr – das Fehlen unverwechselbarer Spezifika aus Leben, Lehre und Geschichte der Gemeinde des Lehrers der Gerechtigkeit[7]? Die ungeklärte Forschungslage ist auch für die Arbeit des Neutestamentlers von Belang. In Erörterung des 'außerchristlichen Hintergrunds des Evangeliums' läßt so z.B. C.K. Barrett in seinem Johannes-Kommentar die ganze Ungeklärtheit der angesprochenen Frage anklingen, wenn er schreibt: 'Ob jene, die die Schriften verfaßten und abschrieben, zu Recht als die Essener bezeichnet werden, ist eine Frage, die hier nicht diskutiert werden muß'[8]. Gleichwohl ordnet derselbe Autor die Qumranschriften – wie anders als im Lichte der klassisch antiken Essenertexte? – als Belege dafür ein, 'daß der Hellenismus bereits im 1. Jh. in das Leben Palästinas eingedrungen war'[9]. Ohne den Tatbestand kultur- und religionsgeschichtlicher Umgestaltung im Zuge der Hellenisierung des Vorderen Orients auch nur im geringsten bestreiten zu wollen[10], scheint mir ausgerechnet die Qumranliteratur nicht der geeignete Gegenstand zu sein, an dem die Gegenwart des Hellenismus so selbstverständlich festzumachen wäre. Sicher, ein Text wie 4 Q *186* atmet den Geist speziell hellenistischer Astrologie, aber er ist auch weit davon entfernt, für die Schriften der Qumrangemeinde repräsentativ zu sein oder auch zu ihrer Theologie in aufweisbarer Beziehung zu stehen[11]. Umgekehrt sind die Essenertexte nicht nur des Josephus, sondern zumal auch des Philo von Alexandrien randvoll von *typisch* hellenistischen Ausdrucksweisen und Vorstellungen, aber gerade diese gehören ja in durchaus unbestimmter Intensität und Tragweite[12] mit zur Problematik der Beziehungen zwischen Essenern und Qumrangemeinde.

---

7) J. Maier, BiKi 40, 48: 'Obwohl zwischen Einzelangaben über die "Essener" und Inhalten von Qumrantexten so viele Entsprechungen bestehen, daß eine Beziehung angenommen werden muß, bleibt hinsichtlich des Gesamtbildes ein beachtlicher, ungeklärter Rest von Fragen, insofern ist auch der Stand der Forschung noch offen', vgl. auch Zwischen, 275.

8) Johannes, 51.

9) 151. Vgl. dazu auch B. Salomonsen, Spätjudentum, 169: Therapeuten, Qumransekte und Essenern sei eine asketische Ethik gemeinsam, 'die wiederum eine dualistische Anthropologie voraussetzt. Es kann deshalb kaum ein Zweifel daran bestehen, daß das plötzliche Auftauchen dieser Sekten innerhalb des Judentums zu einem wesentlichen Teil dem Einfluß hellenistischer Kultur zu verdanken ist, ...'

10) Vgl. M. Hengel, 'Hellenization', s. auch Judentum, speziell 193-463, E. Schürer, History, II, 52-80.

11) Vgl. meinen Nachweis in: Glaube als Gabe, 78-81.

12) H. Braun, Radikalismus, I, 76.

Wovon also soll Interpretation sich leiten lassen? Von der Warnung P. Wendlands: 'Durch die von Josephus aufgetragenen hellenistischen Farben darf man sich hier wie in der philonischen Schilderung der Therapeuten ... nicht täuschen lassen'[13]? Oder von der Einladung M. Hengels, sich gerade von diesen hellenistischen Farben anregen zu lassen, Spuren des Hellenismus in den Qumrantexten selbst aufzufinden, Spuren, die jene interpretatio Graeca der Essener von Qumran geradezu evoziert haben, 'die ihnen in den Schriften des Philo, des Josephus, des Plinius, des Dio Chrysostomus und anderer widerfuhr und die dazu führte, daß sie in der Forschung lange Zeit immer wieder als jüdische Neupythagoreer betrachtet werden konnten'[14]? Ich denke, bevor einer solchen Einladung zu folgen wäre, ist allererst literarischer Charakter und historischer Wert der Essenertexte zu prüfen und zu bestimmen. Analysen dieser Art, dabei der Versuch einer Antwort auf die Frage, warum einerseits so deutliche Übereinstimmungen, andererseits so unübersehbare Diskrepanzen zwischen Essener- und Qumrantexten bestehen, sollen also Aufgabe vorliegender Untersuchung sein.

13) Kultur, 191, Anm. 2.
14) In: Qumrân, 372, vgl. auch Judentum, 452.

1 Die Essenertexte im Werk des Josephus

Die zu erörternden Texte[1] finden sich in den Werken a) De bello Judaico (= bell.), fertiggestellt zwischen 75 und 79 n.Chr.[2], 1,78-80; 2,112f.119-161.566-568; 3,9-12; 5,142-145, b) Antiquitates Judaicae (= ant.), um 93/94 erschienen[3], 13,171f.298.311-313; 15,371-379; 17,345-348; 18, 11.18-22, c) De vita sua (= vita), geschrieben im Anschluß an ant. oder auch erst um 100[4], §§ 10-12. Unerwähnt bleiben die Essener in Contra Apionem (= c.Ap.), verfaßt um 96 n.Chr.[5] Kann man nicht quellenkritische Gründe geltend machen, hat die Analyse der Josephustexte von der angegebenen literaturhistorischen Reihenfolge auszugehen.

Soziographisch begegnen die Essener in den genannten Texten als αἵρεσις *Philosophenschule, Richtung*[6] bell. 2,122.137.142; ant. 13,171; vita 10 ~ φιλοσοφία ant. 18,11 ~ εἶδος bell. 2,119 ~ γένος ant. 13,172; 15,371, als ὅμιλος *Gemeinschaft, Kreis* bell. 2,138, als τάγμα *Gruppe, Kreis* bell. 2,122.125.143.160.161.

Das Werk des Josephus überliefert zwei griechische Namensformen der in Rede stehenden Gruppe: a) Ἐσσαῖος - Ἐσσαῖοι *Essäer* (wie durchweg Philo, prob 75-91, Apologie (VIII 11)[7] 1-18) bell. 1,78 (ant. 13,311 v.l.); 2,113 ~ ant. 17,346; bell. 2,567; 3,11; ant. 15,371, b) Ἐσσηνοί *Essener* (wie Plinius d.Ä., nat. hist. 5,73[8]; Dio von Prusa nach Synesius von Kyrene 3,2[9]) bell. 2,119.158.160; 5,145; ant. 13,171.172.298.311;

---

1) Den Text nach B. Niese, Flavii Josephi opera, I-VII, 1887-1895, bieten A. Adam-Ch. Burchard, Antike Berichte, 22-38.
2) E. Schürer, History, I, 47f.; (S. Safrai and) M. Stern, Jewish People, I, 20.
3) E. Schürer, History, I, 48; (S. Safrai and) M. Stern, Jewish People, I, 21.
4) G. Stemberger, Geschichte, 64; vgl. E. Schürer, History, I, 54; zur Diskussion s. auch (S. Safrai and) M. Stern, Jewish People, I, 21 mit Anm. 2.
5) G. Stemberger, Geschichte, 64; G. Hölscher, PRE IX, 1995.
6) Zu Recht weist M. Simon, Christianisme, 209 auf den Unterschied zwischen αἵρεσις bei Josephus und αἵρεσις in patristischen Zeugnissen hin: 'Lorsque Josèphe désigne comme αἱρέσεις les tendances majeures du judaïsme, il n'attache au terme aucune nuance péjorative.'
7) Erhalten durch Euseb, Praeparatio evangelica VIII,11, ed. K. Mras, danach abgedruckt in: A. Adam-Ch. Burchard, Antike Berichte, 5-7.
8) Textedition von L. Jan-C. Mayhoff, I, 391f., danach A. Adam-Ch. Burchard, Antike Berichte, 38.
9) A. Adam-Ch. Burchard, Antike Berichte, 39f.

15,372.373,378; 18,11.18; vita 10. Warum, muß man sich fragen, kennen die antiken Schriftsteller überhaupt zwei Namensformen, und warum gebraucht Josephus *beide*, dazu noch ohne ihren Wechsel zu begründen oder – mit Ausnahme ant. 15,371 – wenigstens zu kommentieren?

Bevor er die *Essener* in bell. 2,119-161 ausführlich zur Darstellung bringt, hat er schon zweimal, nämlich 1,78-80 (par. ant. 13,311-313) und 2,112f. (par. ant. 17,345-348) von *Essäern* erzählt. Er erklärt nicht, wer die Essäer sind, noch weist er darauf hin, daß er an späterer Stelle von ihnen berichten wird. Es stehen also Essäer- und Essenertexte *beziehungslos* nebeneinander. Josephus selbst scheint an diesem Punkt ein Ungenügen empfunden zu haben, schaltet er doch beim zweiten Durchgang dem ursprünglich ersten Essäertext, ant. 13,311-313, einen generellen Drei-Schulen-Text, ant. 13,171ff. (vgl. auch § 298), vor und führt sodann ant. 13,311 Judas, textkritisch wahrscheinlich, als Essener ein. Dieses soeben angesprochene kompositionstechnische Verfahren ist nun seinerseits höchst aufschlußreich. Josephus spaltet hier nämlich seinen Quellentext[10], das ist 1.Makk 12,5-25, in die Abschnitte ant. 13,166-170 und § 174 auf, indem er vollständig kontextfremd den Drei-Schulen-Text §§ 171-173 hineinkomponiert. Dahinter, so scheint es, steckt Methode. 1.Makk 7,13-17.23 hatte von den friedensbereiten Asidäern gehandelt, von denen seitens der Allianz Alkimus/Bakchides 60 Mann umgebracht wurden, worauf das Psalmwort (Ps 79/78,2f.) σάρκας ὁσίων σου κτλ. passen sollte. Als Josephus, ant. 12,396.400 auf diese Stelle zu sprechen kam, ließ er aus Gründen, die nicht auf der Hand liegen, die Asidäer entfallen und sprach nur von πολλοὺς τῶν ἀγαθῶν καὶ ὁσίων τοῦ ἔθνους (vielen der Guten und Frommen im Volk), wobei allerdings solche Rede von 'den Frommen im Volk' bei Josephus singulär ist. Die Einführung der *Asidäer* aus der Zeit *Demetrius I.* (ant. 12,393.397.402) holt Josephus nirgendwo nach, führt aber dann die *Essener* im Rahmen des Drei-Schulen-Textes in der Zeit *Demetrius II.* (ant. 13,174) ein[11]. Soll dies bedeuten, daß die Essener bei Josephus an die Stelle der Asidäer getreten sind? Wir werden die Frage, in der folgenden Übersicht visualisiert, im Auge behalten.

---

10) Zu 1.Makk als Quelle des Josephus vgl. S.J.D. Cohen, Josephus (1979), 44-47.
11) Historisch – vgl. E. Schürer, History, II, 587 mit Anm. 54 – lassen sich aus dem kompositionellen Verfahren des Josephus keine zureichenden Schlüsse ziehen, wie auch G. Stemberger, Pharisäer, 91 zutreffend urteilt: 'Offenbar hat Josephus eine zeitlose Notiz einfach redaktionell eingeschoben, wo es ihm passend schien.' Dessenungeachtet ist es historisch philologisch nicht vertretbar, die Asidäer einerseits mit den Essenern, andererseits mit der 'Samaritanischen Religionsgemeinschaft' zu identifizieren,

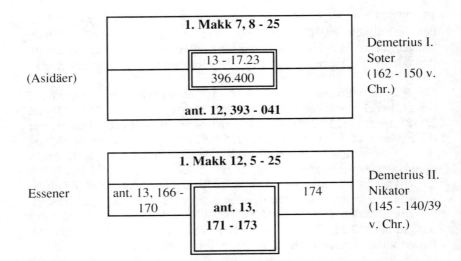

	1. Makk 7, 8 - 25	
(Asidäer)	13 - 17.23 396.400 ant. 12, 393 - 041	Demetrius I. Soter (162 - 150 v. Chr.)

	1. Makk 12, 5 - 25		
Essener	ant. 13, 166 - 170	ant. 13, 171 - 173	174	Demetrius II. Nikator (145 - 140/39 v. Chr.)

Die zuvor angesprochene Judas-Anekdote θαυμάσαι δ'ἄν τις ἐν τούτῳ καὶ 'Ιούδαν, 'Εσσαῖος ἦν γένος κτλ. (Wundern könnte man sich hierbei wohl auch über Judas: Er war Essäer seiner Herkunft nach...) bell. 1,78-80 scheint als solche formgeschichtlich ursprünglich selbständig gewesen zu sein, hebt sie sich doch immer noch von dem Zusammenhang ab, der 1,77 verlassen und 1,81 wieder aufgenommen wird. ἐν τούτῳ dient dabei offensichtlich der redaktionellen Anbindung. Der Inhalt der Anekdote aber ist etwas Außergewöhnliches: Ein Seher namens Judas, seiner Herkunft nach Essäer[12], auftretend mit einem Schülerkreis um sich, bis dahin unfehlbar in seinen Vorhersagen, scheint sich in der Ankündigung, Antigonos werde an diesem Tag bei Stratonsturm ermordet

gegen R. Egger, Samaritaner, 317-319. Die 'Identifikation von Chasidim mit Essenern bzw. die Ableitung letzterer aus den ersteren' (317) geht den Quellen entsprechend von eindeutig *jüdischen* Erscheinungen aus. Die mittelalterliche samaritanische Chroniknotiz, wonach die Chasidim 'die Gemeinde der Samaritaner' darstellten, einerseits und die Notiz des Epiphanius aus dem 4. Jh., die Essener seien eine samaritanische Sekte gewesen, andererseits können nur mit Hilfe der geborgten Identifikation auf frühjüdischer Seite miteinander in Verbindung gebracht werden.

12) 'Εσσαῖος ἦν γένος bell. 1,78 ist konstruiert wie γένος δ'ἦν 'Ιδουμαῖος 1,123; γένος δ'ἦν "Αραψ 1,576; entsprechend Σίμων τις 'Εσσαῖος τὸ γένος 2,113 wie νεανίας τις 'Ιουδαῖος μὲν τὸ γένος 2,101; Σίμων τις Γερασηνὸς τὸ γένος 4,503. Es sieht gleichwohl so aus, als würden die Mantiker Judas und Simon nach dem Typos des wandernden Sehers eingeführt, wonach die Essäer dann so etwas wie ein Sehergeschlecht darstellten. Zum Typos des wandernden Sehers vgl. W. Burkert, Mysterien, 35-38, 46f.

14

werden, getäuscht zu haben, bis die Nachricht von der tatsächlichen Ermordung die Auflösung bringt: Mit Stratonsturm war nicht das spätere Cäsarea am Meer, sondern das gleichnamige Burgverlies der späteren Antonia gemeint. Geheimnist man in den Text nichts hinein, zeigt er weder zum Qumran-Dualismus noch zum AT Beziehungen auf[13]: Daß Vorhersagen sich bewahrheiten oder als Täuschung erweisen[14], hat mit der Antithetik bzw. dem Dualismus von Wahrheit und Lüge in den Qumrantexten[15] nichts zu tun[16]. Kein Hinweis im Text selbst berechtigt zu der Vermutung, Judas scheine sich an dem in Dtn 18,22 angegebenen Maß zu messen und sein falsches Orakel für eine Einflüsterung des Teufels zu halten[17]. Die von O. Betz geltend gemachte Motivparalleie, daß den, der Blutschuld auf sich geladen hat, die Strafe am Ort des Verbrechens ereilt (bell. 1,82, 1.Kön 21,19), findet sich außerhalb der Judas-Anekdote, so daß schwerlich davon die Rede sein kann, 'ein Mann wie Elia' sei das 'alttestamentliche Vorbild des Judas' gewesen[18]. Man wird vielmehr sagen können, die Anekdote sei überhaupt nicht von jüdischem Standpunkt aus entworfen. Überdies enthält sie auch einen Knoten, auf den ich hier nur hinweisen möchte, ohne mich zu seiner Lösung etwa dem Postulat einer tempelfreundlichen Phase des Essenismus anschließen zu können[19]. Wenn man nämlich die Essäer/Essener mit der Qumranbewegung, als Sondergemeinschaft des 'Lehrers der Gerechtigkeit' unmittelbar nach den Jahren 153/2 v. Chr.[20] entstanden, in Verbindung bringt, wirft die Anekdote für historische Betrachtungsweise ein gravierendes Problem auf: In Übereinstimmung mit den Qumrantexten sagt Josephus, ant. 18,19, die Essener hätten sich vom gemeinsamen Heiligtum ferngehalten[21]; aber noch in den Jahren 104/3 v.Chr., denn darauf führt das Nebeneinander der Brüder Aristobulos und Antigonos § 72[22], läßt bell. 1,78 den Essäer Judas mit seinem Schülerkreis wie selbstverständlich im Tempelgebiet auftreten. Ein weiterer Beleg für die *Beziehungslosigkeit* zwischen Essäer- und Essenertexten bei Josephus. So gesehen,

---

13) Gegen O. Betz, Offenbarung, 99-102; G. Dautzenberg, Prophetie, 106 mit Anm. 32.
14) Vgl. dazu ἀληθῆ λέγειν – ψεύδεσθαι bei Artemidor II,69.
15) Vgl. dazu meine Arbeit: Glaube als Gabe, 63-74.
16) Gegen O. Betz, Offenbarung, 100.
17) Gegen O. Betz, Offenbarung, 100.
18) Gegen O. Betz, Offenbarung, 102.
19) Gegen H. Burgmann, Qumran, 150-160; (modifiziert) H. Lignée, RdQ 13, 339 mit Anm. 43.
20) G. Vermes, Scrolls, 151; G. Jeremias, Lehrer, 76; H. Stegemann, Entstehung, 242 u.a.
21) Zu Text und Verständnis der Stelle s.u. S. 40f.
22) E. Schürer, History, I, 216.

verlangt der Knoten jedoch nicht eine historische[23], sondern eine literarkritische Lösung.

Ähnlich wie die Judasgeschichte nimmt sich die Simon-Anekdote bell. 2,112f. (par. ant. 17,345-348) aus, die zusammen mit der Traumanekdote über Glaphyra 2,114-116 in den Zusammenhang zwischen 2,111 und 2,117 hineinkomponiert ist. Sie läßt Σίμων τις 'Εσσαῖος τὸ γένος auftreten und einen Traum des Archelaos wahrheitsgemäß[24] deuten. Der Stil der Traumdeutung gleicht, wie M. Hengel zu Recht gesehen hat, dem Traumbuch des Artemidoros[25], mit Gen 41,17-24 teilt die Anekdote lediglich die Deutung der Ähren *als Zahl* von Jahren. Nichts von schönen und dünnen Ähren, nichts von schönen und häßlichen Kühen, sondern 'neun volle, große Ähren, die von Ochsen gefressen wurden.' Dabei ist entscheidend, daß der Traumdeuter an den *Ochsen* (βόας δὲ μεταβολὴν πραγμάτων) erkennt, daß sich die ermittelte Zahl von Jahren nicht auf die Lebenszeit bezieht, sondern, wie Josephus und Artemidoros fast gleichlautend sagen, περὶ μεταβολῆς τῶν πραγμάτων : 'Schließlich muß man daran denken, daß die Götter oft Enthüllungen machen, die anscheinend das Lebensalter betreffen, damit aber nicht immer das Lebensalter meinen, sondern manchmal auch eine Veränderung der Verhältnisse,...'[26] Kaum wahrscheinlich also, daß der 'Inhalt essenischer Weissagung dem Wort der Schrift nachgebildet' erscheinen soll[27].

Zum gleichen Anekdotenkreis gehört ant. 15,373-379, die Manaem-Anekdote, die erklären soll, warum die Essener, die jüdischerseits eigentlich Essäer genannt werden, ant. 15,371, von der Verpflichtung des Loyalitätseids § 368[28] befreit waren (§ 371f.): Ein Essener mit Namen Manaem, der von Gott begnadet war, die Zukunft vorherzusehen, hatte Herodes schon in dessen Kindheit prophezeit, er werde einmal 'König

23) Vgl. H. Bardtke, ThR 41, 109, in Besprechung der schon von J. Carmignac herausgestellten Problematik um das Auftreten eines Esseners im Tempelgebiet inmitten seines Schülerkreises.
24) Die neun Ähren des Traums nach bell. 2,113 entsprechen den neun Regierungsjahren nach bell. 2,111; die zehn Ähren nach ant. 17,345 den zehn Regierungsjahren nach ant. 17,342.
25) Judentum, 439f. mit Anm. 775.
26) Artemidor II,70 (p. 202,3f.), Übersetzung nach F.S. Krauss.
27) Gegen O. Betz, Offenbarung, 104; O. Michel-O. Bauernfeind, Josephus, I, 430, Anm. 30; G. Dautzenberg, Prophetie, 104; R. Beckwith, RdQ 10, 201; T.S. Beall, Description, 109.
28) Zur Deutung von πίστις vgl. meinen Beitrag in: Theok. 1, 54.

der Juden' werden, ewigen Ruhm erlangen, Frömmigkeit und Gerechtigkeit aber vergessen. Dafür werde ihn Gottes Zorn am Ende seines Lebens treffen. Auf dem Gipfel seiner Macht erinnerte sich Herodes an Manaem, ließ ihn zu sich rufen, um von ihm zu erfahren, wie lange er noch an der Herrschaft bleibe. Von der Tatsache, daß Manaem ihm nicht ein baldiges Ende weissagte, war Herodes so angetan, daß er den Seher freundschaftlich entließ und alle Essener fortan in Ehren hielt. Auch von dieser Anekdote gilt, daß sie nicht durch alttestamentliche Traditionen bestimmt ist[29]: Manaem begrüßt den Schuljungen Herodes als künftigen 'König der Juden'[30], was mit der Geschichte von der Salbung Davids 1.Sam 16,1-13 in keiner aufweisbaren Beziehung steht. Die Schläge auf den Hintern sind σύμβολον τῶν κατὰ τὴν τύχην μεταπτώσεων (Hinweis auf die Wechselfälle im Schicksal) ant. 15,374, nicht Reminiszenz der Nathanverheißung, wonach Gott den Davidsohn, wenn er sich vergeht, mit menschlichen Schlägen züchtigen will 2.Sam 7,14[31].

Welcher Art sind die besprochenen Anekdoten? Mögen sie aus mündlicher Überlieferung erwachsen sein, ihre literarische Gestaltung folgt dem Muster der Paradoxographie[32]. Josephus selbst hat vielerlei Reminiszenzen an paradoxographische Zusammenhänge aufbewahrt: οὐ γὰρ ἀπρεπὴς ὁ λόγος φανεῖται τῷ τῆς ἱστορίας γένει (Denn die Erzählung mag im Genus Geschichtswerk nicht deplaziert erscheinen.) ant. 15,372 – ταῦτα μὲν οὖν εἰ καὶ παράδοξα κτλ. (...mag es auch unglaublich erscheinen) § 379. ἐγὼ δὲ οὐκ ἀλλότρια νομίσας αὐτὰ τῷδε τῷ λόγῳ εἶναι κτλ. (Ich denke aber, daß (solche Anekdoten) nicht unvereinbar sind mit vorliegender Geschichtsdarstellung...) – ὅτῳ δὲ ἀπιστεῖται τὰ τοιάδε κτλ. (Sollte es jemandem unglaublich vorkommen,...) ant. 17,354. θαυμάσαι δ'ἄν τις ἐν τούτῳ bell. 1,78 (vgl. ant. 13,311). Nicht nur formgeschichtlich, sondern auch thematisch gehören

---

29) R. Meyer, Geschichte, 86, ordnet die Anekdote einem bekannten Erzählungsschema zu, wonach ein Seher oder Weiser einem Herrscher die Zukunft voraussage, dieser aber Seher und Weissagung im Getriebe des Alltags vergesse, bis er sich auf dem Höhe- oder Tiefpunkt seines Lebens wieder des Mannes erinnere.
30) Vgl. dazu die typologische Parallele bei Nostradamus, die man in einem modernen paradoxographischen Buch (Unglaublich, aber wahr, Verlag Das Beste Stuttgart/Zürich/Wien 1976, 434) nachlesen kann: 'So warf er sich eines Tages, als er in jungen Jahren Italien bereiste, vor einem vorbeigehenden Mönch namens Felice Peretti auf die Knie. Zum Erstaunen des Mönchs und der Umstehenden rief er aus: "Ich knie vor Seiner Heiligkeit." Im Jahre 1585 wurde der Mönch als Sixtus V. zum Papst gewählt.'
31) Gegen O. Betz, Offenbarung, 104f.
32) Vgl. K. Ziegler, PRE XVIII 2.H., 1137-1166; M.P. Nilsson, Geschichte, II, 57f., 521; H. Dörrie, KP IV, 500 f.

diese Anekdoten durchaus zusammen. Und doch bestehen zwischen bell. 1,78-80 und 2,112f. einerseits und ant. 15,373-379 andererseits beachtenswerte Unterschiede. Nur die Judas-Simon-Anekdoten gruppieren sich um μάντις – μάντευμα bell. 1,79.80, ant. 13,312.313, bell. 2,112, ant. 17,345, nur Judas und Simon werden jeweils als Ἐσσαῖος (τὸ) γένος eingeführt. Man hat daher wohl zu Recht vermutet, daß diese Anekdoten schon Bestandteil der Quelle waren, der Josephus von bell. 1,31 an folgt, also der Weltgeschichte des Nikolaos von Damaskus[33]. Angesichts der Tatsache, daß dieser Schriftsteller auch eine παραδόξων ἐθῶν συναγωγή (Sammlung ungewöhnlicher Sitten) geschrieben hat[34], dürfte ihm Verwendung und Einbau solchen Materials auch im Blick auf sein Geschichtswerk durchaus zuzutrauen sein. Das Ende dieser Quelle ist m.E. nicht mit bell. 2,116, sondern mit λαβὼν παρὰ Καίσαρος ἐξουσίαν (der vom Cäsar die Amtsgewalt erhielt) 2,117 erreicht. Danach folgt sodann bei Josephus die umfangreiche Darstellung jüdischer Philosophenschulen, die die Wende von 'Essäer' zu 'Essener' bringt. Und zu einem Teil des großen Essener-Berichts steht nun auch die Manaem-Anekdote in allernächster Beziehung, speziell zu dem zwischen §§ 154-158 und §§ 160-161 selbständigen Passus § 159. Ganz offenkundig ist die Beziehung durch das gemeinsame Idiom πρόγνωσις τῶν μελλόντων bell. 2,159, ant. 15,373. Gegenüber dem unjüdischen Standpunkt der Judas-Simon-Anekdoten atmet denn auch die Manaem-Anekdote ganz und gar hellenistisch-jüdischen Geist. Manaem erscheint nicht einfach als unfehlbarer μάντις unter μάντεις, sondern als einer, der seine Weissagungsgabe 'von Gott' hat, wie auch anderen Essenern τῶν θείων ἐμπειρία (divinatorische Übung) zuteil wurde, ant. 15,379. Geradezu gehäuft tritt alexandrinisch-jüdische Sprechweise hervor: καλοκαγαθία[35] ant. 15,373.379, das Nebeneinander von εὐσέβεια und δικαιοσύνη bzw. τὸ δίκαιον[36] und schließlich die Rede von der ἐπιείκεια[37] §§ 375f.

33) G. Hölscher, PRE IX, 1944-1949; O. Michel-O. Bauernfeind, Josephus, I, S. XXIV-XXVII; E. Schürer, History, I, 28-31; M. Stern, GLAJJ, I, 227-233.

34) F. Jacoby, FGH, F 103-124, S. 384-390; E. Schürer, History, I, 31f. Vgl. dazu W. Bauer, Essener, 32: 'Seine Eigenschaft als Paradoxograph lehrt uns ebenso seinen Charakter als Historiker wie den Geschmack seiner Epoche erkennen, ...'

35) Vgl. Arist 43, Philo, agr 135, plant 42, prob 41, 62, 71, 75, 91 u.ö., s. dazu W. Bauer, Essener, 10.

36) Vgl. Arist 24, 131, Philo, det 73, virt 175, praem 162.

37) Vgl. Arist 290, Philo, Gai 119.

Abgesehen vom Feldherrn Johannes bell. 2,567; 3,11.19, der bell. 2,567 und 3,11 nach jüdischer Redeweise (ant. 15,371) ὁ Ἐσσαῖος genannt wird, herrscht im Werk des Josephus die Bezeichnung Essener vor, so auch bell. 5,145, wo im Rahmen von §§ 136-247[38] ein sogenanntes Essenertor[39] erwähnt wird. Zentral für die Essenerdarstellung ist nach des Josephus eigenen Angaben (ant. 13,173.298; 18,11) der große Abschnitt bell. 2,119-161.

Gerahmt von der Notiz über die Umwandlung des Archelaos-Gebiets in römische Provinz bell. 2,117.167 (vgl. ant. 18,1-3.26), stellt bell. 2,118-166 (vgl. ant. 18,4-25) im Anschluß an die ἀπόστασις des Judas (bell. 2,118; ant. 18,4) die (vier) jüdischen Schulrichtungen vor, und zwar mit der Absicht, die αἵρεσις des Judas als untypisch für das Judentum erscheinen zu lassen (bell. 2,118; ant. 18,9)[40]. Was Josephus dergestalt in bell. 2,118 nur eben andeutet, entwickelt er breiter im zweiten Durchgang, also ant. 18,4-10.23-25, wo die 'eigene Schulrichtung' von bell. 2,118 geradezu zu einer 'vierten Philosophie' stilisiert wird. Natürlich soll der Leser, nach den Ausführungen in §§ 8f. zu schließen (Aufstand, Kriege, Bürgerkrieg, Hungersnot, Vernichtung von Städten, Tempelzerstörung durch feindliches Feuer), bei dieser vierten Philosophie an die Zeloten denken. Pharisäer, Sadduzäer und Essener begegnen demgegenüber als *festgeprägte Dreiergruppe*: τρία γὰρ παρὰ Ἰουδαίοις εἴδη φιλοσοφεῖται (Denn drei philosophische Schulen sind bei den Juden vertreten.) bell. 2,119. Und offenbar ist syntaktisch schon im voraus auf diesen feststehenden Wortlaut bezogen, was Josephus über Judas zu sagen hat: οὐδὲν τοῖς ἄλλοις προσεοικώς (in nichts den anderen gleich) § 118. Unverhältnismäßig breiten Raum nehmen in der Darstellung die Essener ein, §§ 119-161, während über Pharisäer und Sadduzäer zusammen nur die Paragraphen 162-166 berichten. Von bell. 2,119 an begegnet im Werk des Josephus stereotyp die Rede von den drei jüdischen Schulen – von einer 'vierten Philosophie' handeln nur ant. 18,9 und 18,23 –, und zwar in der feststehenden Zählweise: 1. die Pharisäer, 2.

---

38) Die Beschreibung der Stadt, des Tempels, des Hohepriester-Ornats, der Antonia und des Herodes-Palasts ist kaum ad hoc entworfen, zumal ja die Zerstörung von Antonia und Palast schon bell. 2,430f. berichtet worden war. Den Umfang des Quellenmaterials beschreibt Josephus, bell. 1,25f.
39) O. Michel-O. Bauernfeind, Josephus, II,1, 246, Anm. 41; E. Schürer, History II, 563 mit Anm. 5.
40) Ant. 18,23 relativiert 'die Unerhörtheit dieser Philosophie' § 99, wohl um der Tatsache Rechnung zu tragen, daß die Antiquitates-Darstellung neben Judas noch den Pharisäer Saddok einführt.

die Sadduzäer, 3. die Essener. Völlig kontextfremd, wie schon vermerkt, steht so die Drei-Schulen-Notiz in ant. 13,171-173, wobei κατὰ δὲ τὸν χρόνον τοῦτον wie ant. 17,19 oder 18,39 Element *redaktioneller* Anbindung ist. Ant. 18,11 ist die Reihenfolge einfach umgedreht, die Darstellung selbst wird jedoch in der 'kanonischen' Abfolge geboten, s.§§ 12, 16, 18. Schließlich formuliert auch bell. 2,162 noch einmal ganz ausdrücklich, die Pharisäer stellten 'die erste Schule' dar. Selbst vita 10f., wonach Josephus die drei Schulen persönlich durchlaufen haben will, zählt sie *exakt in dieser feststehenden Reihenfolge* auf. Das macht die autobiographische Mitteilung einigermaßen verdächtig als Mischung von Dichtung und Wahrheit. Im übrigen ist auch der angegebene Zeitraum denkbar eng. Mit etwa sechzehn Jahren beginnt Josephus die drei Schulen der Pharisäer, Sadduzäer und Essener zu durchlaufen, schließt sich für drei Jahre dem Asketen Bannus an (ζηλωτὴς ἐγενόμην αὐτοῦ § 11[41]), kehrt nach Jerusalem zurück und beginnt mit neunzehn Jahren sein politisches Wirken nach dem Beispiel der Pharisäer, also derjenigen Philosophenschule im jüdischen Gemeinwesen, die bei den Griechen am ehesten der Stoa entspricht[42]. Zu Recht konstatiert G. Hölscher: 'Für dies Durchlaufen aller drei Schulen bleibt schlechterdings kein Zeitraum übrig.'[43] Ja, dem Nachweis, daß Vita 8-12 voll von 'biographical commonplaces' ist[44], läßt Sh.J.D. Cohen das Urteil folgen: 'The impossible chronology in this section may be a sign not of textual corruption but of mendacity: Josephus had three years to study with Bannous because his tour of the academies was imaginary.'[45] Die Ehrenrettung von seiten T. Rajaks, der Hinweis auf Zeitmangel, was das Durchlaufen aller drei Schulen angeht, sei 'a weak criticism, when we do not even know what precisely those activities would have been'[46], löst nicht das Problem, zumal alsbald die Einlassungen folgen: 'There is evidently some rhetorical

---

41) Vgl. dazu S. Mason, Pharisees, 345.
42) Man darf, darin hat S. Mason, Pharisees, 347-356, recht, aus vita 12 nicht entnehmen, Josephus sei Pharisäer geworden; vgl. auch G. Stemberger, Pharisäer, 10f. Der Phrase τῇ Φαρισαίων αἱρέσει κατακολουθῶν am nächsten kommt κατακολουθοῦντες τῷ δήμῳ τῶν Ῥωμαίων ant. 14,257 (nach dem Beispiel des römischen Volkes).
43) PRE IX, 1936, 46f. U. Fischer, Eschatologie, 148, Anm. 11, bezeichnet den Bericht Vita 10-12 über die Zugehörigkeit zu den verschiedenen Gruppen als äußerst unglaubwürdig.
44) S.J.D. Cohen, Josephus, 105-107. Dessen Hinweisen auf Nikolaos, Galen, Justin und Apollonius (106f.) möchte ich noch hinzufügen die Notiz über Pythagoras bei Jamblich, 9-12 (speziell 10, daß ihm trotz seiner Jugend auch die Ältesten nur mit Ehrerbietung begegneten, 12, daß er in Milet mit jedem der Philosophen vertrauten Umgang pflegte).
45) Josephus, 107.
46) Josephus, 34.

exaggeration in Josephus' language...' und 'In fact, we may be sure that "shopping around" for the best philosophy was something of a cliché.'[47] Wir werden also nicht fehlgehen in der Annahme, die zu untersuchenden Essener-Nachrichten des Josephus seien *nicht Aufzeichnungen eines Zeitzeugen*, sondern Wiedergaben von *Quellentexten*, sei es im Wortlaut, sei es in Überarbeitung. Dabei tut die apostrophierte Einschätzung des historischen Werts der autobiographischen Aussage Josephus wohl kaum Unrecht: Die Notiz stammt von dem gleichen Mann, zu dem, obwohl erst 14jährig, ständig die Oberpriester und Oberen der Stadt gekommen sein sollen, um von ihm Feinheiten in Gesetzesfragen in Erfahrung zu bringen (vita 9), der bei den Römern als der fähigste Kopf unter den feindlichen Anführern hat gelten wollen (bell. 3,144), dessentwegen, als das Gerücht aufkam, er sei gefallen, ganz Jerusalem dreißig Tage lang von größter Trauer und öffentlichem Wehklagen erfüllt gewesen sein soll (bell. 3,434-437). Ganz abgesehen davon, dürfte auch für Josephus gelten, was für Plinius den Älteren, dessen Essenernotiz im Rahmen eines Periplus der Jordansenke[48] auf Augenzeugenschaft[49] beruhen *könnte*, festgestellt wurde: 'Wir dürfen nicht vergessen, daß uns Plinius vorwiegend Buchwissen übermittelt, selbst da, wo er durch Augenschein leicht zu besserer Einsicht hätte gelangen können.'[50] Entsprechend hat die quellenkritische Forschung selbst beim eigentlichen Kriegsbericht des Bellum, wo logischerweise von jeher 'Josephus als Mithandelndem auch der Vorzug des Augenzeugen zugesprochen worden' ist, die Annahme bekräftigt, 'daß Josephus seinen eigenen Angaben und der früheren Auffassung zum Trotz den Kriegsbericht nicht auf der Grundlage eigenen Materials und eigener Erinnerungen verfaßt, sondern einen ausführlichen römischen Bericht verarbeitet hat.'[51]

Sind wir mit den bisherigen Beobachtungen nicht in die Irre gegangen, können wir als ein erstes Zwischenergebnis folgendes festhalten: Die ganz und gar heidnisch anmutenden Essäer-Anekdoten bell. 1,78-80 (ant. 13,311-313) und 2,112f. (ant. 17,345-348) entstammen dem Geschichtswerk des Nikolaos von Damaskus. Im Unterschied zu ant. 15,373-379 stehen sie zu bell. 2,119-161 in keinerlei Beziehung. Daraus

---

47) Josephus, 35f.
48) K.G. Sallmann, Geographie, 221. – Es dürfte nicht von Ungefähr sein, daß Plinius in der Liste der Gewährsmänner, denen er sein Wissen verdankt (nat.hist. I,21), zu Buch V Poseidonios aufführt, der einen Periplus bzw. eine Periegese verfaßte.'
49) Vgl. die Diskussion bei M. Stern, GLAJJ, I, 466 mit Anm. 1.
50) R. König und G. Winkler, Plinius, 53.
51) H. Lindner, Geschichtsauffassung, 9, 15.

folgt, daß die umfangreiche Darstellung jüdischer Philosophenschulen bell. 2,119-166, des weiteren dann auch ant. 13,171-173; 18,11-22, *nicht* auf Nikolaos zurückgeht[52]. Dafür nenne ich außer dem formal literarkritischen, daß eben bell. 2,119-166 einem Darstellungskomplex *nach* 2,117 zugeordnet ist, drei weitere Gründe: 1. Der Zusammenhang von ant. 15,373-379 mit bell. 2,159 weist zumindest für einen Teil des Materials auf ausgesprochen *jüdisch*-hellenistischen Hintergrund hin. 2. Wie ich andernorts aufgezeigt und begründet habe, sind die εἱμαρμένη – Ausführungen von einem streng *stoischen* Standpunkt aus entworfen[53]; Nikolaos aber war Peripatetiker[54]. 3. Das Problem Beziehungslosigkeit zwischen Essäer-Anekdoten und Essener-Referaten wiederholt sich bei den Texten über die Pharisäer. Die *abschätzigen* Bemerkungen über die Pharisäer, welche sozusagen auf dem Weg über bigotte Weiberherzen ungebührlich großen Einfluß auf die Politik nehmen (bell. 1,110-112; ant. 17,41-45)[55], gehen beziehungslos den *respektvollen* Ausführungen bell. 2,162-166; ant. 18,12-15 voraus. Beide Aussagereihen können schwerlich derselben Quelle, die abschätzigen Bemerkungen über die Pharisäer aber eher Nikolaos als Josephus zugeordnet werden[56]. Da also hinsichtlich der Essener-Referate die Alternative zu Josephus nicht Nikolaos sein kann, Josephus selbst jedoch nicht als authentischer Zeitzeuge wahrscheinlich zu machen ist, wird die weitere Aufgabe sein, Hinweise auf andere Quellen aufzuspüren und deren Profile zu erkunden. Glücklicherweise stehen die Essenertexte des Josephus nicht isoliert da.

---

52) Gegen B.Z. Wacholder, Josephus, 160; M.Hengel, Judentum, 398, Anm. 639; 448; 452.
53) Glaube als Gabe, 57, speziell Anm. 144-146 auf S. 95.
54) E. Schürer, History, I, 28.
55) Vgl. O. Michel-O. Bauernfeind, Josephus, I, Anm. 63 auf S. 408. S. Masons Untersuchung führt zu dem Ergebnis, logisch kaum nachvollziehbar: Der Autor, der sich speziell in seiner *politischen* Laufbahn den Pharisäern angeschlossen habe (Pharisees, 354), sei auch unmittelbar verantwortlich für die oben zitierten abschätzigen Bemerkungen über den *politischen* Einfluß der Pharisäer (S. 177).
56) Vgl. E. Schürer, History, II, 383, Anm. 1.

2 Die Essenertexte des Josephus im Rahmen der antiken Berichte über die Essener

Die antiken Essenerberichte[1], deren Beziehung zu den Essenertexten des Josephus ernsthaft zur Klärung ansteht, sind: a) Philo, prob 75-91[2], Apologie (VIII,11) 1-18[3] und, wie sich noch zeigen wird, contempl[4], b) Plinius d.Ä., nat.hist. V,73[5], c) Dio von Prusa nach Synesius von Kyrene 3,2[6]. Gegenüber Philo und Josephus einerseits, Plinius und Dio andererseits konnte authentischer Quellenwert für einen anderen der antiken Berichte über die Essener bisher nicht überzeugend nachgewiesen werden[7]. Hippolyts Essenerbericht in Ref. IX, 18,2b – 28,2 ist als Josephus*bearbeitung* wohl Textzeuge für bell. 2,119-161[8], aber keineswegs von Josephus unabhängiger Zeuge einer Quelle, die auch Josephus benutzt hätte[9]. Solinus reproduziert in seiner 'Sammlung von Merkwürdigkeiten' Plinius' Naturkunde, wahrscheinlich ein mit Glossen versehenes Pliniusexemplar[10]. Sollte eine dieser Glossen, Coll.rer.mem. XXXV,

---

1) Zur Analyse der Texte vgl. W. Bauer, Essener, 6-17; E. Schürer, History, II, 562-574, 591-597.

2) Zum Text s. L. Cohn und S. Reiter, Bd. VI von Philonis Alex. opera, 21-26; A. Adam-Ch. Burchard, Antike Berichte, 1-5. Übersetzung mit Einleitung: K. Bormann, Bd. VII in: Philo von Alex., Werke, 1-27.
Abkürzungen der Schriften Philos nach ebendiesem Bd. VII, 385.

3) S.o. Teil 1, Anm. 7. Abkürzung: apol.

4) Zum Text s. L. Cohn und S. Reiter (vgl. Anm. 2), 46-71; A. Adam-Ch. Burchard, Antike Berichte, 7-22. Übersetzung mit Einleitung: K. Bormann (vgl. Anm. 2), 44-70.
Eusebs Auszüge aus und Bezugnahmen auf contempl s. Eusebius, Kirchengeschichte, 132-136.

5) Ch. Burchard, RB 69, 533-569; (S. Safrai and) M. Stern, Jewish People, I, 32f.; K. Sallmann, Lustrum 18, 136-141; F. Römer, AAW 31, 129-206.

6) K. Treu, Synesios von Kyrene, TU 71, 42f.; (S. Safrai and) M. Stern, Jewish People, II, 118f.

7) Vgl. E. Schürer, History, II, 560, Anm. 15.

8) Ch. Burchard, JSJ 8, 1-41, speziell 39.

9) Gegen L.H. Schiffman, EncRel V, 164: '...a description of the Essenes, that, in part, is drawn from a no longer extant source that was also used by Josephus', so im Anschluß an M. Smith, Description, 273-313, charakterisiert als 'extremely important' (166). Dagegen M. Smith selbst, Eretz-Israel 16, 211*f., Anm. 24: 'S. Cohen, Josephus in Galilee and Rome (Leiden 1979; Columbia Studies VIII), 31-47, has persuaded me that I was probably mistaken in supposing Hippolytus independent of Josephus...'

10) N. Walter, Collectanea, 6-8.

10f., tatsächlich eigenständige ältere Tradition aufbewahrt haben, wie Ch. Burchard meinte[11], käme sie doch aus inhaltlichen Gründen als Vergleichstext zu den Essener-Nachrichten des Josephus nicht in Betracht. Synesius' fast beiläufige Erwähnung der Essener, die Dio gelobt habe, mit ihrem gänzlich glückseligen Gemeinwesen am Toten Meer bietet zuwenig Text, als daß Fragen nach Beziehung oder Abhängigkeit im Ernst zu klären wären. Nur soviel ist deutlich, daß die Dio-Notiz typologisch dem Pliniustext zur Seite zu stellen ist: Während Philo, prob/apol und Josephus in ihren Parallelaussagen eine in Palästina verbreitete, ohne geographisches Zentrum existierende 'philosophische' Bewegung beschreiben, handeln Plinius und Dio von einer erstaunlichen Gemeinde (gens, πόλις) am Nordwestrand des Toten Meeres[12].

Als erste stellt sich nach W. Bauers Analysen[13] die Aufgabe, nach Berührungen oder gar Gemeinsamkeiten zwischen den Essenertexten des Josephus und den gleichfalls hellenistisch-jüdischen Essäer-Passagen des Philo, also prob 75-91 und apol 1-18 zu fragen. Die Differenz Essener/Essäer zu klären, stelle ich zurück, bis in Kapitel 3.2 der geeignete Rahmen erreicht sein wird, diese Frage zu erörtern und einer Antwort zuzuführen. Im übrigen bedarf es noch eines Wortes der Erklärung, wie die Tatsache, daß die Parallelberichte je bei Philo und Josephus selbst so auffällig differieren, zu werten sein könnte. Einen generellen Aspekt formuliert H.St.J. Thackeray zweifellos sachkundig so: 'Nun war es zwar bei den antiken Schriftstellern üblich, freien Gebrauch von den veröffentlichten Werken ihrer Vorgänger zu machen, ohne diese zu nennen, aber ohne dabei ein Gefühl für das zu haben, was wir mit Plagiat bezeichnen. Aber es war fast Ehrensache bei ihnen, die Ausdrucksweise zu ändern. Noch mehr galt diese Regel, wo der Schriftsteller zweimal dasselbe Gebiet behandelte: Er durfte sich nicht selbst plagiieren'[14]. Fer-

---

11) RB 74, 400f. Aber die Stelle kann auch einfach Glosse sein, die die Essener als Mysterienanhänger verständlich machen will.
12) Ch. Burchard, Antike Berichte, IV; JSJ 8, 5, Anm. 13. – Die formgeschichtliche Einordnung des Pliniustextes nat.hist. V, 71-73 als geographische Beschreibung der Jordansenke im Stil eines Periplus, s. o.S. 21, Anm. 48, in Nord-Südrichtung definiert *infra hos* nach dem ethnographischen Exkurs über die Essener unzweideutig im Sinne von 'südlich von diesen.' Das ins Auge gefaßte geographische Zentrum muß natürlich keineswegs die Siedlung auf der Mergelterrasse, also Chirbet Qumran selbst sein, sondern kann, wie socia palmarum sogar nahelegt, auch ʿEn Feschcha oder ʿEn el-Ghuweir sein. Zu den genannten Lokalitäten vgl. H. Bardtke, Handschriftenfunde, 5, 78-82; P. Bar-Adon, BASOR 227, 1-25.
13) Essener, 26: 'Schon diese Fülle des inhaltlich und formell Gemeinsamen wird sich schwerlich ohne die Annahme literarischer Beziehungen erklären lassen.'
14) In: A. Schalit, Zur Josephus-Forschung, 146.

ner wurde im Falle des Josephus Variation auch dadurch erreicht, daß die Quellen, die im älteren Bericht verarbeitet worden waren, noch einmal neu ausgewertet, verwendet und nötigenfalls ergänzt oder verändert wurden[15]. Ein kleines, aber sprechendes Beispiel dieser Art war uns begegnet in der Verlängerung der Regierungsjahre des Archelaos von 9 auf 10[16], der die Anzahl der Ähren im Traum vor der Abberufung stillschweigend angepaßt wurden[17]. Im einzelnen ergibt der Vergleich Philo- / Josephustexte folgendes Bild:

15) Vgl. H.St.J. Thackeray, in: A. Schalit, Zur Josephus-Forschung, 147; (S. Safrai and) M. Stern, Jewish People, I, 24f.; S.J.D. Cohen, Josephus, 48-66 (z.B. 51: 'The natural conclusion is that Josephus based AJ 13-14 primarily on BJ, but also on his original source(s) and, perhaps, on new sources too').
16) O. Michel-O. Bauernfeind, Josephus, I, 430, Anm. 29: 'Nach ant. 17,342; vita 5; Dio Cass. 55,27 hat Archelaos ein zehntes Jahr seiner Regierung erreicht.'
17) Zu den Belegstellen s.o. S. 16, Anm. 24.

Philo

apol 1   οἳ *καλοῦνται* μὲν *Ἐσσαῖοι, παρὰ τὴν*   prob 75   κατ'ἐμὴν
ὁσιότητά μοι *δοκῶ* τῆς προσηγορίας   δόξαν
ἀξιωθέντες   παρώνυμοι
               ὁσιότητος

prob 75   λέγονταί τινες παρ' αὐτοῖς ὄνομα
Ἐσσαῖοι

apol 2   ἔστι δ'αὐτοῖς ἡ προαίρεσις οὐ *γένει –*
γένος γὰρ ... οὐ *γράφεται –,* διὰ δὲ
ζῆλον ἀρετῆς

apol 14   διαφερόντως *ἀσκεῖν ἐγκράτειαν*   prob 84   τὸ *ἐγκρατές*
apol 3   *μηδ' ὑπὸ τῶν παθῶν ἀγόμενοι*   τὸ
               ἀφιλήδονον
apol 14   *γάμον* παρῃτήσαντο   apol 17   *γυναικὸς*
διότι ... *συνεχέσι γοητείαις*   *φίλτροις*
ὑπαγαγέσθαι
apol 14   *οὐδεὶς ἄγεται γυναῖκα*
διότι φίλαυτον γυνὴ καὶ ζηλότυπον
prob 79   *δοῦλός τε παρ' αὐτοῖς οὐδὲ εἶς ἐστιν,*   apol 4   οὐδὲν ...
ἀλλ' ἐλεύθεροι πάντες   κτήσασθαι,
ἀνθυπουργοῦντες ἀλλήλοις   ... οὐκ
καταγινώσκουσί τε τῶν δεσποτῶν, οὐ   *ἀνδράποδον*
μόνον ὡς *ἀδίκων,* ...
apol 3   Ἐσσαίων γοῦν κομιδῇ *νήπιος* οὐδεὶς   contempl 67   ἐκ πρώτης
κτλ.   ἡλικίας
ἐπεὶ τά γε τούτων ἀβέβαια *ἤθη* τῷ τῆς
ἡλικίας ἀτελεῖ κτλ.
prob 84   τὸ *ἀφιλοχρήματον*
τὴν παντὸς λόγου κρείττονα
κοινωνίαν
apol 4   ἴδιον οὐδεὶς οὐδὲν ὑπομένει
κτήσασθαι τὸ παράπαν   prob 84   ἰσότητα
prob 77   μόνοι γὰρ ἐξ ἁπάντων σχεδὸν
ἀνθρώπων ἀχρήματοι καὶ ἀκτήμονες
γεγονότες ἐπιτηδεύσει

apol 10   ἑνὶ διδόασι τῷ *χειροτονηθέντι*
ταμίᾳ· λαβὼν δ' ἐκεῖνος αὐτίκα
τἀπιτήδεια ὠνεῖται
prob 86   εἶτ' ἐστὶ ταμεῖον ἓν πάντων ... καὶ
κοιναὶ μὲν *ἐσθῆτες,* κτλ.
prob 76   τὰς πόλεις ἐκτρεπόμενοι   contempl 19   οὐκ εἰς ἑτέραν
               πόλιν

26

bell.
2,119   ὃ δὴ καὶ *δοκεῖ σεμνότητα ἀσκεῖν,*
      Ἐσσηνοὶ καλοῦνται

ant.
15,371   οἱ παρ' ἡμῖν *Ἐσσαῖοι καλούμενοι*
bell.
2,119   Ἰουδαῖοι μὲν γένος ὄντες
ant.   τοὺς *ἀρετῆς μεταποιουμένους*   bell. 2,120   *ἀρετή*
18,20

bell.   τὴν δὲ *ἐγκράτειαν*
2,120   καὶ τὸ μὴ *τοῖς πάθεσιν ὑποπίπτειν*   τὰς μὲν
                                                    ἡδονάς
bell.   τὸν μὲν *γάμον* ... *οὐκ ἀναιροῦντες,*
2,121   τὰς δὲ *τῶν γυναικῶν ἀσελγείας*
        φυλαττόμενοι
ant.   *οὔτε γαμετὰς εἰσάγονται οὔτε κτλ.*
18,21   τὸ δὲ *στάσεως ἐνδιδόναι* ποίησιν
ant.   *οὔτε* ... *οὔτε δούλων ἐπιτηδεύουσιν*
18,21   *κτῆσιν,* τὸ μὲν *εἰς ἀδικίαν φέρειν*
        ὑπειληφότες, ... *αὐτοὶ δ' ἐφ' ἑαυτῶν*
        ζῶντες διακονίᾳ τῇ ἐπ' ἀλλήλοις
        ἐπιχρῶνται
bell.   τοὺς δ' *ἀλλοτρίους παῖδας*
2,120   *ἐκλαμβάνοντες*
        καὶ τοῖς *ἤθεσιν αὐτῶν ἐντυποῦσι*

bell.   *καταφρονηταὶ δὲ πλούτου*
2,122   καὶ θαυμάσιον αὐτοῖς τὸ *κοινωνικόν*
        οὐδὲ ἔστιν εὑρεῖν *κτήσει τινὰ παρ'*
        αὐτοῖς ὑπερέχοντα

ant.   τόδε διὰ τὸ *μηδαμῶς ὑπάρξαν*
18,20   *Ἑλλήνων ἢ βαρβάρων* τισίν ...
        ἐκείνοις ... *συνελθὸν ἐν τῷ*
        ἐπιτηδεύεσθαι μὴ κεκωλῦσθαι
bell.   *χειροτονητοὶ* δ' οἱ τῶν κοινῶν
2,123   *ἐπιμεληταὶ καὶ ἀδιαίρετοι* πρὸς
        ἁπάντων εἰς *τὰς χρείας ἕκαστοι*
bell.   *κηδεμὼν* ... *ταμιεύων ἐσθῆτα καὶ τὰ*
2,125   *ἐπιτήδεια*

Philo

apol 1 οἰκοῦσι δὲ πολλὰς μὲν πόλεις τῆς   μετοικίζονται
          Ἰουδαίας, πολλὰς δὲ κώμας

prob 85 ἀναπέπταται καὶ τοῖς ἑτέρωθεν
          ἀφικνουμένοις τῶν ὁμοζήλων

prob 78 ἐμπορίας γὰρ ... οὐδ' ὄναρ ἴσασι

prob 76	οἱ μὲν γεωπονοῦντες	apol 8	οἱ μὲν γεηπόνοι
prob 76	οἱ δὲ τέχνας μετιόντες	apol 9	δημιουργοὶ τῶν κατὰ τέχνας
prob 86	συσσίτια πεποιημένων	apol 5	συσσίτια πεποιημένοι

prob 86 κοιναὶ δὲ τροφαί

prob 76 τέχνας ... ὅσαι συνεργάτιδες εἰρήνης   vgl. auch 78

prob 84 τὸ ἀνώμοτον – τὸ ἀψευδές

prob 80 ἀλείπταις χρώμενοι τοῖς πατρίοις   contempl 2   ἐκ τῶν ἱερῶν
          νόμοις   νόμων
                                                        ἐπαιδεύθησαν

prob 83 (ὅροις καὶ κανόσι τριττοῖς χρώμενοι,) apol 2
          τῷ τε φιλοθέῳ   δià ... καὶ
          καὶ φιλαρέτῳ   φιλανθρωπίας
          καὶ φιλανθρώπῳ   ἵμερον

prob 84 τὸ ἀφιλόδοξον   ἰσότητα

prob 81 ἐν δὲ ταῖς ἑβδόμαις διαφερόντως
          ... καθ' ἣν τῶν ἄλλων ἀνέχοντες
          ἔργων

prob 75 πλῆθος ὑπερτετρακισχίλιοι

prob 91 καλοκἀγαθίας

apol 18 καὶ τιμαῖς ἔτι μᾶλλον σεμνοποιοῦσι

prob 89 σημεῖον δὲ κτλ.

89-90 Verfolgungstext mit Anlehnungen an
       Sprache und Stil frühjüdischer
       Martyrologie[18]

18) S. dazu unten S. 70f.

28

bell. 2,124	μία δ' οὐκ ἔστιν αὐτῶν *πόλις*, ἀλλ' ἐν ἑκάστῃ μετοικοῦσιν πολλοί
bell. 2,124	καὶ *τοῖς ἑτέρωθεν ἥκουσιν αἱρετισταῖς* πάντ' *ἀναπέπταται* κτλ.
bell. 2,127	οὐδὲν δ' ἐν ἀλλήλοις οὔτ' ἀγοράζουσιν οὔτε πωλοῦσιν
ant. 18,19	καὶ τὸ πᾶν *πονεῖν ἐπὶ γεωργίᾳ* τετραμμένοι
bell. 2,129	πρὸς ἃς ἕκαστοι *τέχνας* ἴσασιν

bell. 2,130-133	Hier ist zwar vom Gemeinschaftsmahl die Rede, aber es fehlt die sprachliche Verwandtschaft.
bell. 2,139	κοινὴ τροφή (bloße Formulierungs-parallele)
bell. 2,135	*εἰρήνης* ὑπουργοί
bell. 2,135	τὸ δὲ *ὀμνύειν* αὐτοῖς περιίσταται ... τὸν *ἀπιστούμενον*
bell. 2,159	βίβλοις *ἱεραῖς* ... *ἐμπαιδοτριβούμενοι*

bell. 2,139	(ὅρκους αὐτοῖς ὄμνυσι φρικώδεις,) πρῶτον μὲν εὐσεβήσειν τὸ θεῖον, ἔπειτα τὰ πρὸς ἀνθρώπους δίκαια φυλάξειν ...		
bell. 2,140	τὸ πιστὸν ἀεὶ πᾶσιν παρέξειν ... μηδ' *ἐσθῆτί* τινι ἢ πλείονι κόσμῳ ... ὑπερλαμπρύνεσθαι		
bell. 2,147	φυλάσσονται καὶ *ταῖς ἑβδομάσιν ἔργων* ἐφάπτεσθαι διαφορώτατα Ἰουδαίων ἁπάντων		
ant. 18,20	ἄνδρες *ὑπὲρ τετρακισχίλιοι* τὸν ἀριθμὸν ὄντες		
ant. 15,373	καλοκαγαθίαν	379	ὑπὸ καλοκ-αγαθίας
ant. 15,378	*τιμῶν* διετέλει		
bell. 2,152	διήλεγξεν δὲ κτλ.		
152-153	Verfolgungstext mit Anlehnungen an Sprache und Stil frühjüdischer Martyrologie[18].		

apol 1	..., die man Essäer nennt, eine Bezeichnung, die ihnen ihrer Frömmigkeit wegen, wie ich meine, zu Recht zukommt.	prob 75	...meiner Meinung nach von 'Frömmigkeit' abgeleitet...
prob 75	einige bezeichnet man bei ihnen mit dem Namen Essäer		
apol 2	Die Zugehörigkeit zu ihrer Richtung basiert nicht auf Abstammung – Abstammung nämlich... zählt nicht –, sondern auf sittlichem Eifer		
apol 14	...ganz besonders Enthaltsamkeit zu üben	prob 84	Enthaltsamkeit
apol 3	...auch nicht von den Leidenschaften bestimmt		Lustverzicht
apol 14	die Ehe haben sie verschmäht, weil (eine Frau ihren Mann) mit unaufhörlichen Verführungskünsten an sich binden könne	apol 17	durch die Liebreize seiner Frau (gefesselt)
apol 14	keiner heiratet eine Frau, weil eine Frau selbst- und eifersüchtig ist		
prob 79	Sklaven gibt es bei ihnen überhaupt nicht, sondern als Freie dienen sie sich alle gegenseitig. Sie verurteilen die Herren nicht nur als ungerecht,...	apol 4	...nichts (als Eigentum) zu erwerben, weder ... noch einen Sklaven
apol 3	Bei den Essäern gibt es allerdings überhaupt kei-	contempl 67	...schon in frühester Jugend

30

bell. 2,119	(die dritte Richtung aber), die sich auch ganz offensichtlich besonders um ein heiliges Leben be- müht, nennt man Esse- ner.		
ant. 15,371	..., die bei uns Essäer heißen		

bell. 2,119	Juden ihrer Abstam- mung nach		
ant. 18,20	die sich um die Sittlich- keit bemühen	bell. 2,120	Sittlichkeit

bell. 2,120	die Enhaltsamkeit und das Nicht-den-Leiden- schaften-Verfallen... die Lüste
bell. 2,121	die (Einrichtung der) Ehe heben sie wohl nicht auf, versuchen aber den gei- len Machenschaften der Frauen zu entgehen
ant. 18,21	weder heiraten sie, noch... ...dies aber biete eine ständige Quelle des Streits
ant. 18,21	... noch bemühen sie sich um den Erwerb von Sklaven, da sie der Mei- nung sind, daß dies zu Ungerechtigkeit führe, ...sie selbst aber leben unabhängig von anderen und leisten sich Dienst zum gegenseitigen Nut- zen.
bell. 2,120	fremde Kinder aber neh- men sie bei sich auf...

	ne Kleinkinder..., da der Charakter von diesen noch ungefestigt ist und infolge der mangelnden Reife des Lebensalters...		
prob 84	...die Verachtung des Reichtums... und eine ganz unbeschreibliche Gütergemeinschaft		
apol 4	und jeder verschmäht es, in irgendeiner Form Privateigentum zu erwerben	prob 84	die Gleichheit
prob 77	Als einzige fast von allen Menschen nämlich leben sie in voller Absicht besitz- und mittellos,...		

apol 10	... geben sie (den Lohn) *einem* gewählten Verwalter. Nachdem der ihn aber in Empfang genommen hat, kauft er zum Beispiel Lebensmittel...		
prob 86	... alsdann haben sie alle nur *eine* Vorratskammer... und gemeinsam sind die Kleider...		
prob 76	sie meiden die Städte	contempl 19	sie übersiedeln nicht wiederum in eine Stadt
apol 1	Sie bewohnen aber viele Städte Judäas sowohl als auch Dörfer...		
prob 85	Sie haben ein offenes Haus auch für die von auswärts kommenden Mitglieder.		
prob 78	Handel nämlich... kennen sie nicht einmal im Traum.		

und bilden sie nach ihrer
Lebensform

bell. 2,122	Verächter des Reichtums sind sie und haben eine bewundernswerte Gütergemeinschaft, so daß man auch niemanden bei ihnen findet, der durch Vermögen hervorsticht.
ant. 18,20	...folgendes, weil es nicht nur wie bei manchen Griechen oder Barbaren allenfalls für kurze Zeit im Schwange, sondern von jeher bei ihnen vorhanden war, indem man sich geflissentlich nicht davon abbringen ließ: ...
bell. 2,123	Man wählt die Verwalter des gemeinsamen Vermögens, wobei die einzelnen ohne Unterschied allen zu Diensten stehen.
bell. 2,125	ein Betreuer..., der Kleider und Lebensmittel verwaltet
bell. 2,124	Eine einzige Stadt aber nennen sie nicht ihr eigen, sondern in jeder wohnen viele.
bell. 2,124	und den von auswärts kommenden Mitgliedern ist alles zugänglich, ...
bell. 2,127	untereinander aber verkaufen noch kaufen sie etwas

prob 76	...die einen bearbeiten das Land	apol 8	solche, die das Land bearbeiten
prob 76	...die anderen treiben Gewerbe	apol 9	Handwerker in den unterschiedlichen Gewerben
prob 86	bei der Veranstaltung gemeinsamer Mahlzeiten	apol 5	sie veranstalten gemeinsame Mahlzeiten
prob 86	gemeinsam ist die Verpflegung		
prob 76	Gewerbe..., welche den Frieden fördern	vgl. auch 78	
prob 84	Verwerfung des Eides, der Lüge		
prob 80	wobei sie als Lehrmeister die väterlichen Gesetze verwenden	contempl 2	weil sie durch die heiligen Gesetze angeleitet wurden
prob 83	(wobei sie sich einer dreifachen Regel und Richtschnur bedienen) der Liebe zu Gott,		
	zur Sittlichkeit, zu den Menschen	apol 2	aufgrund... und der Glut ihrer Menschenliebe
prob 84	Bescheidenheit Gleichheit		
prob 81	besonders aber am jeweils siebenten Tag, ...an dem sie sich der sonstigen Geschäfte enthalten		
prob 75	zahlenmäßig mehr als 4000		
prob 91	(moralische Integrität)		
apol 18	(daß selbst große Könige sie) mit Ehren überhäuften		
prob 89	Hierfür läßt sich folgender Beweis anführen: ...		

ant. 18,19	und sie haben sich ganz auf die Bodenbearbeitung verlegt
bell. 2,129	zu den Gewerben, auf die die einzelnen sich verstehen
bell. 2,130-133	(es fehlt die sprachliche Verwandtschaft)
bell. 2,139	gemeinsames Mahl
bell. 2,135	Förderer des Friedens
bell. 2,135	Verabscheuungswürdig ist ihnen das Schwören... wer unglaubwürdig ist
bell. 2,159	in der Heiligen Schrift wohlunterrichtet
bell. 2,139	(er schwört ihnen schauerliche Eide,) erstens das Göttliche zu ehren, sodann, was gegenüber den Menschen gerecht ist, zu befolgen...
bell. 2,140	stets allen ergeben zu sein ...er werde weder durch ein Kleidungsstück noch durch größere Aufmachung... in den Schatten stellen
bell. 2,147	und sie hüten sich am entschiedensten von allen Juden, am jeweils siebenten Tag eine Arbeit anzufassen
ant. 18,20	die Männer, mehr als 4000 an der Zahl
ant. 15,373.379	(moralische Integrität)
ant. 15,378	(Herodes) hörte nicht auf, (allen Essenern) Ehre zu erweisen.
bell. 2,152	Es bewies aber...

35

Deutlich vermittelt die Synopse den Eindruck großer und breit gestreuter Gemeinsamkeit. Diese reicht von der 'Etymologie' des Namens Essäer/Essener bis zur Wirkung essäischer καλοκαγαθία auf die politische Herrschaft. Der theologische Zuschnitt dieser Philo und Josephus gemeinsamen Essäer-Darstellung speist sich offensichtlich nicht aus dem eschatologischen bzw. dualistischen Denken der besonderen Gemeinde von Qumran, sondern aus dem Fluidum des Diaspora-Judentums in der hellenistisch-römischen Welt. Von daher rühren die Anklänge an philosophische Idealvorstellungen[19], ferner die topologischen Stilmerkmale des ethnographischen Schrifttums[20], vor allem aber die schon in anderem Zusammenhang festgestellte alexandrinisch-jüdische Sprechweise[21] sowie die Verwendung eines hellenistisch-jüdischen Paränese-Kanons bei der Formulierung des Programms der Essäer. Philo bezeugt auch unabhängig von der Essäer-Darstellung als Grundgestalt der Gebotszusammenfassung synagogaler Predigt[22] das Doppelgebot

a) in Bezug auf Gott εὐσέβεια καὶ ὁσιότης,

b) in Bezug auf die Menschen φιλανθρωπία καὶ δικαιοσύνη

(spec 2,63, prob 83).

Mit diesem ihm geläufigen Paränese-Schema verbindet er in prob 83f. dasjenige der ihm und Josephus gemeinsamen Essäer-Darstellung und entwickelt demzufolge in schöpferischer Freiheit weitere Formulierungsvarianten, die dann allerdings leicht von der Parallelität zu bell. 2,139f. ablenken. So verlaufen nun also in prob 83 nebeneinander die Reihen

a) παιδεύονται κτλ. und

b) ὅροις καὶ κανόσι τριττοῖς χρώμενοι.

Philo spec 2,63	prob 83	Josephus bell. 2,139f.
τό τε πρὸς θεὸν δι' εὐσεβείας καὶ ὁσιότητος	a) παιδεύονται δὲ εὐσέβειαν, ὁσιότητα b) τῷ τε φιλοθέῳ	πρῶτον μὲν εὐσεβήσειν τὸ θεῖον

19) M. Hengel, in: Qumrân, 340.
20) W. Bauer, Essener, 31-33.
21) S. oben S. 18.
22) Vgl. die Parallelgestaltung spec 2,62f. und prob 81ff.: Sabbatheiligung – Synagogengottesdienst – Auslegung der Thora durch einen ἐμπειρότατος – Gebotszusammenfassung.

καὶ τὸ πρὸς ἀνθρώπους	a) δικαιοσύνην	ἔπειτα τὰ πρὸς
διὰ [δικαιοσύνης]	b) καὶ φιλαρέτῳ	ἀνθρώπους δίκαια
		φυλάξειν
καὶ [φιλανθρωπίας]	a) οἰκονομίαν	τὸ πιστὸν ἀεὶ πᾶσιν
	b) καὶ φιλανθρώπῳ[23]	παρέξειν[24]
	a) πολιτείαν	μάλιστα δὲ τοῖς
		κρατοῦσιν.[25]

Des weiteren korrespondieren ἰσότης und τὸ ἀφιλόδοξον bei Philo dem μὴ ὑπερλαμπρύνεσθαι bei Josephus[26]. Wenn ich recht sehe, fand dieser ausführliche hellenistisch-jüdische Paränese-Kanon, wie ihn insbesondere der Josephustext noch erkennen läßt, auch im frühen Christentum seine Verwendung[27], so daß wir seine Auffächerung in größerer Breite studieren können:

Philo, prob 83f.	Josephus, bell. 2,139f.	Röm 12,1ff.16f.; 13,1	1 Petr 2,13-17
εὐσέβειαν	πρῶτον μὲν εὐσεβήσειν τὸ θεῖον	τὴν λογικὴν λατρείαν	τὸν θεὸν φοβεῖσθε
δικαιοσύνην	ἔπειτα τὰ πρὸς ἀνθρώπους δίκαια φυλάξειν	προνοούμενοι καλὰ ἐνώπιον πάντων ἀνθρώπων	πάντας τιμήσατε
οἰκονομίαν	τὸ πιστὸν ἀεὶ πᾶσιν παρέξειν	τὸ αὐτὸ εἰς ἀλλήλους φρονοῦντες	τὴν ἀδελφότητα ἀγαπᾶτε

23) φιλανθρώπῳ wird aufgenommen und interpretiert durch εὔνοια, ἰσότης und κοινωνία.

24) Die Wendung ist im Zusammenhang des Textes auf die Mitglieder der Gemeinschaft zu beziehen.

25) Im paränetischen Grundmuster beziehen sich die 'Herrschenden' auf politische Gewalten, im gegebenen Textzusammenhang jedoch zwingend auf die Oberen der essenischen Gemeinschaft, weil sonst κἂν αὐτὸς ἄρχῃ (und wenn er selbst in ein Leitungsamt kommt) beziehungslos und die Rede von der Eidverweigerung, bell. 2,135, vgl. ant. 15,371-379, sinnlos würde, gegen G. Stemberger, Pharisäer, 123, vgl. meinen Beitrag in Theok. 1, 55.

26) Den hellenistisch-jüdischen Charakter von bell. 2,140 habe ich beleuchtet in Theok. 1, 54-56.

27) Zu Recht spricht N. Brox, EKK XXI, 116 im Blick auf 1 Petr 2, 13-17 von der Existenz einschlägiger Paränese-Formeln und U. Wilckens, EKK VI,3, 31 im Blick auf Röm 13,1-7 von 'Topos gemein-urchristlicher Verhaltensregeln' mit gleichem Motiv-Zusammenhang.

πολιτείαν	μάλιστα δὲ τοῖς κρατοῦσιν	πᾶσα ψυχὴ ἐξουσίαις ὑπερεχούσαις ὑποτασσέσθω	τὸν βασιλέα τιμᾶτε ὑποτάγητε κτλ.
	οὐ γὰρ δίχα θεοῦ περιγενέσθαι τινὶ τὸ ἄρχειν	οὐ γὰρ ἔστιν ἐξουσία εἰ μὴ ὑπὸ θεοῦ	
ἰσότητα, τὸ ἀφιλόδοξον	μηδὲ ... ὑπερλαμπρύνεσθαι	μὴ ὑπερφρονεῖν	

* * *

Ehrfurcht vor Gott	erstens das Göttliche zu ehren	wahrer Gottesdienst	habt Ehrfurcht vor Gott
Gerechtigkeit	sodann, was gegenüber den Menschen gerecht ist, zu befolgen	seid auf das Gute bedacht gegenüber allen Menschen	achtet alle
Verwaltung des Hauses	stets allen ergeben zu sein,	seid untereinander einmütig	liebt die Brüder
Verwaltung des Staates	besonders aber denen, die ein Leitungsamt haben,	Jeder Mensch gehorche den Vorgesetzten staatlicher Gewalt,	ehrt den Kaiser Gehorcht...
	denn nicht ohne Gott komme jemandem die Herrschaft zu.	denn es gibt Träger staatlicher Gewalt nur durch Gott.	
Gleichheit, Bescheidenheit	er werde nicht... in den Schatten stellen	nicht höher von sich zu denken...	

Wie ist nun die Verwandtschaft und Parallelität der Philo und Josephus gemeinsamen Essäer-Darstellung zu beurteilen? Bei genauerem Hinsehen zeigt sich: Sprache und Stil der Josephustexte sind gegenüber Philo so eigenständig, daß literarische Abhängigkeit des Josephus von Philo[28] unwahrscheinlich sein dürfte. Vielmehr scheinen beide Schriftsteller aus gleichem Quellenfundus zu schöpfen, wobei Philo den Quellentext mit größerer Freiheit gestaltet, so daß oft nur noch schwer zu ermitteln ist, wo die Quelle aufhört und Philo beginnt[29]. Ich nenne dafür drei Belege. Sie alle vermitteln wohl den Eindruck, Philo und Josephus kämen von gemeinsamer Vorlage her, obwohl sie in ihren jeweiligen Text*aussagen* deutlich differieren.

Philo, apol 2 ἔστι δ' αὐτοῖς ἡ προαίρεσις οὐ γένει – γένος γὰρ ... οὐ γράφεται,
Josephus, bell. 2,119 Ἰουδαῖοι μὲν γένος ὄντες.

Philo, apol 3 Ἐσσαίων γοῦν κομιδῇ νήπιος οὐδείς,
Josephus, bell. 2,120 τοὺς δ' ἀλλοτρίους παῖδας ἐκλαμβάνοντες, vgl. aber Philo, contempl 67 ἐκ πρώτης ἡλικίας.

Philo, prob 76 τὰς πόλεις ἐκτρεπόμενοι, vgl. contempl 19, Josephus, bell. 2,124 μία δ' οὐκ ἔστιν αὐτῶν πόλις, ἀλλ' ἐν ἑκάστῃ μετοικοῦσιν πολλοί, vgl. aber Philo, apol 1 οἰκοῦσι δὲ πολλὰς μὲν πόλεις κτλ.
Ich habe mich immer wieder gefragt, ob in diese Reihe auch die beiderseitige Gestaltung der Aussage über den Gottesdienst gehöre; aber über den thematischen Vergleichspunkt 'Gottesdienst' hinaus besteht auch nicht die Spur weiterer Gemeinsamkeit:
Philo, prob 75 θεραπευταὶ θεοῦ ..., οὐ ζῷα καταθύοντες, ἀλλ' ἱεροπρεπεῖς τὰς ἑαυτῶν διανοίας κατασκευάζειν ἀξιοῦντες
(Diener Gottes..., nicht indem sie Tieropfer darbringen, sondern der Meinung sind, sich selbst spirituell dem Heiligen angleichen zu sollen)
Josephus, ant. 18,19 εἰς δὲ τὸ ἱερὸν ἀναθήματα στέλλοντες θυσίας ἐπιτελοῦσιν διαφορότητι ἁγνειῶν, ἃς νομίζοιεν, καὶ δι' αὐτὸ εἰργόμενοι τοῦ κοινοῦ τεμενίσματος ἐφ' αὐτῶν τὰς θυσίας ἐπιτελοῦσιν.
Offenkundig gestaltet Philo sehr stark nach alexandrinisch-jüdischem Stil: Die Essäer verkörpern das priesterliche Denken[30], *so* sind sie Therapeuten Gottes. Analog der Philostelle formuliert Arist 234: τὸ τιμᾶν τὸν θεόν· τοῦτο δ' ἐστὶν οὐ δώροις οὐδὲ θυσίαις, ἀλλὰ ψυχῆς καθαρότητι καὶ διαλήψεως ὁσίας κτλ. (Gott zu ehren; das geschieht aber nicht durch Gaben und Opfer, sondern durch die Reinheit der Seele und der

---

28) So W. Bauer, Essener, 25-29.
29) W. Bauer, Essener, 15.
30) Vgl. Philo, post 184: τὴν γὰρ ἱερωμένην διάνοιαν λειτουργὸν καὶ θεραπευτρίδα (denn das [zum Priester] geweihte Denken als Verwalter und Diener [Gottes]). Vgl. auch W. Bauer, Essener, 14f.

Gott wohlgefälligen Auffassung, ...). Aus Philos eigenen Schriften zumal gehören Parallelen hierher, die dann auch deutlich machen, daß die Opferaussage über die Essäer ganz und gar Philonische Handschrift trägt und nicht auf die Eigentümlichkeit einer Quelle hinweist: Dem οὐ ζῷα καταθύοντες, ἀλλ᾽ κτλ. etwa entspricht οὐδ᾽ ... ἀνθρώπους ἀναιροῦσιν οἱ ἱερεῖς..., ἀλλ᾽ κτλ. (keineswegs töten die Priester Menschen..., sondern...) ebr 69. Daß der Priester Gott den Zehnten vom Ganzopfer weiht, bedeutet nach congr 105f. eigentlich das seelische Passah, ja Gott sieht nach spec 1, 290 nicht die Opfertiere, sondern die διάνοια des Opfernden als Opfer an.

Demgegenüber scheint der Josephustext doch immerhin etwas den Essenern Eigentümliches zum Ausdruck zu bringen. Freilich wurde bisher der Text sehr häufig im Schlepptau des Philotextes gelesen, so daß die Frage lautete, ob nicht mit Epitome und der lateinischen Version θυσίας οὐκ ἐπιτελοῦσιν zu lesen sei[31]. Aber die Aussageabsicht von ant. 18,19 kommt so überhaupt nicht in den Blick. Vielmehr muß man θυσίας ἐπιτελοῦσιν διαφορότητι ἁγνειῶν in Parallele sehen zu ἐφ᾽ αὐτῶν τὰς θυσίας ἐπιτελοῦσιν. Die Parallelität verbietet geradezu die Negation. Weiter bedeutet θυσίας ἐπιτελεῖν durchaus nicht nur das Opfern als solches, sondern auch allgemein das Begehen kultischer Handlungen, so in Bezug auf den Synagogengottesdienst in den Dekreten von Halikarnaß τὰ ἱερὰ συντελεῖν und Sardes ἐπιτελεῖν θυσίας τῷ θεῷ ant. 14,258.260[32]. Und schließlich scheinen sich in ant. 18,19 τὸ ἱερόν und das singuläre τὸ κοινὸν τεμένισμα nicht auf dieselbe Kultstätte zu beziehen, wie dies z.B. in bell. 2,400 φείσασθε τοῦ ἱεροῦ καὶ τὸν ναὸν ἑαυτοῖς ... τηρήσατε (Schont das Heiligtum und erhaltet euch den Tempel...) oder ant. 9,155 τὴν φυλακὴν τοῦ ἱεροῦ (die Bewachung des Heiligtums) und ἐπὶ φυλακῇ τοῦ τεμένους (zur Bewachung des Tempelbezirks) der Fall ist, sondern ausweislich des attributiven κοινόν auf zwei deutlich zu unterscheidende Heiligtümer. τὸ ἱερόν dann also auf einen Kultraum der Essener, 'das gemeinsame Heiligtum' auf den Jerusalemer Tempel. Daß τὸ ἱερόν jede Art von Kultstätte, also nicht nur 'der Tempel', sondern z.B. auch 'die Synagoge' bedeutet, ist durchaus keine Seltenheit[33].

Eine weitere Schwierigkeit des Textes ant. 18,19 stellt das Verständnis von εἰργόμενοι dar. Völlig zu Recht argumentiert L.H. Feldman, der

---

31) E. Schürer, Geschichte, II, 663, Anm. 50; History, II, 570 mit Anm. 56.
32) Vgl. dazu M. Hengel, Proseuche, 175f.
33) Vgl. die Belege bei M. Hengel, Proseuche, 159, 162, 163, 169; S. Safrai (and M. Stern), Jewish People, II, 914.

Sprachgebrauch des Josephus verbiete die mediale Übersetzung[34] (vgl. z.B. bell. 5,227; ant. 19,332). Argumentiert man aber auf der Ebene des opus Iosephi, stände das Passiv, wonach die Essener ausgeschlossen worden wären, im Gegensatz zu bell. 2,415, wo ausdrücklich festgestellt wird, daß die Juden niemals jemanden am Opfern gehindert hätten, was überdies ganz gottlos wäre. Das Problem ist wohl dahingehend zu lösen, daß in ant. 18,19 Sprachgebrauch eines Quellentextes, also nicht des Josephus vorliegt. Aus alledem ergibt sich folgende Übersetzung der Stelle: 'Wenn sie auch ihr Heiligtum mit Weihegaben beschicken[35], vollziehen sie die Kulthandlungen doch in der Andersartigkeit der Reinigungsriten, die bei ihnen in Geltung sind. Deshalb auch halten sie sich fern vom gemeinsamen Heiligtum und begehen ihre Kulthandlungen für sich.'

Fazit: Philo, prob 75 und Josephus, ant. 18,19 haben außer dem Thema 'Gottesdienst' nichts miteinander gemeinsam, so daß *gemeinsamer* Quellentext nicht vorliegen dürfte. Daß Josephus, ant. 18,18-22 gleichwohl auf Quellentext zurückgeht, wird an späterer Stelle weiter zu verfolgen sein. Schon jetzt zeichnet sich indessen ab, daß ant. 18,19 weder zu der Annahme drängt, 'daß in Qumran eine hyperorthodoxe Sekte einen selbständigen Opferkult unterhielt'[36], noch für die Hypothese zu gebrauchen ist, 'daß die Essener im Tempelgelände einen abgesonderten Bezirk und eine eigene Opferstätte hatten'[37].

Nach den bisherigen Beobachtungen können wir wohl davon ausgehen, daß Philo und Josephus je auf ihre Weise aus mindestens einer gemeinsamen Quelle ihre Essenerdarstellungen schöpften. Die Suche nach weiteren Quellenindizien gestaltet sich schwierig, weil sie sich u.a. auch mit dem Therapeutenproblem herumzuschlagen hat. Und Tatsache ist: 'There are striking similarities as well as dissimilarities between *De vita*

---

34) Josephus, IX, 17f.
35) Vergleichbar ist etwa bell. 7, 44f., wo von Anathemen in der Synagoge die Rede ist.
36) Gegen, Zitat: F.M. Cross, Bibliothek, 106. Was Qumran betrifft, urteilt zutreffend L.H. Schiffman, Law, 201: 'There is no room ... for sacrifice at Qumran.' Vgl. auch in: The Synagogue in Late Antiquity, 34.
   Die immer wieder einmal im Zusammenhang qumranischen Opferkults angesprochenen Gräber von Tierknochen, vgl. F.M. Cross, Bibliothek, 78, 106, dienten m. E. dazu, Gemeindeglieder vor Verunreinigung durch Berührung mit Tierknochen zu bewahren, da im Sinne von 11 Q Temple 51,4 Tierknochen als unrein galten (zu 11 Q Temple 51,4 s. Y.Yadin, Temple Scroll,I, 340f., vgl. auch G. Stemberger, Pharisäer, 76).
37) Gegen, Zitat: E. Ruckstuhl, Jesus, 127, vgl. dort auch 157-166.

contemplativa and the notices on the Essenes in Philo and Josephus'[38].
Nicht genug damit bestehen auch enge Berührungen zwichen Philos
Therapeuten und der Beschreibung der ägyptischen Priester bei Chaire-
mon (Porphyrius, abst IV 6-8)[39], Berührungen und Ähnlichkeiten, die
sich am ungezwungensten erklären aus der beiderseitigen Stilisierung im
Sinne des neupythagoreischen asketischen Ideals[40].

Wer also waren die Therapeuten, wie steht es um Philos Schrift contempl[41] über sie? Der Traktat handelt, wie die Anastrophe verdeutlicht,
von Essäern[42], u.zw. denjenigen, die sich der vita contemplativa ver-
schrieben haben. Therapeuten Gottes hatte Philo die Essäer schon prob
75 genannt, die asketischen Philosophen von contempl sind es 'in des
Wortes wahrer Bedeutung': Therapeuten der Seele (contempl 2; migr
124, ebr 69) und Therapeuten des wahrhaft Seienden (contempl 2; spec
I, 309; virt 185). Während Diener und Verehrer der sichtbaren Dinge
sündigen (contempl 3-9; decal 66), gelangen echte Diener Gottes unmittelbar zu seinem Anblick (contempl 11; praem 43). Sie sind schlichtweg
vollkommene Menschen (congr 105), und oberhalb des Mareotissees
führt lediglich die Elite der Therapeuten 'ein Idealleben frommer, mo-

38) E. Schürer, History, II, 593.
39) H.-R. Schwyzer, Chairemon, 78f.: 'Ähnlichkeiten mit Chairemons Schilderungen
finden wir in den Pythagoras-Viten des Diogenes Laertios VIII 13 und 19, des Iamb-
lich 96-100 usw. Die engste Verwandtschaft besteht jedoch zwischen Chairemons
Priestern und den gleicherweise idealisierten *Therapeuten*, die *Philon* in seinem Werke über den βίος θεωρητικός darstellt, wie Wendland, Jahrbücher f klass Philol
Suppl XXII 753 gesehen hat. Wir haben in diesen beiden Schriften zum ersten Mal
eine eingehende Darstellung des asketischen Lebens religiöser Sekten. Die Ähnlichkeit
des Stoffes und die Gleichzeitigkeit der Verfasser hat auch einen gleichen Stil gezei-
tigt.' Wir werden kaum fehlgehen in der Annahme, daß auch die Quelle der Pliniusnotiz über die Essener dieser Literatur zur Seite zu stellen ist.
40) R. Reitzenstein, Athanasius, 44f.: Die 'Angleichung an den Pythagoreismus, die ja
gerade bei den ägyptischen Priestern besonders nahe lag, ist offenkundig und erklärt
die einzelnen Übereinstimmungen mit Philo genugsam. Der Neupythagoreismus ...
hat offenbar oft die Frömmigkeit selbst und noch öfter ihre Schilderung beeinflußt.'
41) Ich gehe davon aus, daß die Schrift Philonisch ist; zur Diskussion vgl. A. Adam-Ch.
Burchard, Antike Berichte, 7, 13; E. Schürer, History, II, 591 mit Anm. 1; K. Bormann (s.o. Anm. 2), 44-46.
42) Die Essäer sind Oberbegriff für die, die sich der vita activa, und für die, die sich der
vita contemplativa hingeben. Auch G. Vermes and M.D. Goodman, Essenes, 76,
Anm. 1 erwägen: 'This could mean either that the Therapeutai were a contemplative
sort of Essene or that they were a different group altogether.' Die Bezugsschrift könnte mit P. Wendland, Therapeuten, 702 in Philos Apologie zu suchen sein.

notheistischer, allegorisierender Philosophen'[43], während sie im übrigen recht zahlreich in der Gegend um Alexandria, in ganz Ägypten, ja auf dem ganzen Erdkreis zu finden sind (contempl 21f.). Kurzum, die Schrift als Enkomion[44] des Gott schauenden Lebens ist eher fiktional als historiographisch, die asketischen Philosophen sind eher ein Idealbild frommer Juden[45], natürlich einschließlich der Proselyten (spec I, 309)[46], als die Beschreibung einer jüdischen Sondergemeinschaft des 1. Jh.[47] 'Wie hoch man aber auch Philons eigenen Anteil an seiner Darstellung der T. veranschlagen mag, so enthält doch sein Bild zahlreiche Einzelzüge, die weder aus Übertragung feststehender Typen noch aus irgendwelcher Phantasietätigkeit zu erklären sind'[48]. Diesem Urteil I. Heinemanns ist grundsätzlich zuzustimmen. Aber mir scheint, diese 'Einzelzüge' stammen nicht aus einer Quelle über ägyptisch-jüdische Asketen am Mareotissee, sondern aus einer Quelle über eine Essenersiedlung am Toten Meer. Die Siedlungsstelle befindet sich, so ließe sich konjizieren, oberhalb des Asphaltsees, umgeben von weiteren essenischen 'Gehöften und Dörfern' (vgl. contempl 22f.). Dabei muß unentschieden bleiben, wie es zur Nennung des Mareotissees gekommen sein mag: a) durch Philonische Fiktion oder b) durch geographische Konfusion in derjenigen Quellenschrift, aus der Philos Therapeutendarstellung geschöpft ist. Vergleichbare Verwechslungsparallelen finden sich etwa bei Strabo, Geographica XVI,2, 42, wo ausweislich der Nennung von Masada und Sodom in § 44 eine Verwechslung von Sirbonissee und Totem Meer vorliegt[49]; Arist 117 scheint eine ähnliche 'Geographie' vorauszusetzen[50]. Auch Josephus, bell. 3,520 weist wohl auf eine Verwechslung hin, nämlich von See Genezareth und Mareotissee[51].

43) W. Bousset-H. Greßmann, Religion, 467.
44) I. Heinemann, Therapeutai, 2328f.
45) Y. Amir, Gestalt, 29: 'Die Gegenüberstellung der erhabenen Lebensweise der Therapeuten und der Sittenlosigkeit der hellenistischen Gesellschaft, die das Leitmotiv der philonischen Schrift bildet, läßt uns erkennen, daß diese Therapeuten für ihn das jüdische Leben exemplarisch verkörpern.'
46) Infolge ihres Übertritts zur Frömmigkeit können die Proselyten mit Fug und Recht 'als Schutzbefohlene und Therapeuten des wahrhaft Seienden' gelten.
47) Daß Philo die Gemeinschaft betont als eine solche von Therapeuten und Therapeutinnen schildert (contempl 2.88), erinnert an die monotheistische Gemeinde von Brüdern und Schwestern, von ὅσιοι und ὅσιαι in der στήλη ἀπόκρυφος, K. Preisendanz, PGrM IV, 1136f. (vgl. dazu M.P. Nilsson, Geschichte, II, 696, Anm. 1).
48) I. Heinemann, Therapeutai, 2329.
49) Vgl. M. Stern, GLAJJ, I, 179, 263, 309.
50) Der Jordan mündet im Land der Ptolemäer in einen anderen Fluß und dieser ins Mittelmeer (εἰς θάλασσαν, vgl. Philo, contempl 23 εἰς τὴν θάλατταν).
51) O. Michel-O. Bauernfeind, Josephus, I, 464, Anm. 128.

Stimmt die zuvor angestellte Vermutung, braucht man sich nicht mehr zu wundern, daß sich Essener und Therapeuten so ähnlich sind, u.zw. über Philos stilisierenden Anteil[52] hinausgehend, und daß andererseits über den ägyptisch-jüdischen Zweig der Essenerbewegung[53] einzig und allein Philo berichtet[54]. Ja mehr noch, selbst der Pliniustext träte aus seiner Sonderrolle heraus, indem ihm in der Vorlage von Philo, contempl ein gleichfalls geographisch orientierter Essenerbericht zur Seite tritt, der ja auch tatsächlich weitere Parallelen aufweist. Wie zuvor schon beobachtet an apol 2 (γένος), prob 76 (πόλις), apol 3 (νήπιος), kann dabei Stichwort- bzw. Motivgleichheit durchaus zur gegenteiligen Aussage gestaltet sein. So stilisiert Philo im Unterschied zur gens sola et in toto orbe praeter ceteras mira der Essener des Plinius die Therapeuten zum Typos der frommen Judenschaft Alexandrias[55] als Volk der Gottschauenden[56], das (nicht nur in Alexandria, in allen Gauen Ägyptens, sondern auch) in der ganzen Oikumene anzutreffen ist[57].

Plinius, nat.hist. V,73	Philo, contempl
gens sola et in toto orbe praeter ceteras mira	πολλαχοῦ μὲν οὖν τῆς οἰκουμένης ἐστὶ τὸ γένος (21).
sine ulla femina, omni venere abdicata	ὑπ' οὐδενὸς ἔτι δελεαζόμενοι φεύγουσιν ἀμεταστρεπτὶ καταλιπόντες ἀδελφούς, τέκνα, γυναῖκας κτλ. (18).
sine pecunia	Sie entäußern sich ihres Vermögens (18),
socia palmarum	Sie halten sich in Gärten oder auf entlegenen Grundstücken auf und suchen die Einsamkeit (20).
convenarum turba	φεύγουσιν ... καταλιπόντες ... τὰς πατρίδας ... μετοικίζονται ...

---

52) W. Bauer, Essener, 41.
53) J.T. Milik, in: Qumran, 119.
54) H. Kraft, Therapeuten, RGG VI, 848.
55) Formulierung nach A. Wlosok, Laktanz, 99.
56) Die Stellen zu dieser 'Lieblingsidee' Philos hat H. Leisegang, Geist, 224f. mit Anm. 3 zusammengestellt; zum Fehlen von contempl s. dort 238, Anm. 1.
57) Vgl. dazu spec II, 163, Gai 214.281f., vor allem Flacc 44f.49, im übrigen s. P.W. van der Horst, Epitaphs, 127f. mit Anm. 2.

	καθάπερ εἰς πατρίδα ... ἀποικίαν στέλλονται πρός τι χωρίον ἐπιτη- δειότατον (18-22).
vita fessos vitae paenitentia	τετελευτηκέναι νομίζοντες ἤδη τὸν θνητὸν βίον (13).

* * *

ein Menschenschlag, einzigartig und auf dem ganzen Erdkreis mehr als andere sonderbar,	Vielerorts auf dem Erdkreis freilich findet sich der Menschenschlag (21)
ganz ohne Frauen, aller Liebeslust entledigt,	von nichts mehr gefangen, fliehen sie unverwandt und verlassen Brüder, Kinder, Frauen usw. (18)
ohne (eigenes) Kapital, nur unter Palmen lebend,	
...durch eine Schar von Zuwanderern	sie fliehen... und verlassen... je ihre Heimat... sie übersiedeln..., als wär's ihre (neue) Heimat, siedeln sie sich in einem äußerst günstigen Gelände an (18-22)
die das Leben satt haben Lebensüberdruß	...sie glauben das sterbliche Leben schon beendet zu haben (13).

Daß Plinius aus den Zuwanderern (convenarum turba[58]) eine gens aeterna werden läßt, könnte ironische Variation eines Topos sein, dessen eigentliche Form noch Silius Italicus I,26-28 erkennen läßt: hic Iuno ... optavit *profugis aeternam* condere *gentem*. (Hier hat Juno ... ersehen, den Flüchtlingen ein ewiges Geschlecht zu begründen.) In der Schilderung der sogenannten Therapeuten als Männern, die das Zusammenleben mit ihren Frauen *aufgegeben* und auf geschlechtliche Lust *verzichtet* haben, besteht ganz offensichtlich ein Zusammenhang zwischen Plinius, nat.hist. V, 73 und Philo, contempl 18[59]. Die scheinbar entsprechenden Notizen Philo, apol 14 Ἐσσαίων γὰρ οὐδεὶς ἄγεται γυναῖκα und Jose-

---

58) Ch. Burchard, RB 69, 561 mit Anm. 128.
59) Ch. Burchard, RB 69, 565 mit Anm. 146.

phus, ant. 18,21 οὔτε γαμετὰς εἰσάγονται[60] οὔτε κτλ. unterscheiden sich davon in charakteristischer Weise, indem sie den Eindruck prinzipiell zölibatärer Lebensweise erwecken. Gleichsam die Mitte zwischen beiden Positionen hält Josephus, bell. 2,120f., wo nur von *Reserve* gegenüber der Ehe, nicht von prinzipieller Ehelosigkeit die Rede ist. Wie leicht sich in solchen Fragen möglicherweise subtile Information der ersten Hand auf dem Weg der Interpretation von Nachrichten aus zweiter Hand verwandeln kann, zeigt schön das Beispiel, wie Strabo, Geographica VII, 3,4 die Notiz des Poseidonios: εἶναι δέ τινας τῶν Θρᾳκῶν οἳ χωρὶς γυναικὸς ζῶσιν (3,3)[61] kritisiert und damit interpretiert. 'Getrennt von der Frau leben' heißt für Strabo schlichtweg 'ehelos leben' und erscheint ihm, zumal als Ausdruck von εὐσέβεια, zwangsläufig widersinnig: τὸ μὲν οὖν ἰδίως τοὺς ἀγύνους τῶν Γετῶν εὐσεβεῖς νομίζεσθαι παράλογόν τι ἐμφαίνει (Speziell die Ehelosen unter den Geten als fromm zu bezeichnen, legt einen gewissen Widersinn an den Tag). Aber χωρὶς γυναικὸς ζῆν kann ja auch auf zeitlich befristete Enthaltsamkeit – wie z.B. die für ein Jahr geltende ἁγνεία der Essenen am Artemistempel von Ephesus[62] – oder auf Entsagung von einem bestimmten Zeitpunkt des Lebens an bezogen sein. Jedoch werden wir auf diesen Problemkreis an späterer Stelle noch genauer und im einzelnen einzugehen haben.

Neben die Gemeinsamkeiten zwischen Philo, contempl und Plinius tritt eine Reihe von Parallelen zwischen den Essenertexten in Philo, prob/ apol und Josephus, bell./ant. einerseits und Philo, contempl andererseits[63], wobei eine kleine, aber beachtliche Gruppe von parallelen Einzelnotizen auf Josephus, bell. begrenzt ist.

Philo/Josephus (prob, apol/ bell., ant.)		contempl
prob 75, apol 1, bell. 2,119	Etymologie	2
apol 2, (ant. 15,373)	προαίρεσις	2

---

60) Wie ἄγεσθαι γυναῖκα (vgl. Herodot, Hist. 5,16) bedeutet γαμετὰς εἰσάγεσθαι heiraten, vgl. γυναῖκα εἰσάγεσθαι Herodot 5,40; 6,63. Die Übersetzung 'Ehefrauen aufnehmen', so L.H. Feldman, Josephus, IX, 19; K.H. Rengstorf, Concordance, II, 39 s.v. εἰσάγω z.St., scheint mir nicht möglich zu sein.

61) Näheres zur Stelle s.u. S. 81f.

62) Pausanias VIII 13,1. Näheres zur Stelle s.u. S. 119f. mit Anm. 13f.

63) Vgl. W. Bauer, Essener, 41-43; G. Vermes and M.D. Goodman, Essenes, 16f.

prob 84, apol 3	ἡδοναί, ἐπιθυμίαι,	2
bell. 2,120.161	πλεονεξίαι, ἀδικίαι, πάθη	
prob 84, apol 14, bell. 2, 120.138	ἐγκράτεια	34
apol 4, ant. 18,21	kein Sklavenbesitz	70
prob 84, bell. 2,122	κοινωνία	24
prob 86.91, bell. 2,129f.139	Gemeinschaftsmahl	40.64.73
prob 80 ἀλείπταις χρώμενοι τοῖς πατρίοις νόμοις		64 κατὰ τὰς τοῦ προφήτου Μωυσέως ἱερωτάτας ὑφηγήσεις
	Schriftstudium	
bell. 2,159 βίβλοις ἱεραῖς ... ἐμπαιδοτριβούμενοι		2 ἐκ τῶν ἱερῶν νόμων ἐπαιδεύθησαν
prob 73	ἐτύμως	2
apol 11 πολυτέλειαν ὡς ψυχῆς καὶ σώματος νόσον	ἐκτρεπόμενοι	37 πλησμονὴν ὡς ἐχθρὸν ... ψυχῆς τε καὶ σώματος
prob 76	Sie meiden die Städte.	19f.
prob 87, apol 13	Die Jüngeren bedienen die Älteren wie Vater und Mutter.	72
apol 12	ἐσθής: Sommer ἐξωμίς Winter χλαῖνα	38
prob 81	synagogale Sabbatfeier	30
prob 81	dem Alter nach sitzen	30
prob 82	ἐμπειρότατος	31
apol 1	Μωυσέως γνώριμοι	63
prob 82	Allegorie	28
bell. 2,128	Gebet bei Sonnenaufgang	27.89
bell. 2,130	Schweigen	31
μεθ᾽ ἡσυχίας		καθ᾽ ἡσυχίαν
bell. 2,131	Essensgebet	66
bell. 2,133	Essen und Trinken nur bis zur Sättigung	37
bell. 2,136	Sie heilen Krankheiten.	2
τὰ τῶν παλαιῶν συντάγματα		29 συγγράμματα παλαιῶν
	Bücher	ἀνδρῶν, οἳ
bell. 2,142 τά τε τῆς αἱρέσεως αὐτῶν βιβλία		τῆς αἱρέσεως κτλ.
bell. 2,141	rein von (unrechtem) Gewinn	66

47

bell. 2,123   λευχειμονεῖν   66
bell. 2,129 καθάπερ   Refektorium   32 τὸ κοινὸν
εἰς ἅγιον τι τέμενος π.   σεμνεῖον
τὸ δειπνητήριον

Einige der Parallelen, die nur Philo aufweist, werden wohl ganz auf sein
Konto gehen, andere, die auch Josephus bezeugt, dürften der Philo und
Josephus gemeinsamen Quelle entstammen, von der zuvor die Rede gewesen war. Überraschend und interessant zumal sind diejenigen Notizen, die nur bei Josephus ihre Entsprechung haben. Unter ihnen finden
sich gerade diejenigen Einzelzüge, die wesentlich die Diskussion um pythagoreischen Einfluß im Essenismus mit bestimmt haben[64]. Über Sinn
und Tragweite der essenisch-pythagoreischen Parallelen wird an späterer Stelle innerhalb Kapitel 3 nachzudenken sein.

Halten wir einstweilen fest: Die Essener-Referate des Josephus, auf dem
Hintergrund der übrigen klassischen antiken Essenertexte betrachtet,
gruppieren sich en gros um zwei Brennpunkte inhaltlicher und sprachli-
cher Verwandtschaftsfelder. Der eine Brennpunkt liegt im Umkreis der
Beziehungen, die sich aufzeigen lassen zu den Essäern der vita activa
nach Philo, prob 75-91 und apol 1-18 und ergänzend zu den Essäern der
vita contemplativa nach Philo, contempl. Die Eigenart der aufgezeigten
Beziehungen widerrät der Vermutung, Josephus habe seine Essener-Referate aus Philos Werken geschöpft; beide dürften vielmehr eine hellenistisch-jüdische Essäer-Darstellung als Quelle benutzt haben. Um einen
zweiten Brennpunkt versammeln sich jene Aussagen, durch die die Essener des Plinius und die sogenannten Therapeuten Philos wie auch dieselben und die Essener des Josephus zueinander in Beziehung treten und
zugleich ebendiese Essener 'als jüdische "Pythagoreer"'[65] erscheinen.
Vermutlich hießen dieselben auch in Philos Quelle *Essener*, weshalb er
sie nur zum Eingang von contempl 1 als Essäer einführt, ansonsten aber
nur von den Therapeuten spricht.

---

64) E. Zeller, Philosophie, III,2, 365-377, dort 365: 'Unter allen Erscheinungen jener Zeit
    hat nämlich keine mit dem Essäismus eine so durchgreifende Aehnlichkeit, wie der
    Pythagoreismus der letzten Jahrhunderte v.Chr.' Ähnlich dann E. Schürer, Geschich-
    te, II, 678-680. A. Dupont-Sommer, in: Qumran, 215-220, speziell 220: 'In der Qum-
    ransekte muß man unserer Meinung nach zugleich einen iranischen und einen pytha-
    goreischen Einfluß feststellen.' Pythagoreischen Einfluß favorisierte zumal I. Lévy,
    Pythagore, mit weiteren Beiträgen in Recherches.
65) M. Hengel, Judentum, 452.

3 Qumran und die Essener, das Problem der Quellen des Josephus

Die Frage, ob die Qumrangemeinde, deren schriftliche Hinterlassenschaft und deren archäologische Spuren seit mehr als vierzig Jahren Gegenstand internationaler Forschungsarbeit sind[1], und die Essener der antiken Berichte eine identische religiöse Bewegung darstellen – etwa im Sinne eines Essenismus, der 'aus mehreren zum Teil nicht ganz einheitlich organisierten Gruppen bestand'[2] –, konnte bis heute nicht definitiv beantwortet werden. Nach wie vor gilt Ch. Burchards Urteil: 'Der historische Gehalt der Berichte liegt nicht zu Tage.'[3] Und nach wie vor ist die wie auch immer zu definierende Indentität beider Größen[4] nicht mehr als eine sehr wahrscheinliche Hypothese[5], von der Mehrzahl der Forscher anerkannt[6], obwohl die Qumrantexte nicht in allen Punkten mit den antiken Essenerberichten in Übereinstimmung zu bringen sind[7]. 'So enthalten die Qumrantexte manche Vorstellungen (z.B. Bund, Endzeit-

---

1) S. dazu K.E. Grözinger u.a., Qumran, 1-5. Im übrigen s. im bibliographischen Anhang 6.2 Allgemeine Hilfsmittel usw. unter den Namen: H. Bardtke, Ch. Burchard, H. Bietenhard, J.A. Fitzmyer, F. García Martínez, B. Jongeling, A.S. van der Woude.

2) J. Maier/K. Schubert, Qumran-Essener, 42.

3) Antike Berichte, III.

4) (A. Adam-)Ch. Burchard, Antike Berichte, IVf.: 'Die Qumranbewegung ist nicht immer und überall dieselbe gewesen...; außerdem überblicken wir die Bewegung in ihrer mehr als zweihundertjährigen Geschichte keineswegs vollständig, am wenigsten außerhalb Qumrans. Auch müssen nicht alle Berichte und nicht alle Angaben eines Berichts aus der gleichen Zeit und vom gleichen Ort stammen.'
   H. Stegemann, Entstehung, 7, versteht unter Qumrangemeinde 'diejenige organisierte Gemeinschaft innerhalb des Judentums', 'die sich in den vor dem Jahre 68 n.Chr. abgefaßten, bei Chirbet Qumran aufgefundenen Schriften Ausdruck verschafft hat und deren Spätstadium im 1. Jh.n.Chr. durch Beschreibung der "Essener" seitens antiker Autoren bekannt ist.'

5) E. Schürer, History, II, 561.

6) Vgl. H. Bardtke, ThR 41, 140: 'Mit einem gewissen Consensus der Meinungen kann die erste fünfundzwanzig-Jahre-Periode der Qumrânforschung abgeschlossen werden.' Die Sicht, daß sich ein solcher Konsens herauskristallisiert hat, ist eine Sache, eine andere die Unterstellung, daß sich eine kleine Gruppe von Spezialisten gleichsam vorsätzlich auf einen Konsensus geeinigt habe, s. R.H. Eisenman, Maccabees, XVI, und dies noch womöglich ferngesteuert 'im Auftrag des Vatikans', so M. Baigent/R. Leigh, Verschlußsache, 97-115, 133-163.

7) K.E. Grözinger u.a., Qumran, 4.

erwartung, Lehrer der Gerechtigkeit), die in den Nachrichten des Philo und Josephus über die Essener fehlen, und andererseits berichten diese Autoren auch einige Einzelheiten über die Lebensgewohnheiten der Essener, für die in den Qumrantexten keine Belege zu finden sind.'[8] Zu diesen Differenzen gehört auch, 'daß gerade die ausführlichen, jüdischen Essenerberichte von Qumran nichts wissen und umgekehrt die Qumranliteratur den Essenernamen nicht kennt.'[9] In J. Maiers Perspektive fehlt vor allem 'die eindeutig oppositionelle Haltung der Qumrangemeinde gegenüber Jerusalem und der Umwelt', so daß die Frage aufkommt, ob nicht die völlige Absonderung und Radikalisierung der Qumranleute nur 'eine Sonderentwicklung innerhalb der unter dem Namen "Essener/Essäer" zusammengefaßten Gruppen darstellte', während Josephus noch für das 1. Jh. n.Chr. von Essenern so sprechen konnte, 'als wären sie eine gewichtige Gruppe neben Pharisäern, Sadduzäern und "vierter Philosophie" (den Zeloten) gewesen.'[10] Anders gewendet, besteht aber auch die Möglichkeit, daß 'der Großteil der Informationen über die Essener in bezug auf diese selber fragwürdig' ist[11].

Freilich steht der Liste der Rätsel und Fragwürdigkeiten, der Widersprüche und Ungereimtheiten auch eine solche Fülle von Übereinstimmungen gegenüber[12], daß die Zusammengehörigkeit beider Größen in *einer* religiösen Strömung des antiken Judentums historisch ausreichend gesichert erscheint[13]. Drei Kautelen im Blick auf die Qumranfunde wären indes noch anzufügen: Mit J. Maier/K. Schubert müssen wir im Auge behalten: 'Über den Umfang des Essenismus und die innerhalb seines Rahmens möglichen eventuellen Gruppen sind wir trotz der Qumrantexte noch ungenügend unterrichtet'[14], denn wie die übrige frühjüdische läßt uns auch die gesamte frühchristliche Überlieferung hier völlig im Stich. Trotz respektabler Versuche und Vorarbeiten, von historischen Daten sowie literarischen und archäologischen Zeugnissen her eine stimmige

---

8) J. Maier/K. Schubert, Qumran-Essener, 41. Zur Sache vgl. die Aufstellungen bei T.S. Beall, Description, 128f.
9) (A. Adam-)Ch. Burchard, Antike Berichte, IV.
10) Zwischen, 275.
11) J. Maier, Zwischen, 276.
12) Vgl. Y.M. Grintz, in: A. Schalit, Zur Josephus-Forschung, 294-336; T.S. Beall, Description, 34-122, Zusammenfassung: 123-128.
13) H. Stegemann, Entstehung, 6: 'Die entscheidenden Argumente für diese Identifizierung ... sind ... heutzutage weitgehend anerkannt.' Vgl. auch G. Vermes and M.D. Goodman, Essenes, 12f.
14) Qumran-Essener, 71.

Geschichte der Essener von ihren Anfängen bis zu ihrem Untergang zu entwerfen und nachzuzeichnen[15], sind wir in diesen Fragen, zumal noch immer nicht alle Funde veröffentlicht sind[16], nicht in der Lage, in jedem Fall zwischen brillanter historischer Phantasie und nüchtern sachlicher Solidität zu unterscheiden[17]. Schließlich bedarf es noch beachtlicher Anstrengungen und vielseitiger Zusammenarbeit, bis wir in den Stand gesetzt sind, hinreichend begründen zu können, welche Schriften *genuin qumranischen* Ursprungs und traditionsgeschichtlichen Wachstums sind, welche in Qumran nur sekundär bearbeitet, welche dort nur tradiert, weil gerne gelesen wurden[18], welche gar nur mehr oder weniger zufällig in der Bibliothek vorhanden waren.

Abgesehen von der Beurteilung der Qumranschriften im einzelnen, sind die bisherigen Vergleichsbemühungen zu stark von der Endgestalt der vorliegenden antiken Essenerberichte ausgegangen, wie gerade neuerdings wieder die im übrigen durchaus verdienstvolle Fleißarbeit von T.S. Beall zeigt: 'Josephus' Description of the Essenes Illustrated by the Dead Sea Scrolls.' Ungeachtet aller sehr wohl wahrgenommen apologetischen Einfärbung der Essener-Darstellung des Josephus gilt sein Bericht als besonders historisch zuverlässig – 'the most important ancient secondary source of information regarding the group.'[19] Demgegenüber sollen in der folgenden Untersuchung zunächst einmal Profil und Intention einzelner Quellen des Josephus herausgearbeitet werden, soweit dies möglich ist, und erst danach die historische Frage gestellt werden, inwieweit die Essener-Nachrichten von den Primärquellen bestätigt, er-

---

15) Vgl. in: Qumran, hg.v. K.E. Grözinger u.a., die Beiträge von H.H. Rowley, Geschichte, und J.T. Milik, Geschichte; ferner J.H. Charlesworth, RdQ 10, 213-233; H. Burgmann, Gemeinden.

16) Vgl. H. Stegemann, RdQ 13, 130, Anm. 98: 'Bislang ist erst etwa die Hälfte der reichlich 800 Handschriften aus den Qumranfunden ediert und damit der Wissenschaft zugänglich geworden.'

17) Vgl. H. Bardtke, ThR 41, 137: 'Bei jedem Entwurf einer Geschichte der Gruppe von Qumrān wird uns bewußt, wie wenig wir im Grund von dieser Geschichte wissen.'

18) So z.B. die Tempelrolle, vgl. H. Stegemann, 'Das Land', 156f. Mit Recht resümiert A.S. van der Woude, F. García Martínez zustimmend: 'Die Interessen, von denen die im strengen Sinne sektarischen Schriften der Kommunität Zeugnis ablegen, sind von denen der Tempelrolle oft verschieden, die Art und Weise, in der die heilige Schrift interpretiert wird, ist in mancher Hinsicht ungleich, die Halacha zeigt Änderungen, das Bundesfest der Qumrangemeinde bleibt in der Tempelrolle unerwähnt, es gibt Unterschiede im Vokabular und vor allen Dingen ist die Einstellung zum Tempel und zu seinen Behörden nicht identisch. Die Tempelrolle müsse daher aus der Zeit vor der Ansiedlung in Qumran stammen.'

19) T.S. Beall, Description, 2.

gänzt, kritisiert oder in Frage gestellt werden. Nicht die Zuverlässigkeit des Historiographen Josephus, sondern die seiner Quellen wird somit zu diskutieren sein. Dabei ist immer zuerst nach der *literarischen Intention* dieser Quellen zu fragen, in zweiter Linie erst danach, ob sich Einzelaussagen über die Essener mit den Qumrantexten zur Deckung bringen lassen. Auf alte Fragen werden, hoffe ich, neue Antworten möglich sein.

Von den soeben entwickelten Grundsätzen werde ich im folgenden Abschnitt 3.1 'Die Essener als Paragnosten im Lichte der Qumrantexte' deshalb abweichen, weil einerseits in Sachen Quellenfrage die notwendigen bzw. möglichen Vorarbeiten erledigt sind, andererseits die Josephustexte über weissagende Essener thematisch zusammengehören und insofern auch quellenübergreifend erörtert werden können.

3.1 Die Essener als Paragnosten im Lichte der Qumrantexte

Es ist üblich geworden, die Nachrichten des Josephus über weissagende Essäer bzw. Essener, bell. 1,78-80 (par. ant. 13,311-313), 2,112f. (par. ant. 17,345-348), 2,159 und ant. 15,373-379, mit der 'prophetischen' Reïnterpretation der hebräischen Bibel in den Pešarim aus Qumran einerseits[20], mit den astrologischen Fragmenten aus Höhle IV von Qumran andererseits[21] in Verbindung zu bringen und zu vergleichen. Aber mir scheint in beiden Fällen ein wirklicher Vergleichspunkt zu fehlen.

Vergegenwärtigen wir uns zunächst den Charakter der Qumranschriften, die zum Vergleich herangezogen werden! Mindestens 15, vielleicht auch 18 Schriftfunde aus Qumran, so M.P. Horgan[22], zählen zur literarischen Gattung des Pešer, der qumranischen Bibelauslegung, in der Propheten und Psalmen auf die Geschichte der Qumrangemeinde hin ausgelegt werden, und zwar im Lichte der Endzeit, in der man zu leben glaubte[23]. Als Beispiel diene 4 Q *169* (pNah) 4,1-4, wo der Text aus Nah

---

20) O. Michel-O. Bauernfeind, Josephus, I, 439, Anm. 83; R. Meyer, ThW VI, 821; T.S. Beall, Description, 110f.; H. Braun, Qumran, II, 196.
21) M. Hengel, Judentum, 438f.; in: Qumrân, 371; H. Lichtenberger, Studien, 143, Anm. 5; H. Bietenhard, Handschriftenfunde, 734f.; R.T. Beckwith, RdQ 10, 200f.
22) Pesharim, 1ff.
23) M.P. Horgan, Pesharim, 248f.; H. Lichtenberger, Studien, 154-158; vgl. ferner W.H. Brownlee, BA 14, 54-76; E. Schürer, History, II, 580, Anm. 18, III,1, 420f.; H. Gabrion, L'interprétation, 779-848; H.C. Fletes, Habakukkommentar; G.J. Brooke, Exegesis; I. Fröhlich, RdQ 12, 383-398; im übrigen s. J.A. Fitzmyer, Scrolls, 160f.

3,10 interpretiert wird mit den Worten: 'Seine Deutung bezieht sich auf Manasse in der Endzeit, ...' (Z. 3). Ganz anderen Zuschnitts und Charakters sind die Bruchstücke astrologischer Texte aus Höhle IV, einerseits das noch unveröffentlichte Fragment eines Brontologions[24], andererseits die unter der Editionsnummer 4 Q *186* veröffentlichten Fragmente, die recht eindeutig als Geburtszodiologien zu bestimmen sind[25], denn solche Zodiologia 'enthalten vorwiegend ganz vage und ohne Berücksichtigung der Planeten formulierte Geburtsprognosen, in denen das künftige Aussehen und Schicksal der in einem bestimmten Bild bzw. dem betreffenden Monat Geborenen skizziert wird.'[26] Vorherrschend physiognomische Charakteristika in der Art von 4 Q *186* sind gattungsmäßig geradezu eigentümlich für Zodiologia[27]. Ein unmittelbarer Zusammenhang dieser astrologischen Literatur mit Qumran besteht m.E. nicht[28], sondern nur der mittelbare über die Qumran nahestehende Henochliteratur[29]. Die physiognomischen Charakteristika von 4 Q *186* – und nur diese – erinnern an das kleine aramäische Fragment (E 3), das mit weiteren aramäischen Fragmenten aus einer Geburtsgeschichte Noahs, 'des Erwählten Gottes', erhalten[30] und oft als messianisches Horoskop mißverstanden worden ist[31]. Freilich läßt sich kaum erhärten, daß 4 Q *186* unmittelbar mit jenen aramäischen Fragmenten zu einem 'Buche Noah' zusammengehörte, wie J.T. Milik meint[32]. Eher scheinen mir die – freilich negativ qualifizierten – [נחשי ברקין] (die Vorzeichen bei

---

24) J.T. Milik, Ten Years, 42.
25) S. meine Arbeit: Glaube als Gabe, 78-81.
26) W. und H.G. Gundel, Astrologumena, 269.
27) H.G. Gundel (- R. Böker), PRE XA, 582-585.
28) S.o. Anm. 25. Unzulässig erscheint mir, Astrologie zu den 'basic concepts' der Qumrangemeinde zu zählen, wie dies D. Mendels, HThR 72, 207 tut, unzulässig auch, 1 QS 4,23-26 im Lichte von 4 Q *186* zu interpretieren, gegen H. Stegemann, RdQ 13, 117-119:
   1. Von Licht/Finsternis ist in 1 QS 4,15-26 nicht die Rede.
   2. Kennzeichen der dualistischen Zugehörigkeit in 1 QS 3,13-4,26 insgesamt sind Taten, nicht physiognomische Charakteristika.
   3. In 4 Q *186* ist umgekehrt von Taten nicht die Rede.
29) Die Chiffrierung von 4 Q *186* ist zu vergleichen mit der von 4 Q *317* (s. dazu J.T. Milik, Enoch, 68). Möglicherweise hängt sie mit der Orientierung beider Texte an den Mondphasen zusammen. 4 Q *317* beschreibt die verschiedenen Mondphasen, 4 Q *186* läßt Schicksal und Aussehen eines Menschen von der Parzellierung eines Sternbilds durch den Mondstand in einem seiner 'Glieder' abhängig sein, s. Glaube als Gabe, 79f.
30) K. Beyer, Texte, 269-271; zu E 3 = 4 QHor a r s. 269/271.
31) So seit J. Starcky, Un texte messianique, 51-66.
32) Enoch, 56.

53

Blitzen) und נחשי כוכבין (die Vorzeichen bei Sternen) Hen 8,3[33] den zuvor angesprochenen zodiakalen Wahrsagetexten nahezukommen[34]. Wie steht es dann also um die Vergleichbarkeit der Pešarim und Zodiologia mit den Anekdoten über weissagende Essäer/Essener bei Josephus?

Wie sich schon bei der ersten Durchsicht gezeigt hat, gehören die Judas/Simon-Anekdoten in mehrfacher Hinsicht zusammen: Beide Gestalten werden in typischer Weise als Angehörige des Essäergeschlechts eingeführt und erscheinen als Mantiker; beide Anekdoten stammen sehr wahrscheinlich aus der Weltgeschichte des Nikolaos, sind jedenfalls ihrem religionsgeschichtlichen Typ nach heidnisch. Schriftauslegung findet dementsprechend nicht statt[35], Pešarim-Bibelexegese, bezogen auf die als Endzeit aufgefaßte Geschichte der Qumrangemeinde[36] schon gar nicht. So ergäbe sich allenfalls zu den Zodiologia über das Stichwort 'Mantik' eine Brücke, weil Sterndeutekunst und Wahrsagung als Astromantik durchaus miteinander zusammenhängen können[37]. Aber die Mantiker-Anekdoten enthalten noch nicht einmal die Spur eines Hinweises auf astrologischen Hintergrund, so daß die Konstruktion eines Zusammenhangs zwischen Mantiker-Anekdoten und Zodiologia freier Konjektur gleichkommt, jedenfalls nicht aus den Texten selbst begründet werden kann.

Weder Judas noch Simon betreiben Schriftauslegung, sie huldigen aber auch nicht der Astrologie. Dasselbe gilt für den Manaem der hellenistisch-jüdischen Anekdote ant. 15,373-379. Das Problem 'Schriftbezug' stellt sich allererst angesichts des mit der Manaem-Anekdote Verbundenen Passus bell. 2,159. Denn hier ist davon die Rede, daß die Essener, die sich auf das τὰ μέλλοντα προγινώσκειν zu verstehen behaupten, in der Heiligen Schrift wohlunterrichtet sind – sowohl was spezielle Reinhaltevorschriften als auch was Prophetenorakel angeht. Diese Verbindung von Prognostik und Unterrichtetsein in der Heiligen Schrift dürfte allerdings erst Josephus hergestellt haben, denn bell. 2,159 ist ja eine redaktionelle Notiz, die für die ausgefallene Manaem-Anekdote steht, für

---

33) S. dazu J.T. Milik, Enoch, 170f.; K. Beyer, Texte, 236f.
34) W. und H.G. Gundel, Astrologumena, 15: '...die auf Hermes zurückgeführten Beurteilungen der Finsternisse, der Blitze und der Gewittererscheinungen, bes. die sog. *Brontologia*; auch die Kometen und Erdbeben haben sicher schon in vorptolemäischer Zeit bestimmte priesterliche Auslegungen erfahren, ...' Vgl. dort auch 260f.
35) S.o. S. 15f.
36) S.o. Anm. 23.
37) F. Boll-C. Bezold-W. Gundel, Sternglaube, 101.

die wegen ihrer Verbindung mit der Gestalt des Herodes post bell. 2,117 (Umwandlung des Archelaos-Gebiets in römische Provinz) kein geeigneter Platz mehr gegeben erschien. Die redaktionelle Notiz hat einen leicht verständlichen Rahmen: 'Es gibt auch solche bei ihnen, die erklären, die Zukunft vorhersagen zu können; und es ist durchaus eine Seltenheit, daß sie sich einmal in ihren Vorhersagen vergreifen.' In diesen Rahmen hineinkomponiert ist ein Passus, der ausweislich Philo, prob 80 ἀλείπταις χρώμενοι τοῖς πατρίοις νόμοις und contempl 2 ἐκ τῶν ἱερῶν νόμων ἐπαιδεύθησαν wohl auch aus der hellenistisch-jüdischen Essäer-Quelle stammt, dessen Quellenkontext aber nicht mehr feststellbar ist. Der Passus selbst zählt wohl nicht drei in keiner Weise zueinander passende Größen[38] auf, in denen die Essäer unterrichtet sind, sondern besagt, daß sie 'in der Heiligen Schrift wohlunterrichtet sind', wobei die Wendungen καὶ διαφόροις ἁγνείαις καὶ προφητῶν ἀποφθέγμασιν die Inhalte bezeichnen, die sie sich aus der Schrift aneignen. Josephus hat die Stelle selbst so interpretierend aufgenommen, und zwar gelegentlich seiner eigenen Behauptung, die Zukunft vorhersagen zu können, bell. 3,352: Josephus sei kompetent gewesen, Träume, die ja mehrdeutige Gottessprüche seien[39], zu deuten *mit Hilfe der Prophezeiungen* in der Heiligen Schrift, die ihm aufgrund seines priesterlichen Standes wohlbekannt gewesen seien. Jedenfalls im Sinne des Josephus sind demnach Reinhaltevorschriften und Prophetenorakel in bell. 2,159, vielleicht hellenistischem Vorbild entsprechend[40], *Medien* der Divination[41], nicht Gegenstand der Schriftforschung oder Schriftauslegung[42].

Da nun also Josephus- und Qumrantexte in den besprochenen Punkten durchweg der Vergleichsbasis entbehren, werfen die Anekdoten über weissagende Essäer die Frage auf, wer diese Essäer eigentlich waren. Besäßen wir nicht weitere Quellen über sie, könnten wir sie schwerlich identifizieren. Indes bewahrte sich vielleicht in der Rede von Essäern speziell als von Mantikern die Erinnerung an apokalyptische Visionäre[43], die ja zum Erscheinungsbild der früheren chasidischen Bewegung

---

38) So zu Recht A. Dupont-Sommer, Ecrits, 45, Anm. 2.
39) G. Dautzenberg, Urchristliche Prophetie, 99.
40) Wie der Zauber (H.G. Gundel, Weltbild, 36 mit Anm. 74) kennt auch die Divination Reinhaltevorschriften, vgl. A. Bouché-Leclercq, Histoire, I, 31; III, 336. Anleitung zur Prognostik entnimmt man Traumbüchern und Beispielsammlungen, vgl. F. Pfeffer, Studien, 59.
41) Im Blick auf bell. 3,352 richtig G. Dautzenberg, Urchristliche Prophetie, 99: 'Traumdeutung mit Hilfe der prophetischen Tradition.'
42) Dazu s.u. unter 3.3.2.
43) Vgl. die Bezeichnung der zu dem apokalyptischen Visionär von Apk 17,1; 21,9 gehörenden Gemeinde als Propheten Apk 22,9, s. dazu meinen Beitrag in ZNW 75, 87.

gehört haben dürften[44], ganz abgesehen davon, daß die apokalyptische Strömung selbst zumindest als *eine* der Wurzeln der Qumranbewegung anzusprechen sein wird[45]. Nicht von ungefähr läßt Nikolaos von Damaskus auch die den Essäern geistesverwandten Pharisäer als Männer auftreten, die im Rufe standen, mit göttlicher Weissagungsgabe ausgestattet zu sein (ant. 17,41-43)[46]. Gleichwohl bleiben – zusammen mit der Essäerschaft des Kommandeurs Johannes, bell. 2,567; 3,11.19[47], und dem 'Essenertor' der topographischen Quelle bell. 5,136-247, dort 145[48] – die weissagenden Essäer als Essäer historisches Rätsel.

3.2 Die Essener im Rahmen der jüdischen Religionsgruppen

Nach offenbar feststehender Zählweise stellen im Werk des Josephus die Essener die dritte der sogenannten drei philosophischen Schulrichtungen des Judentums dar: bell. 2,119-166; ant. 13,171-173.288-298; 18,11-22; vita 10-12[49]. Mit diesem Drei-Schulen-Schema fest verbunden ist die Namengebung *Essener*. Symmetrie der Darstellung erreicht nur ant. 13,171-173, während in bell. 2,119-166 der Essener-Bericht unverhältnismäßig breiten Raum einnimmt und auch in ant. 18,11-22 die Essener-Passage sich durch ihre Detailkenntnisse von den Pharisäer/Sadduzäer-Referaten abhebt. Was hat es also mit der Drei-Schulen-Darstellung und dem damit einhergehenden Schematismus, den E. Schürer als

---

44) M. Hengel, Judentum, 369-381.

45) F. García Martínez, Essénisme, 47-57, vgl. auch K. Beyer, Texte, 210, der 4 Q Amram als vorqumranische priesterliche Apokalypse deutet.

46) R. Marcus, Josephus, VIII, 391, vermutet gar: 'Pharisees and Essenes appear to be confused here.'

47) Erwägungen dazu: E. Schürer, History, II, 588.

48) Den Eindruck, des Rätsels Lösung auf der Spur zu sein, vermitteln Beiträge wie: B. Pixner, Quarter, 245-285; HlL 113, 3-14; J.H. Charlesworth, RdQ 10, 227, Anm. 63; E. Ruckstuhl, Jesus, 125-127; R. Riesner, BiKi 40, 69-74. Man darf freilich nicht vergessen, daß der Hypothese von der Existenz eines Essenerviertels in Jerusalem mehr als 'a very tempting probability' (B. Pixner, Quarter, 247) nicht zukommt. Es ist *eine* Sache, wenn man wie R. Riesner, BiKi 40, 73, formuliert: 'Aus dem Vorhandensein von Ritualbädern kann man nicht ohne weiteres auf essenische Besiedlung schließen, aber das Fehlen solcher Bäder wäre ein schwerwiegendes Argument gegen die Annahme eines Essenerquartiers auf dem Südwesthügel.' Und es ist eine andere Sache, wenn man von dem gleichen archäologischen Tatbestand den Eindruck vermittelt: '... some random excavations ... have brought to light baths that resemble in many ways those of Qumran', so B. Pixner, Quarter, 271.

49) S.o. S. 19f.

den gewiß schwächsten Punkt in der Darstellung des Josephus bezeichnet hat[50], auf sich?

In seiner Apologie jüdischen Glaubens, c.Ap. 2,179-181, betont Josephus neben der vollständigen Übereinstimmung in Lebensführung und Sitten das Fehlen widerstreitender Aussagen über Gott: εἷς δὲ λόγος ὁ τῷ νόμῳ συμφωνῶν περὶ θεοῦ, πάντα λέγων ἐκεῖνον ἐφορᾶν (einheitlich, in Übereinstimmung mit dem Religionsgesetz, ist die Lehre über Gott, die besagt, daß er alles beaufsichtigt). Die Formulierung erweist sich als spezifisch antiepikureisch, zumal im Vergleich von c.Ap. 2,180 ἄλλων δὲ τὴν ὑπὲρ ἀνθρώπων αὐτὸν πρόνοιαν ἀφαιρουμένων (während andere ihm (sc. Gott) die Vorsehung absprechen) mit ant. 10,277f., wo aufgezeigt wird, wiesehr die Epikureer im Irrtum sind, οἳ τήν τε πρόνοιαν ἐκβάλλουσι τοῦ βίου καὶ θεὸν οὐκ ἀξιοῦσιν ἐπιτροπεύειν τῶν πραγμάτων κτλ. (die die Vorsehung aus dem Leben ausscheiden und nicht glauben, daß Gott die Verhältnisse lenkt). Das alles ist erstaunlich genug, schreibt dies doch der gleiche Autor, der bei der Darstellung[51] der Pharisäer, Sadduzäer und Essener gerade die Meinungen über Schicksalsfügung und Willensfreiheit zum *Differenzpunkt*[52] jüdischen Philosophierens erhebt und – wohl eher unbemerkt als beabsichtigt[53] – die soeben angesprochene epikureische Auffassung von den Sadduzäern vertreten werden läßt: Σαδδουκαῖοι δὲ τὴν μὲν εἱμαρμένην ἀναιροῦσιν, οὐδὲν εἶναι ταύτην ἀξιοῦντες, οὐδὲ κατ' αὐτὴν τὰ ἀνθρώπινα τέλος λαμβάνειν (Die Sadduzäer verneinen die Vorsehung in der Meinung, weder gebe es sie noch nähmen die menschlichen Geschicke ihr zufolge ihren Ausgang)[54]. Gerade sie also leugnen das göttliche ἐφορᾶν[55]. Demgegenüber läßt er die Pharisäer als Vertreter stoischer Schulmeinung im Sinne des Ineinanders von Schicksal und Selbstbestim-

---

50) E. Schürer, Geschichte, II, 463.
51) Bell. 2,119-166; ant. 13,171-173; 18,11-22; auch vita 10. Vgl. dazu G.F. Moore, in: A. Schalit, Zur Josephus-Forschung, 167-189; L. Wächter, ZRGG 21, 97-114; G. Maier, Mensch, 1-20.
52) Ant. 13,171 διαφόρως.
53) Nuanciert anders G. Baumbach, Sadducees, 175: '... he in fact stamps them as atheists, that is, as Epicureans ... But it is worth noting that Josephus nowhere presumes an equation of the Sadducees with the Epicureans ...' S.J.D. Cohen, Josephus, 106, Anm. 26, und O. Schwankl, Sadduzäerfrage, 334, wollen allerdings 'intention' bzw. 'gewaltsame Tendenz' der genannten Art erkennen.
54) Ant. 13,173; vgl. auch bell. 2,164f.
55) Bell. 2,164, vgl. dazu E. Schürer, History, II, 392, Anm. 36.

mung erscheinen[56], während er die Essener als Lehrer eines unbedingten Fatums vorstellt[57].

Apologetisches Interesse in c.Ap. 2,179-181 allein erklärt wohl kaum die aufgezeigte Diskrepanz. Wahrscheinlich müssen wir annehmen, daß Josephus das Drei-Schulen-Schema, das doxographisch zumindest die unterschiedlichen Lehrmeinungen über die Heimarmene beschrieb, aus einer seiner Quellen übernommen hat[58]. Völlig kontextfremd steht es in dieser Form ant. 13,171f. Seine Zählweise 1. die Pharisäer, 2. die Sadduzäer, 3. die Essener hat Josephus überall beibehalten, auch dort, wo er mit eigenen Informationen oder mit Quellenmaterial die Darstellung erweiterte[59].

3.2.1 Drei Philosophenschulen und die vierte Schulrichtung

Bei der erstmaligen Darbietung des Drei-Schulen-Stoffs, also bell. 2,119-166, und bei seiner Neubearbeitung in ant. 18,11-22 fällt insbesondere auf: Josephus stilisiert in einer offensichtlichen ad-hoc-Bildung die von Judas (bell. 2,118, ant. 18,23) bzw. von Judas und Saddok (ant. 18,3.9) ausgehende Bewegung als 'eigene Schule' (bell. 2,118) bzw. als 'vierte Philosophie' (ant. 18,9.23). Zutreffend formuliert demzufolge G. Baumbach: 'The reason for the insertion of this excursus on the Jewish groups, therefore, is the mention of the new party that arose in 6 A.D.'[60] J. Neusner hingegen überpointiert, wenn er die Passage bell. 2,119-166 nur als 'an entirely separate unit' meint bezeichnen zu sollen[61]. Aber wer repräsentiert diese sogenannte vierte Philosophie? Es ist wohl wahr: 'Considerable discussion has surrounded Josephus's use of the terms Sicarii and Zealots, the relationship of these groups to one another, and their connection with the fourth philosophy of Judas.'[62] Doch ohne Frage *muß* man anerkennen, daß nach ant. 18,8 mit der sogenannten vierten Philosophie, 'responsible for the ruin of the Jewish cause', keine andere als die zelotische Bewegung gemeint sein kann[63].

---

56) S. den Nachweis in meiner Arbeit: Glaube als Gabe, 57 mit Anm. 144-146 auf S. 95.
57) E. Schürer, Geschichte, II, 461.
58) So auch G.F. Moore, in: A. Schalit, Zur Josephus-Forschung, 182f.
59) Bell. 2,119.162.164, s.o. S. 19f.
60) Sadducees, 174.
61) Pharisees, 280.
62) E. Schürer, History, II, 602. Vgl. auch V. Nikiprowetzky, Josephus, 216-236.
63) E. Schürer, History, II, 603; vgl. auch M. Hengel, Zeloten, 91-93, 341-344, 393, 403f.; P. Schäfer, Geschichte, 124-127.

Freilich bleibt als 'höchst eigenartige Tatsache'[64] die genannte Bewegung *namenlos*, und die zelotischen Aufstandsgruppen werden später *nie* als 'Schule' bzw. 'Philosophie' bezeichnet. Daraus ziehe ich den Schluß: Die sogenannten Philosophenschulen der Pharisäer, Sadduzäer und Essener nennt Josephus als solche gemäß seiner Quelle mit Namen, die Einordnung der zelotischen Bewegung in die jüdische 'Philosophie' indessen geht auf sein eigenes Konto[65]. Die 'vierte Philosophie' aber ohne Legitimation durch Herkommen oder Quellentext ausdrücklich beim Namen zu nennen, hat er dann doch nicht gewagt und auch sonst nie wieder von dieser episodischen Zuordnung Gebrauch gemacht[66]. Gerade so aber wird für uns sein Vorgehen zum Indiz, daß die 'Drei-Schulen-Darstellung' als solche auf Quellentext beruht, während die Verklammerung mit der Aufstandsbewegung, die zum Untergang Jerusalems führte (bell. 7,4), auf die redaktionelle Gestaltung durch Josephus hinweist. In bell. 2,118ff. fällt diese redaktionelle Verklammerung noch recht spärlich aus. Der Satz ἦν δ' οὗτος σοφιστὴς ἰδίας αἱρέσεως οὐδὲν τοῖς ἄλλοις προσεοικώς (Der war Lehrer einer eigenen Schulrichtung, den übrigen (Juden) jedoch höchst unähnlich) 2,118 ist proleptisch vom folgenden Text her formuliert: τρία γὰρ παρὰ 'Ιουδαίοις εἴδη φιλοσοφεῖται, wobei der *Tempuswechsel* den Übergang von der Erzähleben des Josephus zur Beschreibungsebene des Quellentextes[67] signalisiert. Souveräner ist dann ant. 18,4-25 gestaltet, wo sich die Erzähleben ἐφυτεύσαντο ... συνέτυχε 18,10 und κατέστη 18,23 zwar auch von der Referatsbene des Quellentextes 18,12-22 abhebt, aber durch 18,11 vermittelt wird, wo die altjüdischen Philosophenschulen als schon ἐκ τοῦ πάνυ ἀρχαίου (schon in ganz alter Zeit) bestehend der neuerungssüchtigen Unerhörtheit der vierten Philosophie konfrontiert werden.

64) M. Hengel, Zeloten, 92, 404.
65) Vgl. besonders ant. 18,24: Für die Darstellung des zelotischen Wahnsinns fehlen die Worte eher, als daß man ihrer zu viele machen könnte. Der Ausdruck 'vierte Philosophie' ist, wie T. Rajak, Josephus, 88, insoweit zu Recht formuliert, 'Josephus' private coinage'.
66) Es fragt sich, ob *historische* Analyse den Ausdruck 'vierte Philosophie' bzw. 'vierte Partei' – vgl. M. Hengel, Zeloten, 79-150; E. Schürer, History, II, 598-606 – überhaupt aufgreifen sollte.
67) Das Präsens der Referatsebene hat natürlich nichts mit Autopsie des Josephus zu tun, gegen E. Ruckstuhl, Jesus, 127: 'Er redet in der Gegenwart, weil er die Zeit bis zum Untergang Jerusalems, die er selbst miterlebt hat, einschließt.'

3.2.2 Die Drei-Schulen-Darstellung als Quelle

Die Bezeichnung der Juden als φιλόσοφοι τὸ γένος ὄντες rührt wohl nicht von hellenistisch-jüdischer Apologetik oder Propaganda, sondern von frühen hellenistischen Schriftstellern her wie z.B. Theophrast[68], Megasthenes[69], Klearch[70]. In solcher Tradition scheint die Quelle der 'Drei-Schulen-Darstellung' zu stehen:
τρία γὰρ παρὰ 'Ιουδαίοις εἴδη φιλοσοφεῖται bell. 2,119,
... τρεῖς αἱρέσεις τῶν 'Ιουδαίων ἦσαν ant. 13,171,
'Ιουδαίοις φιλοσοφίαι τρεῖς ἦσαν κτλ. ant. 18,11.
Zu ihrem Grundbestand gehört die Aufzählung und Reihenfolge: 1. die Pharisäer, 2. die Sadduzäer, 3. die Essener. Wie die topographische Quelle, die bell. 5,136-247 zugrunde liegt, gebraucht die Drei-Schulen-Quelle die Bezeichnung 'Essener'. Inhaltlich ist sie *doxographisch* orientiert, und zwar grundlegend an der *stoischen* Fragestellung nach dem Verhältnis von Heimarmene und Selbstbestimmung[71]. Bezieht man alle einschlägigen Stellen in die Betrachtung ein, könnte neben dem doxographischen Element περὶ εἱμαρμένης auch noch ein solches περὶ ψυχῆς gestanden haben:

Pharisäer[72]	Sadduzäer[73]	Essener	
bell. 2,162f.	bell. 2,164f.	-------	περὶ
ant. 13,172	ant. 13,173	ant. 13,172	εἱμαρμένης
ant. 18,13	-------	ant. 18,18	
bell. 2,163	bell. 2,165	bell. 2,154-158	περὶ
ant. 18,14	ant. 18,16	ant. 18,18	ψυχῆς

68) ἄτε φιλόσοφοι τὸ γένος ὄντες (Philosophen von Haus aus) bei Porphyrios, abst II, 26, s. dazu M. Stern, GLAJJ I, 8-12, Text Nr. 4, Z. 7; (S. Safrai and) M. Stern, Jewish People, II, 1104f.

69) παρὰ τοῖς ἔξω τῆς Ἑλλάδος φιλοσοφοῦσι, ... τὰ δὲ ἐν τῇ Συρίᾳ ὑπὸ τῶν καλουμένων 'Ιουδαίων ([wird auch gesagt] von seiten derer, die außerhalb Griechenlands Philosophie treiben, ... andererseits in Syrien von den sogenannten Juden) bei Clemens Alex., Stromata I, 15, s. dazu M. Stern, GLAJJ I, 45f., Text Nr. 14, Z. 3-5; (S. Safrai and) M. Stern, Jewish People, II, 1109ff.

70) Bei Josephus, c.Ap. I, 179: οὗτοι δέ εἰσιν ἀπόγονοι τῶν ἐν 'Ινδοῖς φιλοσόφων, καλοῦνται δέ, ὥς φασιν, οἱ φιλόσοφοι ... παρὰ Σύροις 'Ιουδαῖοι (Die [sc. Juden] aber sind Nachfahren der Philosophen in Indien. Es heißen aber, wie man sagt, die Philosophen ... bei den Syrern Juden), s. dazu M. Stern, GLAJJ I, 47-52, Text Nr. 15, Z. 13-15; (S. Safrai and) M. Stern, Jewish People, II, 1109ff.

71) Glaube als Gabe, 57 mit Anm. 144/145.

72) E. Schürer, History, II, 381-403; P. Schäfer, Geschichte, 84-88; G. Baumbach, EWNT III, 992-997; J. Neusner, Pharisees, 274-292; J. Maier, Zwischen, 268-272; S. Mason, Pharisees, speziell 281-308; G. Stemberger, Pharisäer, 65-70.

73) E. Schürer, History, II, 381-388, 404-414; G. Baumbach, EWNT III, 530f.; Saddu-

60

Und schließlich fällt dem aufmerksamen Leser auf, daß die Pharisäer in bell. 2,162 mit einer Formulierung charakterisiert werden, die zu ihrer Einführung in bell. 1,110 ganz ähnlich schon einmal benutzt worden war und in ant. 17,41 noch einmal in einer Weise verwendet wird, die einen fast vergessen läßt, daß die Pharisäer von ant. 13,171 an schon mehr als ein Dutzend mal genannt und vorgestellt worden waren:

bell. 1,110 σύνταγμά τι Ἰουδαίων δοκοῦν εὐσεβέστερον εἶναι τῶν ἄλλων καὶ τοὺς νόμους ἀκριβέστερον ἀφηγεῖσθαι
(eine Gruppe der Juden mit dem Ruf, frömmer zu sein als die übrigen und die Gesetze mit größerer Genauigkeit auszulegen)

bell. 2,162 οἱ μετὰ ἀκριβείας δοκοῦντες ἐξηγεῖσθαι τὰ νόμιμα
(die den Ruf haben, die Religionsgesetze mit Genauigkeit auszulegen)

ant. 17,41 μόριόν τι Ἰουδαϊκῶν ἀνθρώπων ἐπ᾽ ἐξακριβώσει μέγα φρονοῦν τοῦ πατρίου καὶ νόμων οἷς χαίρει τὸ θεῖον προσποιούμενον
(eine Gruppe jüdischer Menschen, die sich auf die genaue Beachtung der Tradition etwas zugute hält und (den Besitz derjenigen) Gesetze, an denen die Gottheit Wohlgefallen hat, für sich beansprucht).

Der gemeinsame Kern der Aussagenreihe dürfte gemäß bell. 1,110 und ant. 17,41 auf Nikolaos von Damaskus zurückgehen, während das überschießende Element und die komparative Aussageform exakt zu bell. 2,119 und 161 passen. φιλάλληλος kommt überdies bei Josephus nur in bell. 2,119.166 vor, wobei sich die Bemerkung, auch die Pharisäer seien einander verbunden (§ 166), deutlich an § 119 anlehnt, so daß wir annehmen können, die Vokabel gehöre speziell zum Wortschatz der Quelle. Neben den doxographischen Elementen περὶ εἱμαρμένης und περὶ ψυχῆς dürfte demnach noch eine Aussage περὶ ἤθεος auf die Drei-Schulen-Quelle zurückgehen:

Pharisäer	Sadduzäer	Essener
bell. 1,110 εὐσεβέστεροι τῶν ἄλλων	bell. 2,166 πρὸς ἀλλήλους τὸ ἦθος ἀγριώτερον	bell. 2,119 φιλάλληλοι δὲ καὶ τῶν ἄλλων πλέον.
2, 166 φιλάλληλοι τε καὶ κτλ.		

cees, 173-195; O. Schwankl, Sadduzäerfrage; J. Maier, Zwischen, 257-259; G. Stemberger, Pharisäer, 65-70.

Pharisäer	Sadduzäer	Essener
(frömmer als die anderen ... sind sowohl einander zugetan als auch ...)	(... sind die Umgangsformen untereinander rauher)	(einander zugetan aber noch mehr als die anderen)

Überblicken wir nun das doxographische Material der Drei-Schulen-Quelle, lehren also die Essener, über *alles* entscheide das Schicksal und *nichts* begegne den Menschen, das die Heimarmene nicht bestimmt hätte (ant. 13,172). Auch die Parallelstelle ant. 18,18 betont, *alles* müsse man Gott anheimstellen, wobei die Rede von Gott hier wie auch im Passus über die Pharisäer (ant. 18,13 δοκῆσαν τῷ θεῷ κτλ. (da ja Gott beschlossen habe, daß...) im Vergleich zu ant. 13,172 τινὰ καὶ οὐ πάντα τῆς εἱμαρμένης ἔργον εἶναι (einiges, nicht alles sei Fügung des Schicksals)) vor allem dem Gesetz der Formulierungsvariation Genüge tut. Von der Seele lehren sie jedenfalls Unsterblichkeit, ihr Verhalten aber ist durch besondere Liebe zueinander gekennzeichnet.

Wie ein Überblick über den Gesamttext bell. 2,119-166 leicht erkennen läßt, dient in bell. 2,119ff. die Drei-Schulen-Quelle zunächst lediglich als Einstieg für das breit, detailliert und vielseitig berichtende Essener-Referat; bei den nachfolgenden Notizen über die Pharisäer und Sadduzäer gehen dann ja auch die Aussagen kaum über das doxographische Material περὶ εἱμαρμένης, περὶ ψυχῆς und περὶ ἤθεος hinaus. Im Essener-Referat, das von der dritten Stelle in der Aufzählungsreihe an die erste Stelle der Darstellung gerückt ist, muß also weiteres Quellenmaterial verwendet sein, wodurch sich einerseits die augenfällige Asymmetrie der Darstellung, andererseits der Ausfall der Heimarmene-Notiz hinreichend erklären. Der Passus περὶ ψυχῆς indes ist nicht einfach ausgefallen oder verdrängt worden, sondern ausgestaltet und erweitert, u.a. wohl auch federführend von einem Gehilfen des Josephus, der sich in griechischer Literatur auskannte und dies auch zeigen wollte[74].

Längst schon hat man gesehen, daß der Abschnitt über die essenische Seelenlehre, bell. 2,154-158, nicht aus einem Wurf hervorgegangen, sondern aus mehreren Bestandteilen zusammengesetzt ist[75]. Zunächst wird

---

74) A. Schalit, Zur Josephus-Forschung, 322ff., Anm. 28.
75) Vgl. W. Bauer, Essener, 25: 'So etwas Widerspruchsvolles kann man wohl aufgrund von Vorlagen zusammenschreiben, schwerlich jedoch als E. jemals nebeneinander geglaubt haben. Auch äußerlich stoßen sich die ῞Ελληνες 155 und die ῞Ελληνες 156.'

die Grundlegung einer dualistischen Anthropologie geboten, die im Stil der Kaiserzeit platonische, aristotelische und stoische Elemente[76] bunt zu mischen weiß und in dieser Form bei Josephus immer wieder begegnet: bell. 3,372.374f. im Rahmen der Jotapatarede 3,362-382[77], bell. 6,47 im Rahmen der Titusrede 6,34-53 und bell. 7,344-346 im Rahmen der sogenannten Seelenrede Eleazars 7,341-357[78]. Alsdann folgt mit ὁμοδοξοῦντες παισὶν Ἑλλήνων ein Passus über die jenseitige Belohnung und Bestrafung ταῖς μὲν ἀγαθαῖς – ταῖς δὲ φαύλαις (sc. ψυχαῖς), wozu sich auch in den Passagen über die Pharisäer und Sadduzäer entsprechende Ausführungen finden. Mit δοκοῦσι δέ μοι ... Ἕλληνες § 156 folgt eine *Dublette*, die sich wie eine Kostprobe von der Belesenheit eines Synergos ausnimmt. Abschließend stehen dann in § 157 Bemerkungen über die Bedeutung der essenischen Lehre von der Unsterblichkeit, die in abgekürzter Form auch ant. 18,18 begegnen.

Offensichtlich lehnt sich der Passus, der am ehesten für die Drei-Schulen-Quelle zu reklamieren ist, besonders eng an Homer, Od. 4,561ff. an[79]. Mit dem Niveau des literarischen Bezugstextes dürfte auch die gewählte Ausdrucksweise παισὶν Ἑλλήνων zusammenhängen, zu der es ja auch *literarische* Parallelen gibt[80], so daß der Gedanke an 'einen eventuellen "Semitismus"' sowohl als auch an 'eine Verschreibung durch einen Kopisten'[81] überflüssig erscheint. Daß 'den schlechten Seelen' eine

---

76) E. Rohde, Psyche, II, 378, Anm. 2 auf S. 379: 'Völlig griechisch, platonisch-stoisch ... ist die Seelenlehre der Essener ...' E. Zeller, Philosophie, III,1, 205ff.; III,2, 445 (betr. Verbindung der stoischen Lehre von der Seelensubstanz mit der aristotelischen vom Aether).
77) Vgl. dazu U. Fischer, Eschatologie, 144-147.
78) W. Morel, Rhein. Museum NF 75, 106-114; O. Michel-O. Bauernfeind, Josephus, II,2, 277, Exkurs XXIV, Abschnitt 2; U. Fischer, Eschatologie, 151f.
79) Vgl. A. Schalit, Zur Josephus-Forschung, 322-325, Anm. 28. Ich verdeutliche die sprachliche Übereinstimmung durch Kursive:
οὐ νιφετός, οὔτ᾽ ἄρ χειμὼν πολὺς οὔτε ποτ᾽ ὄμβρος,
ἀλλ᾽ αἰεὶ Ζεφύροιο λιγὺ πνείοντος ἀήτας
Ὠκεανὸς ἀνίησιν ἀναψύχειν ἀνθρώπους.
'(Dort gibt es) kein Schneegestöber, so auch keinen Schneesturm noch jemals Platzregen,
sondern stets des Westwinds sanft säuselnde Lüfte
sendet Okeanos, um zu erquicken die Menschen.'
Vgl. auch Pindar, Ol. II,71 (s. die folgende Anm.).
80) Vgl. F. Passow, Handwörterbuch II,1, 629, speziell Pindar, Isth. III/IV 54b (s. auch vorige Anm.).
81) A. Schalit, Zur Josephus-Forschung, 322, Anm. 28: Da Semitismus nicht vorliege, plädiert A. Schalit für die Konjektur ἔπεσιν.

dunkle, winterliche Schlucht voll unablässiger Strafen zugedacht wird, entspricht wohl nicht klassisch griechischer, sondern erst hellenistischer Anschauung[82]. Bell. 2,156 ergänzt und erweitert mit allerlei literarischen Reminiszensen: die 'Insel der Seligen' für Heroen und Halbgötter[83], den Hades als 'Ort der Frevler' für Gestalten wie Sisyphus, Tantalus, Ixion und Tityus[84]. Beschränkt sich also für die Drei-Schulen-Darstellung die essenische Theologie von der Seele im wesentlichen auf die Stücke τὰς δὲ ψυχὰς ἀθανάτους ἀεὶ διαμένειν § 154 und καὶ ταῖς ἀγαθαῖς – ταῖς δὲ φαύλαις § 155, entstehen kongruente doxographische Ausführungen περὶ ψυχῆς für 1. die Pharisäer § 163, 2. die Sadduzäer § 165, 3. die Essener §§ 154f.

3.2.3 Die Drei-Schulen-Quelle und die Qumrantexte

Beim Worte genommen, sagt uns die Drei-Schulen-Quelle nichts, das durch die Qumrantexte unmittelbar belegt oder bestätigt würde, denn diese handeln weder von der Heimarmene noch von der Unsterblichkeit der Seele. Gleichwohl *spiegelt* sich in hellenistischer, vor allem stoischer Verfremdung auch Zutreffendes, sobald wir auf die *Unterschiede* achten, die jeweils von 'Schulmeinung' zu 'Schulmeinung' sichtbar werden. Die Sadduzäer verneinten die Fortdauer der Seele (bell. 2,165) bzw. ließen die Seele mit dem Körper zugrunde gehen (ant. 18,16). Darin spiegelt sich die Leugnung der Auferstehung nach Mk 12,18 parr., Act 23,8[85]. Die Pharisäer hingegen lehrten zwar die Unsterblichkeit der Seele, aber so, daß nur die Seelen der Guten bzw. Tugendhaften in einen anderen Körper übergehen (bell. 2,163) bzw. ins Leben zurückkehren (ant. 18,14), während die der Schlechten bzw. Lasterhaften ewiger Strafe entgegensehen. Diese stoisierende, wohl auf die Palingenesie nach der periodischen Welterneuerung[86] bezogene Redeweise reflektiert den pharisäischen Glauben an die Auferstehung der Toten, allerdings nicht in

---

82) Vgl. Philo, somn I,151: κακοὶ δὲ τοὺς ἐν ῞Αιδου μυχούς (die Schlechten indes die Schluchten im Hades), vgl. weiter P. Hoffmann, Die Toten, 41 mit Anm. 89. – Mit äthHen 22, 1ff., der Anschauung von den vier Orten für Verstorbene, läßt sich die Stelle gar nicht vergleichen, gegen E. Zeller, Philosophie, III,2, 322, Anm. 5.

83) Vgl. E. Rohde, Psyche, II, 383, speziell Hesiod, Werke 159f. 171; Lukian, Wahre Geschichten II,6f.17; vgl. auch P. Hoffmann, Die Toten, 52ff.

84) Vgl. E. Rohde, Psyche, I, 309 mit Anm. 1, speziell Lukian, Wahre Geschichten II,23 οἱ ἐν τῷ χώρῳ τῶν ἀσεβῶν κολαζόμενοι (die am Ort der Gottlosen gestraft werden).

85) O. Schwankl, Sadduzäerfrage, 332-338.

86) Vgl. dazu E. Zeller, Philosophie, III,1, 157, Anm. 1, 208 mit Anm. 4.

der typisch tannaitischen[87] Fassung der Auferstehung der Gerechten[88]. So gesehen wird man die Ausführungen über den Unsterblichkeitsglauben der Essener dahingehend interpretieren dürfen, daß sich darin die besondere Eschatologie der Qumrangemeinde spiegelt, also nicht nur das nach Wahrheit oder Frevel bestimmte eschatologische Geschick 1 QS 4,6-8.11-14, sondern vor allem die ohne zukünftige Auferstehung auskommende Anschauung von der im Jetzt der Gemeinde anhebenden Gemeinschaft mit den Himmlischen als Anteil am 'ewigen Los'[89].

Ähnliches wird dann auch gelten für die Lehre von der Heimarmene, wie die göttliche Fügung in stoisierender Weise genannt wird. Das pharisäisch-rabbinische Nebeneinander von göttlicher Determination und freier menschlicher Entscheidung zwischen Thoragehorsam und Verwerfen der Thora erscheint in der stoischen Einfärbung als Ineinander von Schicksal und Selbstbestimmung[90]. Der Essenerlehre, wonach über alles die Heimarmene entscheide und nichts den Menschen begegne, das jene nicht bestimmt hätte (ant. 13,172), kommt am nächsten 1 QS 11,10f.[91]:

87) Bill. IV,2, 1188f.
88) PsSal 3,10-12; äthHen 91,10; 92,3; 100,5; syrApkBar 30,1-5; 85,15; Lk 14,14. Vgl. dazu P. Volz, Eschatologie, 238f.; J. Baumgarten, Paulus, 123. P.W. van der Horst, Epitaphs, 137 hebt wohl zu Recht auf Vielfalt und lehrmäßige Unbestimmtheit der Formen des Glaubens an postmortale Existenz ab: 'Resurrection of the body was only one of the options, but as the most typically Jewish alternative this option gained the upperhand towards the end of our period' (i.e. 700 CE). 'In the New Testament period and a considerable time thereafter, however, this doctrinal monopoly had not yet been achieved.'
89) H.-W. Kuhn, Enderwartung, 44f.; R. Bergmeier, Glaube als Gabe, 74; NT 16, 60f., 77-79. – Im Ansatz anders wirft M. Hengel, 'Hellenization', 46 die Frage auf, ob Josephus den Essenern nicht zu Unrecht eine Lehre von der Unsterblichkeit der Seele zuschrieb. Aber 4 Q 385, worauf M. Hengel S. 90, Anm. 235 hinweist, ist, bis jetzt, weder eindeutig als Qumranschrift zu identifizieren, s. J. Strugnell – D. Dimant, RdQ 13, 57f., noch geben die Fragmente etwas her für die Erwartung der individuellen Auferstehung oder für eine Seelenlehre.
90) Glaube als Gabe, 56f.
91) Glaube als Gabe, 65. – Wenig hilfreich wirft H. Stegemann, RdQ 13, 130, Anm. 97 die Frage auf, ob Josephus letztlich doch damit recht hatte, 'wenn er bei den "Essenern" in diesem Punkt eine Anleihe bei der griechischen εἱμαρμένη sah,' denn
1. spricht Josephus nicht von einer Anleihe,
2. paßt die Vorstellung von einer solchen schon deshalb nicht, weil ja die Drei-Schulen-Darstellung die Aussage über die Heimarmene zum Differenzpunkt *aller drei Schulen* macht,
3. läßt sich der Weg zum qumrangemeindlichen Prädestinatianismus recht präzise aufzeigen als ein solcher von der weisheitlichen Thematisierung der allumfassenden Präszienz und des determinierenden Handelns Gottes bis zu deren Neuinterpretation in der Qumrangemeinde, s. Glaube als Gabe, 48-116.

'Denn nicht liegt in des Menschen Macht sein Weg,
noch vermag einer selbst seinen Schritt zu lenken,
sondern in Gottes Macht steht die Bestimmung zum Heil,
und von ihm her rührt der vollkommene Wandel.
Aufgrund seiner Vorherbestimmung geschieht alles,
und alles Geschehen lenkt er nach seinem Plan,
und ohne ihn ereignet sich nichts.'

Auch wenn sich schöpfungstheologischer Hintergrund und prädestinatianische Konsequenz des Qumrantextes[92] in der hellenistischen Verfremdung seitens der stoisierenden Drei-Schulen-Quelle vollständig verflüchtigt haben, ist die Ähnlichkeit zwischen qumranischer und hellenistischer Aussage so frappierend, daß wir von Spiegelung eines historischen Tatbestandes sprechen können. Vielleicht darf man so auch das Merkmal der besonderen Verbundenheit der Gemeinschaft (φιλάλληλος) deuten, läßt es sich doch vergleichen mit 1 QS 2,4f.; 4,5; 5,25; CD 6,20f., wo eben die Liebe zu den Mitgliedern der Gemeinde insbesondere hervorgehoben wird.

Es mag also sehr wohl sein, daß die Drei-Schulen-Quelle über zutreffende gruppenspezifische Informationen verfügte. Ohne Vergleichsmöglichkeit mit anderen, zumal authentischen Quellen indessen könnten wir dieses Zutreffende nicht ausmachen. Es geht uns da wie dem Wanderer im Gebirge, der den dunstverschleierten Blick in die Weite nur dann belohnt bekommt, wenn er zuvor schon weiß, welche Gipfel er in welcher Richtung wahrnehmen kann.

3.3 Die Essener des Josephus und die Essäer bei Philo

Erinnern wir uns! Beim Überblick über die gesamte Darstellung, die Josephus, bell. 2,119-166 gegeben hat, fällt auf, daß das Essener-Referat unvergleichlich breit und detailliert berichtet (§§ 119-161), während die Aussagen über Pharisäer und Sadduzäer vergleichsweise mager ausfallen (§§ 162-166). Nur wenige Notizen gehen über die Doxographie der Drei-Schulen-Darstellung, also περὶ εἱμαρμένης, περὶ ψυχῆς und περὶ ἤθεος hinaus. Umgekehrt ist bei der erstmaligen Darbietung des Essener-Referats, das ja seinen Ort von der dritten zur ersten Stelle verändert hat, auf diesem Weg der Passus über die Heimarmene (vgl. ant. 13,172;

---

92) Glaube als Gabe, 65-70.

18,18) in Wegfall geraten. Eine Stoffdarbietung anderer Art hat sich dominierend in den Vordergrund geschoben. Das alles drängt zu der Annahme, Josephus habe für seinen großen Essener-Bericht mindestens *eine* weitere Quelle vorgelegen. Sie bietet sich an in der zu postulierenden Vorlage jener Passagen, die zwischen Philo und Josephus parallel sind. Ich nenne sie die hellenistisch-jüdische Essäer-Quelle. Josephus selbst vermerkt ant. 15,371, dort also, wo er sich, anders als beim Anschluß an die Drei-Schulen-Quelle in ant. 13,171-173, anschickt, ein Stück aus der hellenistisch-jüdischen Essäer-Quelle (ant. 15,373-379) zu zitieren: οἱ παρ' ἡμῖν Ἐσσαῖοι καλούμενοι. Demzufolge dürfte Josephus auch für bell. 2,119-161 eine *Essäer*-Quelle vorgelegen haben, deren Namensform jedoch durch die der Drei-Schulen-Quelle ersetzt wurde.

3.3.1 Die hellenistisch-jüdische Essäer-Quelle

Die Philo und Josephus gemeinsame Quelle dürfte mit der Nennung der Essäer und der 'Etymologie' ihres Namens begonnen haben. Alsdann folgte, den Gesetzen der Rhetorik entsprechend[93], entgegen der enthistorisierenden Tendenz Philos mit den Worten des Josephus: Ἰουδαῖοι μὲν γένος ὄντες. Deutlich zeigt sich das Zusammentreffen zweier Quellen: Schon die Einleitung bell. 2,119 hatte gesagt: τρία γὰρ παρὰ Ἰουδαίοις εἴδη φιλοσοφεῖται. Gleichwohl folgt dann bei den Essenern sogleich noch einmal der Hinweis, daß sie geborene Juden seien, eine Notiz, die zweifellos Sinn und Recht in einem selbständigen Essener-Bericht hatte. Natürlich hat auch Philo diese Notiz vor sich gehabt, wie prob 75 (τῶν Ἰουδαίων ... τινες) beweist; die Entgegensetzung ἡ προαίρεσις οὐ γένει apol 2 gehört seiner eigenen Diktion an[94].

Gleich zu Anfang wird die Quelle das Streben der Essäer nach ἀρετή, moralphilosophisch verstanden, gerühmt haben, s. Philo, apol 2; Josephus, bell. 2,120, ant. 18,20, nach einer Sittlichkeit, deren semantisches Feld vom asketischen Ideal bestellt war, also von ἐγκράτεια, vom Nein

---

93) Vgl. Klearch, De somno, bei Josephus, c.Ap. I,178 (= M. Stern, GLAJJ I, 49,10f.): κατὰ τὸ τῶν ῥητορικῶν παράγγελμα τὸ γένος αὐτοῦ πρῶτον διέλθωμεν, ἵνα μὴ ἀπείθωμεν τοῖς τῶν ἀπαγγελιῶν διδασκάλοις (der Lehre der Rhetorik zufolge wollen wir zunächst von seiner Herkunft berichten, damit wir nicht im Widerspruch stehen zu den Lehrern der berichtenden Darstellung).

94) Vgl. Abr 251 γένος μὲν Αἰγυπτίαν, τὴν δὲ προαίρεσιν Ἑβραίαν (ihrer Herkunft nach eine Ägypterin, ihrem Charakter nach eine Hebräerin).

zu Lust und Leidenschaft und also auch zur Ehe: Philo, prob 84, apol 3, 14-17; Josephus, bell. 2,120f., ant. 18,21. Im einzelnen fällt auf, daß Josephus deutlich Mühe hatte, die in Sachen Ehe divergenten Quellenaussagen unter einen Hut zu bringen. Einerseits bezeugt er ant. 18,21 wie Philo, apol 14 für die Essäer grundsätzlich zölibatäre Lebensweise, andererseits belegt er Aussagen lediglich restriktiver Art, was τὸν μὲν γάμον καὶ τὴν ἐξ αὐτοῦ διαδοχήν (die Ehe und die aus ihr hervorgehende Nachkommenschaft) betrifft (bell. 2,121.160f.). So setzt er im Referat bell. 2,119-161 insgesamt dreimal zum gleichen Thema an: § 120 γάμος und παῖδες, § 121 Ehe und Nachkommenschaft, § 160f. Ehe und Nachkommenschaft, in § 121 gar die Quellenaussage (ant. 18,21, Philo, apol 14, also γάμον παρητήσαντο) korrigierend zu οὐκ ἀναιροῦντες, in § 160f. sie einordnend in allerlei redaktionelle Nachträge (vgl. § 158 ταῦτα μὲν οὖν κτλ., 159 εἰσὶν δ' ἐν αὐτοῖς οἳ καὶ κτλ., 160 ἔστιν δὲ καὶ κτλ., 161 τοιαῦτα μὲν κτλ.). Danach zu schließen, erweckte die Philo und Josephus gemeinsame Quelle den Eindruck prinzipiellen Zölibats der Essäer, während eine weitere Quelle des Josephus, von der noch zu sprechen sein wird, lediglich bedingte Kontinenz bzw. weitgehende Restriktion zum Ausdruck brachte. Mit Josephus, bell. 2,120 gegen Philo, apol 3 dürfte die Aufnahme von Kindern zum Zweck ihrer essäischen Erziehung in der Essäer-Quelle vermerkt gewesen sein. Sicher entstammt der Philo und Josephus gemeinsamen Quelle die Angabe über die Zahl der Mitglieder (prob 75, ant. 18,20), die über das Land verstreut in Dörfern und Städten gemeinschaftlich lebten (apol 1, bell. 2,124)[95].

Vielleicht sah die Quelle diese Gemeinschaftszentren wie Vereine organisiert mit gewähltem Vorstand (ἐπιμελητής[96] Josephus, bell. 2,123) und Schatzmeister (ταμίας[97] Philo, apol 10, vgl. prob 86, Josephus, bell. 2,125, ant. 18,22). Auch auf die Entsprechung zum Vereinspriester[98] (Josephus, bell. 2,131, ant. 18,22) könnte man hinweisen, wenn nicht bei Philo jede Spur von Paralleltext fehlen würde. Jedenfalls lebten diese Essäer ohne Privatbesitz in Gütergemeinschaft, s. Philo, prob 77.84.86, apol 4; Josephus, bell. 2,122, ant. 18,20, und pflegten dann wohl auch das Gemeinschaftsmahl (prob 86, apol 5; bell. 2,130-

---

95) Die Reserve gegenüber den Städten, Philo, prob 76, contempl 19f., ist ein Thema Philos, nicht der Quelle; sie scheint ein Thema des alexandrinischen Judentums gewesen zu sein, vgl. Arist 108.
96) Vgl. dazu M. San Nicolò, Vereinswesen, II, 61, 206.
97) Vgl. dazu M. San Nicolò, Vereinswesen, II, 70.
98) Vgl. M. San Nicolò, Vereinswesen, II, 67-70.

133.139)[99]. Zumindest untereinander trieben sie keinen Handel, s. Josephus, bell. 2,127; Philo, prob 78, betrieben aber Landwirtschaft und Handwerk (prob 76, apol 8f.; bell. 2,129, ant. 18,19). Der Verzicht auf Privatbesitz bedeutete auch Verzicht auf Sklavenbesitz; statt sich von Sklaven bedienen zu lassen, dienten sie sich einander selbst, so Philo, prob 79, apol 4; Josephus, ant. 18,21, vgl. auch bell. 2,123. Treffend faßt M. Hengels Analyse verschiedene Einzelzüge zusammen: 'Die Berichte Philos und Josephus' schreiben den Essenern übereinstimmend *Friedensliebe* und Ablehnung von Gewaltanwendung zu (*Quod omnis*, 76.78; *Bell.jud.*, 2,135), wobei in der von Philo und Josephus verwendeten gemeinsamen hellenistischen Quelle die Friedfertigkeit und die Ablehnung von Privateigentum und Handel einem verbreiteten philosophischen Ideal entsprechend eng miteinander verbunden waren.'[100]
Der unbedingten Wahrheitsliebe (Philo, prob 84, Josephus, bell. 2,141) entsprach, daß Schwören verpönt war (prob 84; bell. 2,135). Schwerlich aber hat dann die gleiche Quelle die Aufnahmeverpflichtung doch wieder als 'Eidschwüre' bezeichnet, wie sich überhaupt die Passagen Philo, prob 83f. und Josephus, bell. 2,139-142 auf wenige Parallelen reduzieren, so daß die Rede von den 'fürchterlichen Eidschwüren' und ein Großteil ihres Inhalts einer anderen Quelle entnommen sein dürften. Einigermaßen mit Philos Ausführungen parallel und in der Sache hellenistisch-jüdischer Theologie zuzuordnen sind aus dem Josephus-Referat die Forderungen, die Gottheit zu ehren, das gegenüber den Menschen Rechtschaffene zu tun und gegenüber den Vereinsmitgliedern loyal zu sein, zumal gegenüber denen, die ein Amt innehaben, da es Herrschaft wie bei politischen Ämtern nicht ohne Gottes Anordnung gebe. Wer dann selbst ein Amt übernehme, solle sich durch Bescheidenheit auszeichnen[101].

Der jüdische Standort der Essäer-Quelle spricht auch aus dem Hinweis auf die Erziehung durch die πάτριοι νόμοι (Philo, prob 80) bzw. darauf, daß die Essäer, was spezielle Reinheitsvorschriften und Propheten-

---

99) Methodisch betrachtet, muß ich diesen Passus mit Fragezeichen versehen, da in Bezug auf das Gemeinschaftsmahl lediglich Themaübereinstimmung, aber keine gemeinsame Textbasis vorliegt.
100) In: Qumrân, 340. Zu vergleichen ist auch K. Trüdinger, Studien, 139 mit Anm. 1, wo auf das Phänomen ethnographischer Schilderung auf bestimmter philosophischer Grundlage hingewiesen wird und zugleich Charakteristika genannt werden, die auch in den Essäer-Referaten vorkommen: Gesundheit und Einfachheit der Lebensführung, Friedensliebe, Syssitien, Fehlen von Sklaven.
101) S. dazu oben S. 38.

sprüche betrifft, in der Heiligen Schrift wohlunterrichtet seien (Josephus, bell. 2,159), aus der Bemerkung über die spezielle Sabbatobservanz (prob 81; bell. 2,147) zumal. Den Schluß der hellenistisch-jüdischen Essäer-Quelle bildeten zwei Passagen, die von Reaktionen politischer Mächte gegenüber der essäischen Gemeinschaft handelten, einerseits sie *ehrend* (Philo, apol 18; Josephus, ant. 15,378), andererseits sie *verfolgend* (Philo, prob 89-90; Josephus, bell. 2,152f.). Die Philo-Parallele zwingt zu der Annahme, daß der *Bezug* des Verfolgungstextes auf 'den Krieg gegen die Römer'[102] (bell. 2,152) erst von Josephus hergestellt wurde. Untrüglicher Hinweis auf seine Redaktion ist einmal der Tempuswechsel (διήλεγξεν, ὑπέμειναν, ἠφίεσαν), durch den die §§ 152f. aus dem Zusammenhang der Darstellung herausfallen, zum andern sind es die Parallelen c.Ap. 1,43; 2,219.233. Darüber hinaus haben wir noch eine Beobachtung zu bedenken, die W. Bauer mitgeteilt hat: 'Die Erzählung von dem Verhalten der E. im Römerkrieg 152f. operiert im Stil der Märtyrergeschichte mit Einzelheiten, die sichtlich aus einer Schilderung des Benehmens der Juden in der Zeit der syrischen Religionsverfolgung stammen. Ein Blick in die Konkordanz zur LXX beweist, daß auch das sprachliche Material das gleiche ist, wie im 2. und 4. Makkabäerbuch.'[103] In der Tat ist der Beweis schlagend, zumal was die Nähe zum 4. Makkabäerbuch betrifft[104]:

στρεβλοῦν	foltern	4. Makk	9,17; 12,4.11;15,14
καίειν	verbrennen		6,26
κλᾶν	(Glieder) brechen		9,14
ὄργανον	(Folter-) Werkzeug		6,25; 9,20.26 u.ö.
βασανιστήριον	Foltergerät		6,1; 8,1 u.ö.
ἐσθίειν	essen	2. Makk	6,18; 7,7; 4. Makk 5,27; 8,2 u.ö.
αἰκίζεσθαι	foltern, mißhandeln	2. Makk	7,1.13 u.ö.; 4. Makk 1,11; 6,16
οὐ δακρύειν	nicht in Tränen ausbrechen	4. Makk	15,20
ἀλγηδών	Schmerz	2. Makk	6,30; 7,12 u.ö; 4. Makk 6,7.34 u.ö.
βάσανος	Folter (qual)	2. Makk	7,8; 4. Makk 5,6; 6,27 u.ö.

102) Warum die Bezeichnung des Jüdischen Kriegs als ὁ πρὸς ʿΡωμαίους πόλεμος gegen Josephus als Autor spreche, so O. Michel-O. Bauernfeind, Josephus, I, S. XXVII, verstehe ich nicht, denn so oder ganz ähnlich lautet die Bezeichnung noch oft: bell. 1,1; 2,152.409.638; 4,177.359 (pl.); 6,329; 7,257.369; ant. 1,4 (πρὸς τοὺς ʿP.); 18,270; 20,69.172.223.257; vita 27 (ὁ π. πρὸς ʿP.).182.391.
103) Essener, 25.
104) Vgl. Th. Baumeister, Anfänge, 59.

Wir wären freilich schlecht beraten, wenn wir aus dieser zutreffenden Beobachtung den Schluß ziehen würden, erst Josephus habe die soeben umschriebene Anleihe eingeführt, denn auch im Blick auf Philo, prob 89f. war der Forschung schon lange ein Zusammenhang mit 2. Makk 6,18-9,29 aufgefallen[105]. Und in der Tat kann die Rede vom gliedweisen Zerstückeln der Frommen (prob 89, vgl. 2. Makk 7,7; 4. Makk 10,8), von der das Martyrium ahndenden δίκη (prob 89, vgl. 2. Makk 8,11; 4. Makk 9,9; 18,22), vom einschmeichelnden Zusprechen (prob 90, vgl. 2. Makk 6,21; 7,24; 4. Makk 8,4-7) nicht anders als auf den angesprochenen Zusammenhang gedeutet werden. Der Schluß liegt dann nahe, daß nicht erst Philo bzw. Josephus aus den Makkabäerbüchern geschöpft haben, sondern daß schon die ihnen gemeinsame hellenistisch-jüdische Essäer-Quelle das aus den Makkabäerbüchern bekannte martyrologische Thema behandelt hatte. Ganz deutlich gelten so dieser Quelle die verfolgten Frommen der Makkabäerzeit als *Essäer*.

Die nur eben andeutende Erzählweise in Philo, prob 89f. wiederholt sich in apol 18, wo es um die Bewunderung großer Könige für die καλοκἀγαθία der Essäer (prob 91) geht. An dieser Stelle dürfte die Quelle den Stoff der Manaem-Anekdote (ant. 15,373-379) geboten haben[106], deren hellenistisch-jüdischer Charakter schon (oben unter 1) herausgestellt wurde. In prob 91 erinnert daran nur noch das beeindruckte Rühmen aller, im Essener-Referat des Bellum steht davon nur noch das Rudiment 2,159. Immerhin zeigen die Stellen Philo, apol 18, prob 91; Josephus, bell. 2,159 insgesamt – bell. 2,160f. bringt ja nur noch anhangsweise eine Ergänzung zu § 121 –, daß die hellenistisch-jüdische Essäer-Quelle, wie sie schon gleich zu Anfang das Streben nach ἀρετή gerühmt hatte, ausmündete in ein Enkomium der καλοκἀγαθία der Essäer (Philo, prob 91, vgl. auch contempl 90; Josephus, ant. 15,379[107]). Und damit dürfte dann auch über den Charakter dieser Quellenschrift entschieden sein: sie war wohl einem 'philosophischen' Traktat ähnlich, wie ihn Philo selbst in den Schriften 'Über die Freiheit des Tüchtigen' und 'Über das betrachtende Leben' vorgelegt hat und wie ihn das sogenannte 4. Makkabäerbuch darstellt. Nicht von ungefähr verwendet das 4. Makkabäerbuch auch das gleiche popularphilosophische Sprachma-

---

105) Der Zusammenhang wird diskutiert unter dem Stichwort Kenntnis des 2. Makkabäerbuchs von seiten Philos, vgl. E. Schürer, Geschichte, III, 361; Ch. Habicht, JSHRZ I,3, 177; E. Schürer, History, III,1, 534.
106) Vgl. K. Bormann, in: Philo, Werke, Deutsch, VII, 23f., Anm. 4.
107) Ähnlich Th. Baumeister, Anfänge, 50, zum Ende des 4. Makk: 'Das Buch enthält gegen Ende einen rhetorisch ausgemalten Lobpreis des Sieges der Märtyrer, ...'

terial, das der hellenistisch-jüdischen Essäer-Quelle eigentümlich ist: ἀρετή 1,2.8.10 u.ö., ἡδονή 1,20,21,22 u.ö., ἐγκράτεια 5,34, πάθος 1,1.3.4 u.ö., καλοκἀγαθία 1,8.10 u.ö. Und zugleich tritt so die sprachliche Nähe zum 4. Makkabäerbuch, die zuvor an Josephus, bell. 2,152f. aufgefallen war, aus ihrer Singularität heraus, freilich ohne daß wir deswegen den patristischen Fehler[108] zu wiederholen brauchen, das 4. Makkabäerbuch der Verfasserschaft des Josephus zuzuschreiben.

Nachdem wir jetzt den Umfang der hellenistisch-jüdischen Essäer-Quelle einigermaßen überschauen können, läßt sich auch ein mögliches stilistisches Merkmal dieser Quellenschrift erkennen. Sie liebt die – in hellenistischer Zeit wohl vielfach gepflegte – komparative Redeweise. Die Sabbatobservanz der Essäer übertrifft die aller anderen Juden (Josephus, bell. 2,147 διαφορώτατα, vgl. bei Philo, prob 81 διαφερόντως). Über jedes Lob erhaben ist ihr Gemeinschaftsleben (Philo, prob 84, vgl. Josephus, bell. 2,122), mehr als alle Menschen praktizieren sie Gütergemeinschaft (Philo, prob 77; Josephus, ant. 18,20). Ihre Zahl beläuft sich auf 'mehr als 4000' (Philo, prob 75; Josephus, ant. 18,20).

So tritt uns die hellenistisch-jüdische Essäer-Quelle mit relativ klarem Profil gegenüber, und zwar nach Aufbau, Inhalt und Umfang, Tendenz und Stil wie auch nach ihrem religionsgeschichtlichen und soziokulturellen Hintergrund. Zu prüfen bleibt die Frage nach ihrem historischen Wert, soweit dieser aus dem Vergleich mit den Originalschriften der Qumrangemeinde zu ermitteln ist.

3.3.2 Die hellenistisch-jüdische Essäer-Quelle und die Qumrantexte

Auf Name und Etymologie des Namens Essäer fällt von den Qumrantexten her kein erhellendes Licht, weshalb jeder Deutungsversuch bis heute über Vermutungen nicht hinauskommen konnte[109]. Auffällig zumal ist der Befund, daß חסיד(ים) nicht zum Vokabular der Selbstbezeichnungen der Qumranfrommen zählte. Vor die Schranken hellenistischer Verfremdung führt dann sogleich der gesamte Textkomplex, der eine fundamental leibfeindliche Askese zu beschreiben scheint. Dabei wird 'die ethisch radikalisierte Praxis der Essener', so mit den Worten

---

108) Vgl. dazu E. Schürer, History, I, 55; III,1, 590f.
109) Vgl. E. Schürer, History, II, 559f.; J. Maier, Zwischen, 272.

H. Brauns[110], 'bestimmt durch die ἀρετή', nicht durch Umkehr zum un-
geteilten Thoragehorsam, wie etwa im Anschluß an 1 QS 5,8f. zu for-
mulieren wäre. Enkratitischer Verzicht auf Lust wie auch die Prinzipien
der Affektlosigkeit und des Eheverzichts liegen weit ab von dem, was die
Qumrantexte sagen. Was die Damaskusschrift angeht, analysierte H.
Braun treffend: 'Nicht Verzicht auf die Ehe, nicht Vermeiden der Unzucht im moralischen Sinne, also nicht Asketik liegt in der Tendenz der
Dam; sondern eine Beschränkung des Kreises der als Ehefrau zu Wäh-
lenden und eine von rituellen Gesichtspunkten geleitete Beschränkung
des ehelichen Verkehrs.'[111] Auch nach 4 QMMT B 80-82 ist nicht die
Forderung der Ehelosigkeit, sondern der Reinhaltung priesterlicher Ab-
stammung Gegenstand trennender Halacha[112]. Verwerfung von 'Unzucht, die in der Polygamie der Gegner gesehen wird' (CD 4,20-5,6)[113],
ist etwas anderes als Verwerfung der Sinnenlust (bell. 2,120)[114]. Die Verwendung von Ausdrücken der geschlechtlichen Sphäre zur Bezeichnung
der Unreinheit[115] in unmittelbarer Nachbarschaft zu solchen der Sünd-
haftigkeit[116], wie wir das in den Niedrigkeitsdoxologien und Elendsbe-
trachtungen[117] der Gemeindelieder[118] beobachten können, resultiert
nicht aus Asketik als solcher, sondern aus dem *priesterlichen* Selbstver-
ständnis der Gemeinde[119], wie es sich ausdrückt in der Tempelsymbo-
lik[120], im Vorstellungskomplex von der Gemeinschaft mit den Engeln[121],
kurz in der Rede von 'der heiligen Gemeinde'[122]. Und darum vermittelt
die *faktisch* zölibatäre Lebensweise[123] der Gemeinschaft 'der heiligen
Männer'[124] nach 1 QS allenfalls für einen *Außenstehenden* den Ein-

---

110) Radikalismus, I, 88.

111) Radikalismus, I, 133.

112) Zu diesem Text vgl. A.S. van der Woude, ThR 54, 254f. Stellenangabe nach Unterla-
gen von H. Stegemann, Brief vom 20.11.90.

113) G. Klinzing, Kultus, 14, vgl. dort insgesamt S. 13-15.

114) Gegen T.S. Beall, Essenes, 37f.

115) H. Lichtenberger, Studien, 84-90.

116) 1 QH 1,22 סוד הערוה ומקור הנדה כור העוון ומבנה החטאה (ein Geheimnis der Schan-
de und eine Quelle der Unreinheit, ein Schmelzofen der Schuld und ein Bauwerk der
Sünde).

117) Vgl. H.-W. Kuhn, Enderwartung, 27-29; H. Lichtenberger, Studien, 73-93.

118) Zur Definition s. H.-W. Kuhn, Enderwartung, 21ff.; vgl. weiter meine Arbeit: Glaube als Gabe, 65-68.

119) G. Klinzing, Kultus, 106-143.

120) G. Klinzing, Kultus, 50-93; J. Pouilly, Règle, 87-91.

121) H.-W. Kuhn, Enderwartung, 66-73.

122) עצת קודש 1 QH 7,10; 1 QS 2,25; 5,20; CD 20,24f. u.ö.

123) Vgl. H. Braun, Radikalismus, I, 40; Qumran, I, 41, 193; II, 288; T.S. Beall, Description, 38.

124) אנשי הקודש 1 QS 5,13; 8,17.23; 9,8 u.ö.

druck, als herrschten Enthaltsamkeit und Ehelosigkeit aus moralischem oder gar dualistischem Prinzip[125]. Tatsächlich war es natürlich für eine thoraobservante Gemeinschaft angesichts Gen 1,28 ausgeschlossen, den Zölibat zu fordern[126]. Aber mindestens zwei Ursachen hatten geradezu von selbst ein Dasein ohne Frauen (vgl. sine ulla femina Plinius, nat. hist. 5,73) zur Folge: einerseits das Leben des jachad in priesterlicher Reinheit in Gemeinschaft mit den Engeln, andererseits die Halacha zu Gen 1,27, wonach ein Mann nur einmal in seinem Leben heiraten darf (CD 4,20-5,6)[127]. Diese Einehe auf Lebenszeit führte – wenn die Frau 'im Kindsbett' oder nach einer größeren Zahl von Geburten erschöpft und frühzeitig starb – dazu, daß der Mann wohl noch einige wenige Jahre als Witwer lebte und als solcher ganz zum Zentrum der Qumranbewegung überwechselte[128]. Zu solcher nicht-prinzipiellen 'Ehelosigkeit' passen die entsprechenden Notizen über die Therapeuten bei Philo, contempl 18, über die Essener bei Plinius und schließlich bei Josephus, bell. 2,120f. 160f., aber nicht Philo, apol 14; Josephus, ant. 18,21.

Was die Aufnahme 'fremder Kinder' betrifft, wissen wir schlicht zu wenig über die konkreten Lebensverhältnisse der Essener. Angesichts der rituellen Probleme, die Vaterlose und Findelkinder nach der rabbinischen Diskussion aufgaben[129], halte ich es für wenig wahrscheinlich, daß ausgerechnet die Essener bei dieser Personengruppe keine rituellen Skrupel gehabt haben sollten. Die biblische Metaphorik in 1 QH 9,35f.[130], die ja mit der in Zeilen 29ff. zusammengeschaut werden muß[131], läßt unser Informationsbedürfnis nach konkreten sozialen Daten im Stich. So ließe sich bei der Notiz bell. 2,120 (apol 3), contempl 67 allenfalls an Kinder aus essenischen Familien denken, die voll oder halb

---

125) Vgl. auch J. Maier, Zwischen, 282: 'Weil sich die Mitglieder in rituell reinem Zustand gewissermaßen als diensthabendes Kultpersonal verstanden, das die Tempelkult-Funktion der Sühne für das Land und für die Erwählten zu bewirken hat, oblag ihnen wie beim Kultdienst am Tempel sexuelle Abstinenz.'
126) So zu Recht H. Hübner, NTS 17, 153-167, speziell 155f. Zu H. Brauns Argumentation, als folge aus dem Fehlen von Ehehalacha in 1 QS, daß die Männer der Gemeinschaft zölibatär lebten, s. dort 166, Anm. 5 den Hinweis auf das Fehlen einer Sabbathalacha.
127) G. Jeremias, Lehrer, 97-102.
128) Erwägung nach H. Stegemann, Brief vom 15.3.1988.
129) Vgl. dazu Bill. I,2, 547; J. Jeremias, Jerusalem, 306, 379f.
130) Auf die Stelle wird gern als mögliche Parallele zu bell. 2,120 hingewiesen: M. Delcor, Hymnes, 223; A. Adam-Ch. Burchard, Antike Berichte, 27 z.St.; H. Lichtenberger, Studien, 205.
131) So richtig J. Carmignac, Textes, 246 mit Anm. 112f.

74

verwaist waren, aber in einer essenischen Siedlung unterkamen, auch ohne dort Verwandte zu haben.

Die Angabe über die Mitgliederzahl ist eine Momentaufnahme zur Zeit der Abfassung der hellenistisch-jüdischen Essäer-Quelle, die naturgemäß nicht kontrolliert werden kann[132]. Das gemeinschaftlich organisierte Wohnen in Dörfern und Städten nach Philo, apol 1; Josephus, bell. 2,124 bezeugen auch 1 QS 6,2; CD 7,6f.; 10,21.23; 11,5; 12,19.23 u.ö.[133], wobei die Rede vom 'Lager' bzw. von den 'Lagern' ausweislich 4 QMMT B 27-33.60-62[134] nicht etwa das jeweilige 'Essenerviertel'[135], sondern den Wohnort als solchen und ganzen bezeichnet. Das Gemeinschaftliche umfaßt insbesondere Besitz und Mahlzeit. Die Übereinstimmung mit den Qumrantexten ist evident. Zur Gütergemeinschaft vgl. 1 QS 1,11f.; 5,2f.; 6,2.17-22; 7,6; 9,7f.[136], zum Gemeinschaftsmahl vgl. 1 QS 6,2; 1 QSa 2,17f.[137] Mit der Gütergemeinschaft verbunden erscheint 1 QS 6,2 die Arbeit, wie denn auch das Absonderungsgebot Besitz und Arbeit verbindet (1 QS 5,14; CD 20,7). Daß diese Arbeit landwirtschaftlicher und handwerklicher Art war (Philo, prob 76, apol 8f.; Josephus, bell. 2,129, ant. 18,19), erscheint durchaus naheliegend[138].

Mit dem Verzicht auf Privatbesitz verbindet sich das Nein zur Sklavenhaltung (Philo, prob 79, apol 4; Josephus, ant. 18,21), einerseits weil den Essäern Sklaven zu halten ἀδικία sei, andererseits weil sie ja selbst zu gegenseitigem Dienst verpflichtet seien (ant. 18,21). Die Verwerfung der Sklaverei bestätigen die Qumrantexte, zumal CD 11,12 und 12,10f., durchaus nicht – wie übrigens auch an der Pliniusnotiz das Fehlen eines 'sine servis' schon aufgefallen war[139] –, mithin auch nicht die *Begrün-*

---

132) Nach Nikolaos, s. Josephus, ant. 17,42, zählten die Pharisäer bei über 6000 (vgl. J. Jeremias, Jerusalem, 286). Als formale Analogie vgl. Porphyrios, vita Pythagorae 20: Nach Nikomachos sollen mehr als 2000 den Worten des Pythagoras gefolgt sein (πλέον ἢ δισχιλίους ἐλεῖν τοῖς λόγοις).

133) E. Schürer, History, II, 563, Anm. 5; T.S. Beall, Description, 48f.; J. Maier/K. Schubert, Qumran-Essener, 72.

134) Die Rede ist von Jerusalem, der Heiligen Stadt, als dem Hauptlager Israels.

135) So z.B. B. Pixner, Quarter, 271.

136) S. Segert, Gütergemeinschaft; G. Klinzing, Kultus, 113; Y.M. Grintz, in: A. Schalit, Zur Josephus-Forschung, 301; H.G. Kippenberg, Klassenbildung, 161; H.-J. Klauck, RdQ 11, 47-79.

137) G. Klinzing, Kultus, 47ff., 115f.; A. Steiner, BZ 15, 21.

138) T.S. Beall, Description, 55; H.G. Kippenberg, Klassenbildung, 161.

139) W. Bauer, Essener, 50: Plinius 'weiß nichts von der *Verwerfung der Sklaverei* durch die E. Hätte er doch sonst seinem Großstadtpublikum ein *sine servis* gewiß nicht vorenthalten.'

dungen dieser Verwerfung. Diese Beobachtung ist von einiger Tragweite, denn solcher Begründungen des Verhaltens finden sich noch mehr in dem Stoff der Philo und Josephus gemeinsamen Quelle. Zunächst einmal ist auf den analogen Fall der Notiz über die Verwerfung des Eides hinzuweisen, die mit der uneingeschränkten Wahrhaftigkeit der Essäer begründet wird (Philo, prob 84; Josephus, bell. 2,135). Auch die Verwerfung des Eides kennen die Qumrantexte nicht. Beide Verwerfungsnotizen, also Sklaverei und Eid betreffend, gehören vielmehr zum ethnographischen Einschlag der Quelle, auf den insbesondere W. Bauer aufmerksam gemacht hat[140]. Solche beigefügten Begründungen des Verhaltens zählen wohl zur Eigentümlichkeit der Quelle, treten jedenfalls gehäuft auf. Das Nein zur Ehe begründen Hinweise auf die Lust- und Streitkompetenz der Frauen (Philo, apol 14.17; Josephus, bell. 2,121; ant. 18,21), das Ja zur Gütergemeinschaft resultiert aus Verachtung des Reichtums (Philo, prob 84; Josephus, bell. 2,122)[141]. Von der gleichen Art der Begründung ist dann auch der Hinweis auf Gottes Setzen aller Herrschaft, das die Loyalitätsforderung legitimiert und plausibel macht (Josephus, bell. 2,140).

Zum Komplex Gütergemeinschaft gehört die Rede vom Vorstand der einzelnen Gemeinschaften, wobei die Essäer-Quelle zwischen Vorstand und Schatzmeister differenziert zu haben scheint. Dem 'Vorstand' entspricht in den Qumrantexten, wie schon oft festgestellt wurde[142], zumindest ungefähr der Mebaqqer. Daß er *gewählt* sei, gehört dann schon wieder zum hellenistischen Anstrich, wie denn auch weitere Einzelzüge aus dem Umkreis des Themas 'Gütergemeinschaft' entweder infolge der unterschiedlichen Strukturen der beschriebenen Gemeinschaften oder infolge der hellenistischen Idealisierung ihrer Beschreibung sich durch die Qumrantexte nicht kontrollieren bzw. bestätigen lassen. Zu den 'von auswärts kommenden Gemeinschaftsmitgliedern' (Philo, prob 85; Josephus, bell. 2,124) bieten die Qumrantexte nichts Vergleichbares[143], auch nichts zur Vermeidung des Handels (Philo, prob 78; Josephus, bell.

---

140) Essener, 37f.: Hinweise auf den Sonnenstaat des Iambulos (Diod. II 59,6 ἀλλήλοις διακονεῖν) und Nikolaos von Damaskus (148,19 Dind.).
141) H. Braun, Radikalismus, I, 79, Anm. 2: 'Im Man gilt der הון nicht als verächtlich, sondern als gefährlich (S. 35-37); also auch bei Josephus wohl hellenistische Färbung seines Referates.'
142) Vgl. T.S. Beall, Description, 46f.; M. Weinfeld, Pattern, 20; E. Schürer, History, II, 566.
143) H. Braun, Radikalismus, I, 78, Anm. 2 (bezogen auf 1 QS und 1 QpHab).

2,127)[144], auch nichts zu den gemeinsamen Magazinen oder den gemeinsamen Kleidern[145].

Daß die Essäer im Blick auf Reinheitsvorschriften und Prophetensprüche in der Heiligen Schrift wohlbewandert seien (Josephus, bell. 2,159; vgl. Philo, prob 80), entspricht recht genau den zwei Grundrichtungen der Schriftforschung[146] in der Qumrangemeinde: der Erforschung des Gotteswillens in der Thora (1 QS 6,6; 1 QSa 1,5-7; CD 10,6; 13,2) einerseits[147], der Propheten- und Psalmenexegese in den Pešarim andererseits[148]. Das Programm der Essäer nach der hellenistisch-jüdischen Quelle läßt sich einigermaßen vergleichen mit der Grundforderung der Qumrangemeinde, mit der die Gemeinderegel beginnt[149]:

Philo, prob 83	Josephus, bell. 2,139f.	1 QS 1,1-5
τῷ τε φιλοθέῳ	πρῶτον μὲν εὐσεβήσειν τὸ θεῖον	'Gott suchen' im Sinne exklusiver Thoraerfüllung
καὶ φιλαρέτῳ	ἔπειτα τὰ πρὸς ἀνθρώπους δίκαια φυλάξειν	]ל[עשות הטוב והישר לפניו (indem man tut, was gut und recht ist vor ihm)
καὶ φιλανθρώπῳ	τὸ πιστὸν ἀεὶ πᾶσιν παρέξειν	לעשות אמת (Treue üben)

Ob wir uns mit solchem Vergleichen im Bereich des Zutreffenden oder des Zufälligen bewegen, läßt sich allerdings nicht erweisen. Sicher übereinstimmend ist dann wieder die für Essäer und Qumrangemeinde be-

---

144) Philo, prob 78 spricht vom Vermeiden des großen Handels zwecks Vermeidung der πλεονεξία; das ist etwas anderes als Vermeidung des Handels mit Außenstehenden nach CD 13,14. Josephus, bell. 2,127 spricht von der Beziehung der Gemeinschaftsmitglieder untereinander; das ist etwas anderes als 'Verbot der הון – Gemeinschaft mit Außenstehenden', gegen H. Braun, Radikalismus, I, 78, Anm. 1. Richtig hingegen H.G. Kippenberg, Klassenbildung, 162 zu bell. 2,127: 'Diese Interpretation verdankt sich griechischem Denken. Der so zum Ausdruck gebrachte ökonomische Egalitarismus entspricht aber durchaus den Verhältnissen in Qumran.'
145) Vgl. dazu W. Bauer, Essener, 37.
146) H. Braun, Radikalismus, I, 68, Anm. 9 mit Hinweis auf S. 16-24; Y.M. Grintz, in: A. Schalit, Zur Josephus-Forschung, 306; T.S. Beall, Description, 70-72; G. Vermes, Schriftauslegung.
147) Vgl. L.H. Schiffman, Sectarian Law, 14f.: 'The legal materials of the Dead Sea sect are the result of sectarian biblical exegesis. This exegesis ... took place in regular study sessions which were part of the life of the sect at its main center.'
148) Dazu s.o. S. 52f.
149) Zum Verständnis von 1 QS 1,1ff. vgl. H. Lichtenberger, Studien, 201f.

zeugte besonders strenge Sabbat-Observanz (Philo, prob 81; Josephus, bell. 2,147; CD 6,18; 10,14-11,18)[150]. Darüber hinaus scheinen mir vergleichbare Aussagen nicht vorzuliegen, denn der Schluß der Essäer-Quelle ist in seiner Gänze aus hellenistisch-jüdischer Anschauung erwachsen.

3.3.3 Ergebnis

Als historisch wertlos kann die hellenistisch-jüdische Essäer-Quelle nicht bezeichnet werden, als gut informiert bzw. zuverlässig informierend aber auch nicht. Sie scheint nicht dem Zweck zu dienen, über eine jüdische Sondergemeinschaft präzise Mitteilung zu machen, sondern eher einem hellenistischen Publikum eine nach dem Geschmack der Zeit ideale Gemeinschaft jüdischen Glaubens vorzustellen. Das Enkomium essäischer καλοκἀγαθία, in das die Schrift ausmündete, war wohl dazu gedacht, antijüdische Stimmungen und Bestrebungen zu unterlaufen und damit das Judentum, das eine so vorbildliche Gemeinschaft hervorzubringen in der Lage war, überhaupt seiner hellenistischen Umwelt zu empfehlen. Die gleichfalls hellenistisch-jüdischen Schriftsteller Philo und Josephus fanden in dieser Quelle ein Material, das ihren eigenen Bestrebungen und Ansichten weitgehend entgegenkam. Gerade der Vergleich der Quellenaussagen mit den Originalschriften der Qumrangemeinde klarifiziert das hellenistische Profil der Quelle; was sie an Begründungen essäischen Verhaltens bietet, ist insgesamt nicht aus qumran-essenischem Geist geboren. Leibfeindliche Enthaltsamkeit und lustfeindlicher Eheverzicht, Verachtung von Reichtum und Besitz, statt Sklavenhaltung gegenseitiger Dienst, Wahrheitsliebe, die Schwören überflüssig macht, einfaches Leben in friedfertiger Arbeit, prognostische Fähigkeiten, die selbst einen Großen wie Herodes – weit im Umkreis römischer Herrschaft als Gönner und Förderer hellenistischer Kultur ausgewiesen (vgl. Josephus, bell. 1,422-428) – tief beeindruckten und ihre Medien als gottbegnadet erwiesen, Bereitschaft zum Martyrium, das die sittliche Vortrefflichkeit der Essäer über jeden Zweifel erhaben machte, ein wunderbares Gemeinschaftsleben, das auf Erden nicht seinesgleichen hat, wer wollte sich der εὐσέβεια des jüdischen Volkes nicht interessiert zuwenden, die solche Früchte der ἀρετή hervorzubringen vermag?

150) H. Braun, Qumran, II, 288f.; T.S. Beall, Description, 96f.; vgl. auch K. Berger, JSHRZ II,3, 331 zu Jub 2,29.

78

Wären die Qumrantexte nicht gefunden worden, gäbe es kaum eine Möglichkeit, die hellenistisch-jüdische Essäer-Quelle von einem Schrifttum zu unterscheiden, 'das man nicht mehr zur ethnographischen Literatur zu rechnen vermag, weil es zur Welt des Lebens keine oder fast keine Beziehungen unterhält, da Konstruktionen mancherlei Art, Schilderungen idealer Volkszustände seinen Inhalt ausmachen.'[151] Nun aber kann der *Versuch* unternommen werden, historische Nachrichten über die Essäer von der literarischen Einfärbung ihrer Schilderung abzuheben. Ein bloßes Sammeln von mehr oder weniger passenden bzw. zutreffenden 'Parallelen' hilft indessen nicht weiter, wie F. García Martínez gegenüber der Untersuchung von T.S. Beall zu Recht angemahnt hat[152]. Ausgeprägte Liebe untereinander und Gemeinschaft, Güter- und Mahlgemeinschaft, besondere Verpflichtung zu Frömmigkeit und Gerechtigkeit, all dies weist zwar erkennbare Beziehungen zu den Qumrantexten auf, allerdings nicht, ohne sich zugleich der Idealisierung der Essäer zuordnen zu lassen. Die häufig begegende Qumranforderung: לעשות אמת 'Treue zu üben' (1 QS 1,5; 5,3; 8,2) benützte die Quelle gar, um am Beispiel der Essäer, die ja völlig zu Unrecht unter fremden Herrschern zu leiden hatten, das Problem von Loyalität und Herrschaft nach der Sichtweise des hellenistischen Judentums darzustellen.

3.4 Die Essener als Richtung mit pythagoreischer Lebensweise

Subtrahieren wir von den Essener-Referaten des Josephus in bell. 2,119-161 und ant. 18,18-22 in Gedanken einmal alle jene Aussagen, die nach den bisherigen Untersuchungen mit einiger Wahrscheinlichkeit ganz oder teilweise entweder der Drei-Schulen-Quelle oder der hellenistisch-jüdischen Essäer-Quelle zuzuordnen waren, verbleibt nicht ein kläglicher Rest, mit dem dann nichts mehr anzufangen wäre, sondern ein umfangreicher Textkomplex, der an den meisten Stellen die Merkmale eines zusammenhängenden, in sich gegliederten und stimmigen Textganzen aufweist. Das läßt, was den Historiographen Josephus angeht, auf ausgeprägten Konservatismus gegenüber Quellen schließen[153], der zu der Vermutung Anlaß gibt: dort, wo Josephus, bell. 2,119-161 und ant.

---

151) W. Bauer, Essener, 33.
152) JSJ 20, 87f.
153) Vgl. Josephus selbst in bell. 1,26 οὐδὲν οὔτε ἀποκρυπτόμενος οὔτε προστιθεὶς τοῖς πεφωραμένοις (von den Forschungsergebnissen weder etwas vorenthalten noch ihnen etwas hinzufügen), vgl. auch ant. 1,17.

18,18-22 Einzelaussagen doppelt referiert, liegt dies daran, daß seine Quellen Parallelaussagen enthielten. Das betrifft vor allem die Referate über 'Ehe' (bell. 2,120f.160f., ant. 18,21), Gütergemeinschaft (bell. 2,122, ant. 18,20), 'Verwalter' (bell. 2,123, ant. 18,22), Schriftforschung (bell. 2,136.159), Unsterblichkeit (bell. 2,154-158, ant. 18,18).

Schon die Parallelen zu Philos Schrift über die sogenannten Therapeuten[154] hatten uns auf den Charakter des soeben angesprochenen Textganzen aufmerksam werden lassen, und Josephus selbst hat andernorts den entscheidenden Hinweis aufbewahrt, nämlich den auf die Essener als Vereinigung mit pythagoreischer Lebensweise[155]. Ich werde demgemäß die nunmehr zu besprechenden Texte aus Josephus der von mir hypothetisch so genannten pythagoraisierenden Essener-Quelle zuordnen. Den pythagoreischen Einschlag dieser Quelle darf man freilich nicht mit der Elle des Historikers messen, weder so, daß der Pythagoreismus religionsgeschichtlich zur Wurzel des Essenismus wird[156], noch so, daß die pythagoreischen Elemente selbst der Frage standhalten müßten, ob ihnen auf seiten der pythagoreischen Schule je 'irgendeine Wirklichkeit entsprochen habe'[157]. Die Wirklichkeit ist rein literarischer Art, d.h., der pythagoreische Einschlag ist literarisch, nicht historisch zu würdigen, er ist fiktional, nicht pragmatisch. Er liegt auf der gleichen Linie wie die Verwandtschaft zwischen Chairemons ägyptischen Priestern[158] und Philos jüdischen Therapeuten, eine Verwandtschaft, die wohl weniger aus literarischer Abhängigkeit des einen vom anderen[159], als vielmehr aus beidseitiger pythagoraisierender Idealisierung[160] herrührt. Ja, viel-

154) S.o. S. 48.

155) Ant. 15,371 γένος δὲ τοῦτ' ἔστιν διαίτῃ χρώμενον τῇ παρ' Ἕλλησιν ὑπὸ Πυθαγόρου καταδεδειγμένῃ (eine Schulrichtung ist dies, die die Lebensweise an den Tag legt, die bei den Griechen von Pythagoras eingeführt wurde). Zu 'pythagoreische Lebensweise' vgl. Plato, Staat 600B; Philostrat, Apoll. I,7; vgl. ferner M. von Albrecht, Jamblichos, 8; B.L. van der Waerden, Pythagoreer, 163ff.

156) So die oben S. 48, Anm. 64 genannten Arbeiten. Im übrigen vgl. M. Hengel, Judentum, 445-453; E. Schürer, History, II, 589f.

157) W. Bousset, HNT 21, 459 bringt diesen Einwand.

158) H.-R. Schwyzer, Chairemon, Fragm 10 = Porphyrios, abst IV, 6-8 (ed. A. Nauck), dazu H.-R. Schwyzer, 78f. s.o. Teil 2, Anm. 39.

159) An Abhängigkeit Philos von Chairemon dachte P. Wendland, Therapeuten, 754-756, für den umgekehrten Fall plädierten H.-R. Schwyzer, Chairemon, 78-81; M. Pohlenz, Stoa, II, 144.

160) Wie R. Reitzenstein, Athanasius, 43 und E. Schwartz, Chairemon 7), PRE III, 2025-2027, dort 2027 lehnte I. Heinemann, Therapeutai, 2337f. literarische Abhängigkeit ab und faßte seine Beobachtungen zusammen in die Worte: '... die Berührungen er-

leicht führen uns folgende Hinweise und Überlegungen sogar noch einen Erkenntnisschritt weiter.

3.4.1 Die pythagoraisierende Essener-Quelle

Der Biograph Hermippos aus Smyrna, philosophisch orientiert an den Peripatetikern des 3. Jh. v.Chr., hat nach Josephus, c.Ap. 1,164f. im ersten Buch 'über Pythagoras'[161] von drei Verboten des Meisters berichtet und dazu angemerkt: 'Dies tat und lehrte Pythagoras, indem er die Auffassungen (τὰς δόξας) der Juden und Thraker nachahmte und sich aneignete.' Zur Affinität der hier genannten Thraker zu Pythagoras[162] wußte schon Herodot zu berichten, der thrakische Stamm der Geten habe den Gott Zalmoxis[163] verehrt, von dem die Hellenen am Hellespont und am Pontos erzählten, er sei eigentlich ein Mensch gewesen, und zwar ein Sklave des Pythagoras. Nach seiner Freilassung sei er in seine Heimat zurückgekehrt und habe dort auf höchst eigenartige Weise die Geten für seinen Unsterblichkeitsglauben gewonnen (Hist. 4,94-96). Mit diesem ethnographischen Exkurs Herodots über die Geten ist das eigentümliche ἀθανατίζειν gleichermaßen verbunden (Γέται οἱ ἀθανατίζοντες ('die Geten, die an die Unsterblichkeit glauben') Hist. 4,93, ἀθανατίζουσι δὲ τόνδε τὸν τρόπον 4,94)[164] wie mit dem Essenerbericht des Josephus, ant. 18,18[165]. Noch Strabo, Geogr. 7, 3,5, der die Zalmoxis-Story in viel breiterer Fassung kennt, stellt in seiner Zeit für die thrakischen Geten fest: καί πως τὸ τῶν ἐμψύχων ἀπέχεσθαι Πυθαγόρειον τοῦ Ζαμόλξιος ἔμεινε παραδοθέν (und irgendwie hat sich die pythagoreische Fleischenthaltung als überliefertes Gebot des Zamolxis erhalten). Man war also der Auffassung, die Thraker huldigten pythagoreischen Anschauungen[166]. Poseidonios, dessen Aufstellungen Strabo wohl auf-

klären sich ungezwungen aus den übereinstimmenden Gesichtspunkten der Schriftsteller und den Ähnlichkeiten der Tatbestände.' Im übrigen s. A.-J. Festugière, REG 50, 476ff. (vgl. M. Hengel, Judentum, 387, 453, Anm. 811); A. Wlosok, Laktanz, 55: 'Nach dem gleichen Schema hat Philo, etwa gleichzeitig mit Chairemon, in der Schrift über die Therapeuten das Bild des frommen Juden gezeichnet.'

161) Vgl. M. Stern, GLAJJ I, 93-96; (S. Safrai and) M. Stern, Jewish People, II, 1118f.; M. Hengel, Judentum, 449 mit Anm. 800.
162) Zu Pythagoras' Mysterienweihe im thrakischen Libethra s. Jamblich, v.P. 146; zur Rolle 'der Juden' vgl. M. Stern, GLAJJ I, 94.
163) Zu Zalmoxis und zur Gesamtbewertung des Hermipp-Zitats vgl. auch G. Gaggero, Thraces, 100f.
164) S. dazu E. Rohde, Psyche, II, 28-31; vgl. auch M.P. Nilsson, Geschichte, I, 702f.
165) Ἀθανατίζειν ist Hapax legomenon bei Josephus. Zur Seelenlehre in bell. 2,154-158 s.o. S. 62-64
166) Vgl. auch E. Rohde, Psyche, II, 30f.: 'Wer auch immer dieses Märchen ersonnen ha-

grund eigener Fehleinschätzung[167] teilweise kritisiert (7, 3, 4), hatte gar berichtet: εἶναι δέ τινας τῶν Θρᾳκῶν, οἳ χωρὶς γυναικὸς ζῶσιν, οὓς κτίστας καλεῖσθαι, ἀνιερῶσθαί τε διὰ τιμὴν καὶ μετὰ ἀδείας ζῆν (Es gebe aber welche bei den Thrakern, die ohne Frau leben würden – man nenne sie Tempelgründer – und die sich einem hochwürdigen und hochheiligen Leben geweiht hätten) (7, 3,3). Das 'Ohne-Frau-Leben'[168] erinnert sehr stark an 'sine ulla femina', Plinius, nat.hist. 5, 73 und die dazugehörenden Parallelen Josephus, bell. 2,120f.160f., Philo, contempl 18[169]. Vor allem aber stehen wir mit der zitierten Bemerkung über die thrakischen Asketen dicht bei der Notiz, mit der das Essener-Referat bei Josephus, ant. 18,22 endet.

Leider ergibt der überlieferte Wortlaut ζῶσι δὲ οὐδὲν παρηλλαγμένως, ἀλλ᾽ ὅτι μάλιστα ἐμφέροντες Δακῶν τοῖς πλείστοις λεγομένοις (Ihre Lebensweise aber unterscheidet sich in nichts, sondern steht geradezu in Übereinstimmung mit den sogenannten 'meisten' unter den Dakern) keinen Sinn, macht also die eine oder andere Konjektur erforderlich[170].

Eindeutig verlangt τοῖς … λεγομένοις eine Art Namengebung oder Bezeichnung[171], nach einer solchen sollte man suchen und von Δακῶν nicht ohne Not abgehen. Der Vorschlag A. Schalits, Σακῶν τοῖς κλειστοῖς λεγομένοις zu lesen in der Meinung, Josephus vergleiche die Essener mit den indischen Saken[172], scheitert daran, daß der intendierte Fachausdruck wohl nicht κλειστός ('verschließbar'), sondern ἔγκλειστος bzw. κατάκλειστος wäre[173], vor allem aber daran, daß man die wandernden Saken nicht als 'indischen Volksstamm' bezeichnen darf. Die Saken galten dem Altertum wie auch Josephus[174] als Skythen, den Beginn ihres *Eindringens* in Indien, das zur Errichtung des ersten der indoskythischen Reiche führte, stellt nach F. Altheim – R. Stiehl das Jahr

ben mag, er ist darauf geführt worden durch die Wahrnehmung der nahen Verwandtschaft der Pythagoreischen Seelenlehre mit dem thrakischen Seelenglauben; ebenso wie durch dieselbe Wahrnehmung andere verführt worden sind, umgekehrt den Pythagoras zum Schüler der Thraker zu machen.'

167) S.o. S. 46.
168) Vgl. auch VII, 3,4: τὸ δὲ χήρους γυναικῶν οἰκεῖν und τοὺς ἀγύνους τῶν Γετῶν εὐσεβεῖς.
169) Vgl. dazu oben S. 45f. und 68.
170) Vgl. dazu die Diskussion bei L.H. Feldman, Josephus, IX, 20f., Anm. a; vor allem jetzt G. Gaggero, Thraces, 101-103.
171) Vgl. ant. 1,151; 11,31; 13,230.
172) Namenwörterbuch, 104; s. auch K.H. Rengstorf, Concordance, II, 504.
173) Vgl. R. Reitzenstein, Athanasius, 40f., Anm. 1.
174) Vgl. ant. 18,100 (vgl. Tacitus, Annalen VI, 44: skythische Hilfstruppen); 20,91.

62 v.Chr. dar[175]. Und sinnlos, wie A. Schalit meint, ist Δακῶν keineswegs. Immerhin haben wir die Notiz bei Plinius, nat.hist. 4,80: Getae, Daci Romanis dicti[176]. So wird es doch sehr wahrscheinlich, daß der Schlußsatz des Essenerberichts bei Josephus, ant. 18,18-22 auf ein Höchstmaß an Übereinstimmung mit jenen thrakischen Asketen hinweisen sollte, von denen Poseidonios gehandelt hatte. Und dieser Hinweis stand im Dienste einer Auffassung, die wir im Hermipp-Zitat kennengelernt haben: Pythagoras als Nachahmer jüdischer und thrakischer Lehrmeinungen darzustellen. Diese Tendenz ist der Anschauung auch anderer hellenistischer Autoren zuzuordnen, 'daß die griechische Kultur und Religion von den viel älteren des Orients, namentlich Ägyptens, herzuleiten sei'[177]. Nicht von ungefähr kommentiert Josephus jenes Hermipp-Zitat mit den Worten: 'Es wird nämlich tatsächlich behauptet, jener Mann (sc. Pythagoras) habe vieles der religiösen Bestimmungen bei den Juden in seine Philosophie eingeführt.' Um das Bild abzurunden, sei auch auf jene Stellen bei Diodor[178] und Strabo[179] verwiesen, die unter anderen speziell den Mose der Juden neben den Zalmoxis der Geten stellen.

Was aber bedeutet die Rede von den κτίσται im Poseidonios-Zitat und, sofern Ortelius' Konjektur akzeptiert wird, in ant. 18,22? Ich denke, daß das ἀνιερῶσθαι rechtfertigt, die κτίσται speziell als 'Tempelgründer' zu verstehen[180], denn manchmal 'war die Gründung eines Tempels sogar der Anlaß zur Bildung eines Vereines unter den Tempelgründern κτίσται, die dann im gegründeten Heiligtum den Mittelpunkt des Vereinslebens sahen'[181]. Von hier aus böte sich an, auch ant. 18,22 entsprechend zu verstehen, zumal gerade kurz vorher von dem 'Vereinsheiligtum'[182] der Essener, das mit dem allgemeinen Heiligtum der Juden nicht identisch ist, die Rede gewesen war (ant. 18,19). Daß die 'Vereinsgenos-

---

175) Geschichte, 618; vgl. auch 608-628: 'Griechen und Śaka in Indien'.
176) Hinweis bei E. Rohde, Psyche, II, 133, Anm. 1.
177) N. Walter, JSHRZ I,2, 150.
178) παρὰ δὲ τοῖς ὀνομαζομένοις Γέταις τοῖς ἀπαθανατίζουσι Ζάλμοξιν ..., παρὰ δὲ τοῖς 'Ιουδαίοις Μωυσῆν... (bei den sogenannten Geten, die an die Unsterblichkeit glauben, habe Zalmoxis ..., bei den Juden aber habe Mose ...), s. M. Stern, GLAJJ I, 171 (Nr. 58).
179) M. Stern, GLAJJ I, 296, Z. 80-88 (Nr. 115), vgl. darüber hinaus auch S. 131.
180) Zu κτίσται als Tempelgründern vgl. M. San Nicolò, Vereinswesen, I, 201, 210; F. Poland, Geschichte, 165.
181) M. San Nicolò, Vereinswesen, II, 145.
182) Zu ἱερόν als Vereinsheiligtum vgl. M. San Nicolò, Vereinswesen, II, 146, s.o. S. 40.

sen' ihr Heiligtum mit Anathemen beschickten[183], paßt durchaus in solchen Zusammenhang. Danach zu schließen, entwarf die Quelle von den Essenern das Bild einer pythagoreischen Kongregation, die ihr Zentrum an einem Heiligtum hatte[184]. Aus dieser pythagoraisierenden Quelle schöpfte Josephus in ant. 18,18, zu ihr kehrte er in ant. 18,22 zurück. Hätte er nicht diese Essener-Quelle mit der hellenistisch-jüdischen Essäer-Quelle verknüpft, hätten wir von den Essenern der Josephus-Referate kein anderes Bild vor Augen als von den Pythagoreern nach dem Bericht des Timaios bei Jamblich, v.P. 256f., den B.L. van der Waerden kommentiert und zusammenfaßt mit den Worten: 'Die Pythagoreer, von denen Timaios hier redet, bildeten ... eine Art Klostergemeinschaft. Man betete gemeinsam, man lebte zusammen, man schloß sich von den anderen ab. Der ererbte Besitz der Ordensbrüder wurde in die Gemeinschaft eingebracht'[185].

Die pythagoreische Fiktion der Quelle tritt deutlich in der Sonnenanbetung der Essener zutage: πρὶν γὰρ ἀνασχεῖν τὸν ἥλιον οὐδὲν φθέγγονται τῶν βεβήλων, πατρίους δέ τινας εἰς αὐτὸν εὐχὰς ὥσπερ ἱκετεύοντες ἀνατεῖλαι[186] (Bevor nämlich die Sonne aufgegangen ist, sprechen sie nichts Profanes, wohl aber eine Art überkommene Gebete an sie, als wollten sie ihren Aufgang herbeiflehen). Bezieht man noch § 148 ὡς μὴ αὐγὰς ὑβρίζοιεν τοῦ θεοῦ (um nicht die Strahlen der Gottheit zu entweihen) in die Betrachtung mit ein, dürfte es keine Frage mehr sein, daß in § 128 tatsächlich von Gebeten an die Sonne die Rede ist. Syntaktisch ist φθέγγονται ... πατρίους δέ τινας εἰς αὐτὸν εὐχάς vollständig parallel zu einem Exzerpt aus Jambulos' Sonnenstaat bei Diodor 2, 59,7: λέγεσθαί τε καὶ ᾄδεσθαι παρ᾽ αὐτοῖς εἰς τοὺς θεοὺς ὕμνους καὶ ἐγκώμια, μάλιστα εἰς τὸν ἥλιον (Es werden bei ihnen Hymnen und Loblieder an die Götter vorgetragen und gesungen, am liebsten an den Sonnengott). Wohl war solches Beten zur Sonne in der Morgenfrühe des Tages verbreitet[187], galt nach des Sokrates Vorbild vielleicht eines Philo-

---

183) Vgl. F. Poland, Geschichte, 470ff.
184) Zum bevorzugten Aufenthalt in Heiligtümern vgl. Jamblich, v.P. 14 (von Pythagoras am Karmel) ἔνθα ἐμόναζε τὰ πολλὰ ὁ Πυθαγόρας κατὰ τὸ ἱερόν (dort weilte Pythagoras meist einsam in der Nähe von Heiligtümern), vgl. ferner 96; Porphyrios, abst. I, 36.
185) B.L. van der Waerden, Pythagoreer, 174.
186) Josephus, bell. 2,128. Philo, contempl 27.89 hat die Formulierung (re-) judaisiert zum Gebet bei Sonnenaufgang.
187) Umfangreiche Belegsammlung bei A.-J. Festugière, La révélation, IV, 245f., Anm. 3 zu CH 13,16 und Asklepius 41; vgl. auch B. Janowski, Rettungsgewißheit, z.B. 133.

sophen besonders würdig[188], war aber insbesondere typisch pythagoreische Lebensordnung[189]. Und in ebendiesen Zusammenhang paßt auch vorzüglich die Bemerkung, die Essener würden beim Verrichten ihrer Notdurft vermeiden, 'die Strahlen der Gottheit zu entweihen' (bell. 2,148), denn auch pythagoreisch war es verpönt, in Richtung Sonne zu urinieren[190], wie es überhaupt analog Josephus, bell. 2,149 von Pythagoras hieß, er sei niemals dabei angetroffen worden, daß er seine Notdurft verrichtete[191]. Halten wir daher fest: Wir brauchen dem philologisch nächstliegenden Verständnis von εἰς αὐτόν bell. 2,128 nicht auszuweichen. Bei Essenern und Pythagoreern stand des Tages Beginn im Zeichen des Gebetes zur Sonne wie auch des gesammelten Schweigens (bell. 2,128 οὐδὲν φθέγγονται κτλ., Jamblich, v.P. 96 μὴ πρότερόν τινι συντυγχάνειν 'nicht vorher mit jemandem zusammentreffen'), aus dem heraus dann die Essener des Josephus zu einem gegliederten Tagesprogramm von Arbeit, Mahlgemeinschaft und Einkehr entlassen werden (§§ 129-132), gegliedert, als ob es pythagoreischer Symmetrie von Arbeit, Speisung und Ruhe (Jamblich, v.P. 163) entsprechen sollte[192]. So werden wir also auch in den übrigen Fällen pythagoreischen Anklang notieren dürfen, ohne daß dadurch die Essener im religionsgeschichtlichen Sinne unter pythagoreischem Einfluß hätten gestanden haben müssen[193].

Enthaltung von Salböl scheint mir für Pythagoreer nicht charakteristisch gewesen zu sein[194], wohl aber waren Gütergemeinschaft und ge-

188) Plato, Symp. 220D, vgl. ferner M.P. Nilsson, Geschichte, II, 516f.
189) E. Zeller, Philosophie, III,2, 171, Anm. 2 nach dem Hinweis auf Philostrat, Apoll.
    II, 38; VI, 10,1. 32,1; VII, 31,1; VIII, 13,3: 'Es verdient Beachtung ..., dass auch in
    Apollonius' Leben des Pythagoras (b. Jambl. v.P. 256) die Anbetung der aufgehenden Sonne zu den unverbrüchlichen Geboten der pythagoreischen Lebensordnung
    gerechnet wird. Als pythagoreische Vorschrift führt auch M. Aurel. XI,27 an: ἕωθεν
    εἰς τὸν οὐρανὸν ἀφορᾷν' (bei Tagesanbruch zum Himmel aufsehen). Vgl. auch A.
    Dupont-Sommer, in: Qumran, 217.
190) Diogenes, VIII, 17; Jamblich, Protrept. 106,18.
191) Diogenes, VIII, 19.
192) Das Ideal der Dreiteilung des Tages (ein Drittel für die Thora, ein Drittel fürs Gebet,
    ein Drittel für die Arbeit) seitens 'der heiligen Gemeinde', s. R. Meyer, Geschichte,
    18; Bill. II, 692, ist demgegenüber nur in entfernter Weise analog.
193) Einen analogen Fall bietet die Sichtweise jüdischer Religion seitens Theophrasts: Beseitigung der Brandopfer ἵνα τοῦ δεινοῦ μηδ' ὁ πανόπτης γένοιτο θεατής (damit
    der Allsehende das Schreckliche nicht sehen müsse) und nächtliche Sternbetrachtung
    βλέποντες εἰς αὐτὰ καὶ διὰ τῶν εὐχῶν θεοκλυτοῦντες (zu ihnen aufschauend und
    durch Gebete die Götter anflehend), s. M. Stern, GLAJJ I, 10 (Nr. 4).
194) Vgl. dazu E. Zeller, Philosophie, III,2, 323f., Anm. 4. Stellen wie Jamblich, v.P. 97;
    Philostrat, Apoll. I, 16 widerraten, E. Zellers Überlegungen zu folgen. Eine echte

meinsames Leben (bell. 2,122), wie schon erwähnt, auch Merkmale der pythagoreischen Lebensweise[195], wobei die beiderseitige Orientierung der Gütergemeinschaft am Gedanken der Brüderlichkeit (ὥσπερ ἀδελφοῖς bell. 2,122 bzw. ὡς πρὸς ἀδελφούς Diodor 10, 3,5) besonders hervorsticht. Auffällig zumal erscheint das charakteristische λευχειμο-νεῖν (bell. 2,123; Philo, contempl 66)[196]. Wenn die Essener das Refektorium betreten, als wäre es ein Heiligtum, tragen sie dabei heilige Gewänder[197], wie das auch von den Pythagoreern gesagt wird[198]. Und beiden werden, wie E. Zeller mit Hinweis auf Diogenes VIII,33[199] zu Recht bemerkte, 'zum Zweck der religiösen Reinigung Waschungen und Bäder vorgeschrieben'[200]. Tischgebet und Dank an die spendende Gottheit verbindet die Frömmigkeit beider[201]. So ist auch die Bedeutung der Stille und des meditativen Schweigens beiderseits gesichert[202], Nüchternheit und Vermeiden von Übersättigung nicht minder[203]. Wie zu den Essenern des Josephus (bell. 2,134.150) gehörte zum religiösen Verein des Pythagorasideals, so E. Zeller, 'eine strenge Unterordnung unter die Auktorität ihres Vorstehers, eine Gliederung in mehrere, scharf geschiedene Klassen'[204]. Daß dies nach Josephus, bell. 2,150 gerade vier sind, wobei

Sachparallele findet sich bei Chairemon, s. Porphyrios, abst. IV, 6 betr. der ägyptischen Priester: ἐλαίου δ' ἀπείχοντο <οἳ> μὲν ὡς τὸ πολύ, οἱ πλεῖστοι δὲ καὶ παντελῶς (sie enthielten sich vom Öl, möglichst oft die einen, die meisten aber überhaupt ganz).

195) Diogenes, VIII, 10; Jamblich, v.P. 29f. 72.81.257; Porphyrios, v.P. 20.
196) Diogenes, VIII, 19.33; Jamblich, v.P. 100.149; Philostrat, Apoll. I, 8. 32,2; VI, 11,5; VIII, 7,17; s. dazu E. Zeller, Philosophie, III,2, 163, Anm. 3.
197) Josephus, bell. 2,129.131; Philo, contempl 32.
198) Jamblich, v.P. 153: λέγει δὲ καὶ εἰς ἱερὸν εἰσιέναι δεῖν καθαρὸν ἱμάτιον ἔχοντα (er gebietet aber auch, man dürfe ein Heiligtum nur in reinem Gewande betreten), Diodor, X, 9,6: πρὸς τοὺς θεοὺς προσιέναι τοὺς θύοντας ... λαμπρὰς καὶ καθαρὰς ἔχοντας ἐσθῆτας, ὁμοίως δὲ μὴ μόνον τὸ σῶμα καθαρὸν παρεχομένους πάσης ἀδίκου πράξεως, ἀλλὰ καὶ τὴν ψυχὴν ἁγνεύουσαν (daß sich die Opfernden den Göttern nahen ... in hellen und reinen Gewändern, desgleichen aber nicht nur den Körper rein halten von jeder unrechten Handlung, sondern auch die Seele).
199) τὴν δὲ ἁγνείαν εἶναι διὰ καθαρμῶν καὶ λουτρῶν καὶ περιρραντηρίων (Die Reinheit werde vermittelt durch Sühneriten, Waschungen und Besprengungen), vgl. auch Jamblich, v.P. 153. Zum λουτρόν vor dem Gemeinschaftsmahl s. Jamblich, v.P. 98.
200) Philosophie, III,2, 367.
201) Josephus, bell. 2,131; Philo, contempl 66; Jamblich, v.P. 149.155.
202) Josephus, bell. 2,130.132f.; Philo, contempl 31. – Jamblich, v.P. 68.96.163.188; Philostrat, Apoll. I,14f.; VI, 11.
203) Josephus, bell. 2,133, Philo, contempl 37. – Diogenes, VIII, 9, vgl. Philostrat, Apoll. VI, 11.
204) Philosophie, III,2, 164.

sich jüngere und ältere Mitgliedschaft in der Weise unterschiedlicher Reinheit darstellt, läßt an die vier 'ursprünglichen Unterscheidungen, die auf die alten Pythagoreer zurückgehen könnten', denken, nämlich '(1) *Esoterikoi* und *Exoterikoi*, (2) *Mathematikoi* und *Akusmatikoi*'[205]. Die Kautel, 'den Verwandten etwas zuzuwenden' (bell. 2,134), erinnert an Jamblich, v.P. 256: 'Vor allem erboste es die Verwandten der Pythagoreer, daß sie sich nur untereinander die Hand reichten, sonst aber keinem Angehörigen außer den Eltern, und weiter, daß sie untereinander Gütergemeinschaft hatten, die Verwandten aber nicht beteiligten'[206]. Rechter Umgang mit Zorn und jeder Form von Aufwallung (bell. 2,135) gehörte gleichermaßen zu den Geboten pythagoreischer Lebensweise[207]. Die Ausdrücke τὰ τῶν παλαιῶν συντάγματα (bell. 2,136 v.l. συγγράμματα) bzw. συγγράμματα παλαιῶν ἀνδρῶν (Philo, contempl 29) gleichen τά τε τῶν πρεσβυτέρων συγγράμματα der Pythagoreer[208], die sich ähnlich den Essenern auch um Heilkunde bemühten und neben meditativer Musik auch Homer- und Hesiodworte benützten, 'die so ausgewählt waren' (vgl. bell. 2,136), 'daß sie die Seele zurechtbrachten'[209].

Der gesamte Abschnitt bell. 2,137-144, also von der Aufnahmebewerbung bis zum Ausschlußverfahren, ähnelt in mancherlei Beziehung dem Passus Jamblich, v.P. 71-74, der von der Prüfung der Bewerber bis zur Behandlung der Ausgeschlossenen reicht. Dabei gliedert sich beiderseits die Beschreibung des Aufnahmevorgangs in drei Schritte: 1. Vorbemerkung zur Prüfung der Postulanten, d.h., die Aufnahme erfolgt οὐκ εὐθύς (bell. 2,137; v.P. 71); 2. Erprobung der Beständigkeit (ἡ τῆς καρτερίας ἐπίδειξις bell. 2,138; δοκιμάζων πῶς ἔχει βεβαιότητος v.P. 72); 3. eine *zweite* Stufe der Charakterprobe (τὸ ἦθος δοκιμάζεται bell. 2,138; ἀποπειρώμενος πῶς ἐγκρατείας ἔχουσιν[210] – διδόντες βάσανον τῶν οἰκείων ἠθῶν [erprobend, wie es um ihre Selbstbeherrschung stehe – eine Probe ablegend des ihnen eigenen Charakters] v.P. 72). Hatte sich so jemand würdig erwiesen (καὶ φανεὶς ἄξιος bell. 2,138; εἰ μὲν ἄξιοι ἐφαίνοντο v.P. 72), wurde er schließlich aufgenommen (εἰς τὸν ὅμιλον[211] ἐγκρίνεται bell. 2,138; ἐσωτερικοὶ[212] ... ἐγίνοντο v.P. 72).

205) B.L. van der Waerden, Pythagoreer, 65.
206) Übersetzung: M. von Albrecht, Jamblichos, 249.
207) Diogenes, VIII, 20.23; Jamblich, v.P. 101.196-198.224f. 231; Diodor, X, 7,4.
208) Jamblich, v.P. 253.
209) Jamblich, v.P. 164 (Übersetzung: M. von Albrecht).
210) Vgl. dazu bell. 2,138 πεῖραν ἐγκρατείας (die Probe der Selbstbeherrschung).
211) Vgl. Jamblich, v.P. 71 εἰς τὴν παιδείαν τῶν ὁμιλητῶν (zur Erziehung der Schüler).
212) Vgl. dazu bell. 2,137 ἔξω μένοντι.

Was der Adept bei der Initiation empfing, war von der Art, daß es durch bindenden Eid[213] und 'ungewöhnlich strenges Schweigen'[214] den Charakter eines unverbrüchlichen Ordensgeheimnisses[215] annahm. Wahrscheinlich war der Passus bell. 2,139ff. vormals viel stärker noch dem Stil eines Mysterieneids[216] nachempfunden, bevor ihn Josephus mit dem Stück aus der hellenistisch-jüdischen Essäer-Quelle zusammenkomponierte, das bei Philo unter dem Stichwort der 'dreifachen Regel'[217] erscheint. Die Spur des redaktionellen Eingriffs zeigt sich in dem völlig singulären πρὸς τούτοις ὄμνυσιν bell. 2,142[218] und in der sinnverändernden Zusammenordnung von bell. 2,141 und 142, wodurch der Eindruck entsteht, als sei zweimal, und zwar direkt hintereinander von den gleichen Sachverhalten die Rede[219]: a) vom Lieben der Wahrheit und von der Zuverlässigkeit in der Weitergabe der essenischen Satzungen, b) von Diebstahl und Raub, c) von Arkandisziplin.

Wir werden wohl annehmen dürfen, daß der offensichtlich redigierte § 142 eher am Anfang der ganzen Reihe eidlicher Verpflichtungen stand und wie diese nach Form und Inhalt einem Mysterieneid nachgebildet war. Vergleichen läßt sich ein Passus aus dem berühmten Mysterieneid, der in einem Papyrus des 1. und in einem solchen des 3. Jh. n.Chr. vorliegt. Der Wortlaut des offenbar agendarischen Eids beginnt mit breit ausladender Anrufung einer namentlich nicht genannten Schöpfergottheit [ὀμν]ύω κατὰ τοῦ διχάσαντος κτλ. und führt dann mit ἐπόμνυμαι δέ in gewählt chiastischer Anordnung den Inhalt des Eides selbst an:

213) Josephus, bell. 2,139; Jamblich, v.P. 162. Zum Eid der Pythagoreer vgl. B.L. van der Waerden, Pythagoreer, 103f.
214) Josephus, bell. 2,141f.; Diogenes, VIII, 7.15, Porphyrios, v.P. 19, s. dazu B.L. van der Waerden, Pythagoreer, 23.
215) Formulierung nach E. Zeller, Philosophie, III,2, 164.
216) Vgl. dazu M.P. Nilsson, Geschichte, II, 695 mit Hinweis auf R. Reitzenstein, Mysterienreligionen, 192ff.; W. Speyer, Frühes Christentum, 486. Auch die Gnostiker haben das Genus Mysterieneid benützt, vgl. im Buch Baruch des Gnostikers Justin, Hippolyt, Refutatio V, 27,2: ὀμνύω τὸν ἐπάνω πάντων ... τηρῆσαι τὰ μυστήρια ταῦτα καὶ ἐξειπεῖν μηδενὶ κτλ. (Ich schwöre bei dem, der über allem ist ..., diese Geheimnisse zu bewahren und niemandem auszuplaudern ...) S. dazu auch A. Henrichs, Phoinikika, 41f.
217) S.o. S. 36f.
218) Bell. 2,139-141 reiht einen Schwur nach dem anderen auf, nach der Zählweise, die Porphyrios, abst IV, 13 durchführt, insgesamt acht. Einzig § 142 weist eine spezielle Einleitung auf.
219) Vgl. T.S. Beall, Description, 85 z.St.: 'The next oath given by Josephus is similar to the last.'

ἐπόμνυμαι δὲ
καὶ οὓς π[ροσκυνῶ θ]εοὺς συντηρήσειν
καὶ φυλά[ξειν τὰ παραδ]εδομένα μοι μυστή[ρια][220].
Ich schwöre aber,
daß ich die Götter sowohl, die ich (jetzt) verehre, bei mir behalten
als auch die Geheimnisse, die mir anvertraut wurden, hüten werde.

220) Zum Text s. R. Merkelbach, ZPE 1, 72f.; M. Totti, Texte, 19f.; M.P. Nilsson, Geschichte, II, 695f. mit Anm. 4 auf S. 695; A. Henrichs, Phoinikika, 40f. A. Henrichs, 40, 42, deutet, wie ich erst nachträglich feststelle, den Eid der Essener nach Josephus ebenso als Beispiel eines Mysterieneids. Die Fortsetzung des Textes ist leider
zu fragmentarisch, als daß weitergehende Schlüsse gezogen werden könnten. So muß
auch offenbleiben, ob die syntaktische Deutung, die ich gegeben habe, genügend gesichert ist oder ob mit R. Merkelbach, ZPE 1, 55, Anm. 3; W. Burkert, Mysterien,
52 u.a. zu übersetzen wäre: 'Ich schwöre aber auch bei den Göttern, die ich verehre,
...' Mir scheinen jedoch drei Gründe der letztgenannten Deutung zu widerraten: 1.
Da die Anrufung des Schöpfergottes mit κατά konstruiert ist, wäre der Wechsel auf
die eher klassische Akkusativ-Konstruktion sehr auffällig. 2. Die Anrufung der bisher schon verehrten Götter sollte eher erwarten lassen: '..., die ich immer schon verehrt habe.' 3. Die Vorschaltung des Relativsatzes macht evident, daß eine chiastische
Anordnung intendiert ist.
Zur Übergabe eines speziellen Wissens über die Götter und zur Rolle von Büchern in
Mysterien vgl. W. Burkert, Mysterien, 59f. Auch Philos Sprachgebrauch läßt noch,
wie Ch. Riedweg, Mysterienterminologie, 81-85 aufgedeckt hat, entsprechende mysterienrituelle Elemente aus der Aufforderung des Hierokeryx zur ἐχεμυθία erkennen:
Cher 48 ταῦτα, ὦ μύσται ..., ὡς ἱερὰ ὄντως μυστήρια ... παραδέχεσθε
καὶ μηδενὶ τῶν ἀμυήτων ἐκλαλήσητε,
ταμιευσάμενοι δὲ παρ' ἑαυτοῖς φυλάττετε θησαυρόν
Dies, ihr Eingeweihten ..., nehmt als wahrhaft heilige Geheimnisse... auf
und plaudert sie keinem der Uneingeweihten aus,
hütet sie aber, indem ihr sie bei euch selbst verwahrt, als einen Schatz.
sacr 60 καὶ τῶν τελείων μύστις γενομένη τελετῶν
μηδενὶ προχείρως ἐκλαλῇ τὰ μυστήρια,
ταμιευομένη δὲ αὐτὰ καὶ ἐχεμυθοῦσα ἐν ἀπορρήτῳ φυλάττῃ
...
ὅτι κεκρύφθαι δεῖ τὸν ἱερὸν περὶ τοῦ ἀγενήτου
καὶ τῶν δυνάμεων αὐτοῦ μύστην λόγον,
ἐπεὶ θείων παρακαταθήκη ὀργίων οὐ παντός ἐστι φυλάξαι.
daß sie (sc. die Seele), Eingeweihte der vollkommenen Weihen geworden,
niemandem leichtfertig die Geheimnisse ausplaudere,
sondern sie verwahre und in absolutes Schweigen hülle.
...
weswegen man die heilige Mysterienlehre über den Ungewordenen
und über seine Kräfte verborgen halten muß,
da das anvertraute Gut der göttlichen Mysterien zu hüten nicht jedermanns
Sache ist.
Nach Apuleius, Apologie 55,4 sind die bei der Initiation empfangenen res divinae
vor Uneingeweihten verborgen zu halten: eorum (sc. sacrorum initia) quaedam signa

Das θεοὺς συντηρήσειν führt schon sehr dicht an συντηρήσειν τὰ τῶν ἀγγέλων ὀνόματα bell. 2,142 heran. Des weiteren bietet sich an, zwei Texte, nach Chronologie und Aussagegehalt zwar nicht unmittelbar vergleichbar, der Sache nach aber aus dem gleichen Mysterien-Sprachschatz geschöpft, heranzuziehen, nämlich Arnobius I 43,1, wo von dem Vorwurf die Rede ist, Jesus sei ein Magier gewesen: Aegyptiorum ex adytis

angelorum potentium *nomina*
et *remotas furatus est disciplinas*[221],

und die Schlußzeilen des sogenannten Naassener-Psalms, Hippolyt, Refutatio V 10,2 (p. 103,20-104,3):

μυστήρια πάντα δ' ἀνοίξω,
μορφὰς δὲ θεῶν ἐπιδείξω·
[καὶ] τὰ κεκρυμμένα τῆς ἁγίας ὁδοῦ ... παραδώσω
die Geheimnisse alle will ich lüften,
die Gestalten der Götter zur Schau stellen
und das Verborgene des heiligen Wegs ... preisgeben.

Dementsprechend dann also Josephus, bell. 2,142:

ὄμνυσιν
μηδενὶ μὲν μεταδοῦναι τῶν δογμάτων ...
ἀφέξεσθαι δὲ λῃστείας
καὶ συντηρήσειν ὁμοίως τά τε τῆς αἱρέσεως αὐτῶν βιβλία
καὶ τὰ τῶν ἀγγέλων ὀνόματα
er schwört,
er werde niemandem die Satzungen ... weitergeben,
sich von (Mysterien-) Raub enthalten
und für sich behalten wie die Bücher ihrer Gemeinschaft
so die Namen der Engel.

---

et monumenta tradita mihi a sacerdotibus sedulo conservo. ... quid domi conditum celetis et absque omnibus profanis tacite veneremini. (Deren Symbole und Erkennungszeichen, mir von den Priestern übergeben, bewahre ich sorgfältig ... was ihr zu Hause verborgen haltet und unter Ausschluß aller Nichteingeweihten heimlich verehrt.)
Was Pythagoras angeht, der 'den Logos über die Götter' bei der Mysterienweihe im thrakischen Libethra empfing, s. Jamblich, v.P. 146; zum Hieros logos s. H. Thesleff, Texts, 158-168.

221) Arnobe, Contre les gentils, I, ed. H. Le Bonniec, 168f.: '... il a dérobé aux sanctuaires des Égyptiens les noms des anges puissants et certaines doctrines ésotériques.' Vermutlich eröffnet der angezeigte Zusammenhang auch ein besseres Verständnis von ἁρπαγμός in Phil 2,6, wie ich an anderer Stelle noch zu zeigen gedenke.

Und plötzlich fällt es einem wie Schuppen von den Augen, welchen Sinn
eigentlich die Worte von bell. 2,142 einmal gehabt haben müssen: Die
δόγματα (bell. 2,142; Jamblich, v.P. 72; 226) nicht anders weiterzuge-
ben (bell. 2,142 μεταδοῦναι; Jamblich, v.P. 226 μεταπαραδιδόντες),
als man sie selbst empfing (bell. 2,142 μετέλαβεν; Jamblich, v.P. 72 με-
τασχεῖν), bezieht sich wohl auf deren Behandlung als göttliche Mysterien (vgl. Jamblich, v.P. 226 μυστήρια θεῶν), die nur dem Eingeweihten mündlich weitergegeben werden dürfen[222]. Der zweite Teil des Passus entfaltet zuerst negativ (ἀφέξεσθαι δὲ λῃστείας), dann positiv (καὶ
συντηρήσειν κτλ.) die Verpflichtung zum angemessenen Umgang mit
'den Büchern ihrer Gemeinschaft' (vgl. remotas disciplinas) und 'den
Namen der Engel' (vgl. angelorum nomina). Was zuvor wie ein Stil-
bruch aussah – das plötzliche ἀφέξεσθαι δὲ λῃστείας –, entpuppt sich
als stilechtes Element mysterieneidlicher Arkandisziplin. Und so gehört
auch die Martyriumsbereitschaft zu den Verpflichtungen dessen, der
sich der Regel der jeweiligen Gemeinschaft unterworfen hat[223]. Auch
scheinen des weiteren einige der essenischen Eidesverpflichtungen bewußt im Anklang an pythagoreische formuliert zu sein: zu μήτε κατὰ
γνώμην βλάψειν τινὰ μήτε ἐξ ἐπιτάγματος (weder aufgrund eigener
Entscheidung jemandem zu schaden noch auf Befehl) (bell. 2,139) vergleiche man ... μήτε βλάπτειν μήτε φθείρειν (weder Schaden zuzufügen
noch zu vernichten) (Jamblich, v.P. 99), zu μισήσειν δ' ἀεὶ τοὺς
ἀδίκους καὶ συναγωνιεῖσθαι τοῖς δικαίοις (stets die Ungerechten zu
hassen und den Gerechten zu helfen) (bell. 2,139) νόμῳ βοηθεῖν ἀεὶ καὶ
ἀνομίᾳ πολεμεῖν[224] (stets dem Gesetz zu helfen und gegen Ungerechtigkeit anzukämpfen). Verpönt war beiderseits κέρδος[225], desgleichen das
βλασφημεῖν des 'Stifters'[226]. Vergleichbar sind auch die beiderseits geforderte Haltung gegenüber den 'Älteren' (bell. 2,146; Diogenes, VIII,
22, Jamblich, v.P. 37) und die Rolle der Zehnzahl beim Zusammensit-
zen (bell. 2,146; Jamblich, v.P. 98). Sicher finden sich in der griechischen Literatur der Antike zahlreiche Belege für 'Langlebigkeit' (bell.

---

222) Vgl. PGrM XII 93f.: τὴν τοῦ μεγίστου ὀν<όματός> σου γνῶσιν, ἣν καὶ τηρήσω
ἀγνῶς μηδενὶ μεταδιδούς, εἰ μὴ τοῖς σοῖς συνμύσταις εἰς τὰς σὰς ἱερὰς τελετάς
(... die Kenntnis deines sehr großen Namens, die ich auch lauter bewahren und niemandem weitergeben werde, er sei denn einer, der in deine heiligen Weihen mit dir
eingeweiht wurde).
223) Bell. 2,141; Jamblich, v.P. 223: '... lieber sterben als eine seiner Bestimmungen über-
treten.'
224) Jamblich, v.P. 223, vgl. 100 und Diogenes, VIII, 23.
225) Josephus, bell. 2,141 (vgl. auch Philo, contempl 66); Jamblich, v.P. 198.
226) Josephus, bell. 2,145; Jamblich, v.P. 178; vgl. auch Hermipp, s. Josephus, c.Ap. I,
164.

2,151)[227], sie wurde aber auch den Pythagoreern nachgesagt[228] gleichwie genügsame Lebensführung[229] und Härte im Ertragen von Schmerzen[230].

Wie sich schon eingangs 3.4.1 zeigte, dürfte die pythagoraisierende Quelle vom ἀθανατίζειν der Essener gehandelt haben. So könnte es durchaus sein, daß Elemente aus bell. 2,154-158, soweit die Ausführungen nicht der Drei-Schulen-Quelle und einem Gehilfen des Josephus zuzuweisen waren[231], der pythagoraisierenden Essener-Quelle zugesprochen werden können. Die Nähe der in bell. 2,154 ausgesprochenen Überzeugung, die Seele sei unsterblich, weil sie ein Ausfluß des unvergänglichen Äthers sei, zu Diogenes, VIII,28[232] spricht dafür, zumal sich damit auch beiderseits die Vorstellung von der Fesselung in den Körper und der Erlösung daraus (ἀπαλλάττεσθαι) verbindet[233]. Vor allem auch, daß mit dem Gedanken an Lohn und Strafe (bell. 2,157, ant. 18,18) beiderseits die Vorstellung von der abschreckenden Wirkung hinsichtlich des Unrechttuns auftaucht[234], scheint für Zuweisung zur pythagoraisierenden Quelle zu sprechen. Was schließlich Josephus, bell. 2,160f. angeht, ist darauf hinzuweisen, daß auch die Pythagoreer die enkratitische Forderung erhoben, 'dass die Beiwohnung nicht der Lust, sondern ausschliesslich der Fortpflanzung des Geschlechts dienen dürfe'[235].

Zusammenfassend läßt sich begründet vertreten, daß aus ant. 18,18-22 die Ausführungen über den Gottesdienst (§ 19a) und über die Vergleichbarkeit der Essener mit den thrakischen Asketen (§ 22b) zur pythagoraisierenden Quelle gehörten. Ja, jene Schlußbemerkung § 22 wird überhaupt den Schlußsatz der Quelle gebildet haben. Wegen der besonderen Nähe der Verwalternotizen Philo, apol 10 und Josephus, bell. 2,123 zu-

---

227) E. Rohde, Roman, 218, Anm. 5.
228) Jamblich, v.P. 266 τοῖς δ᾽ ἄλλοις ἔθος εἶναι γηραιοῖς σφόδρα γενομένοις (die übrigen ... gewöhnlich sehr alt geworden ...)
229) Josephus, bell. 2,151; Diogenes, VIII, 13, Jamblich, v.P. 13.68ff.106ff.
230) Josephus, bell. 2,151; Jamblich, v.P. 198.225f.
231) S.o. S. 62-64.
232) Vgl. E. Zeller, Philosophie, III,2, 105, Anm. 3.
233) Josephus, bell. 2,154f.; Jamblich, v.P. 153.266, vgl. auch Philostrat, Apoll. VII, 26. Vgl. dazu auch D. Dieterich, Nekyia, 221: 'Gerade den Essenern wird ja auch eine durchaus griechisch-pythagoreisch-orphische Seelenlehre zugeschrieben.'
234) Josephus, bell. 2,157 κακίας ἀποτροπή (Abschreckung vor Bosheit); Jamblich, v.P. 179 εἰς τὸν φόβον τῆς ἀδικίας (zur Abschreckung vor Ungerechtigkeit).
235) E. Zeller, Philosophie, III,2, 162 mit Anm. 3.

einander wird auch die Bemerkung über die *priesterlichen* Verwalter ant. 18,22a aus der pythagoraisierenden Quelle stammen. Schließlich scheint die ἀθανατίζειν – Notiz ant. 18,18b aus jener Quelle entnommen zu sein, hatte aber ihren ursprünglichen Ort im Anschluß an die in bell. 2,151 durch ἀθανασία markierte Stelle, die sich alsdann in Ausführungen entsprechend bell. 2,154-155a.156b-158 fortsetzte. Mit dem Vergleich mit den thrakischen Asketen dürften die Beobachtungen zu Ehe und Kontinenz nahe verbunden gewesen sein. Das Stichwortpaar τὸ γάμος und ἡ διαδοχή bell. 2,121.160 zeigt noch die ursprüngliche Zusammengehörigkeit an. Bedenkt man nun eben die Stellung von ant. 18,22b und die von bell. 2,160f., wird es wahrscheinlich, daß der in Rede stehende Komplex seinen Ort gegen Ende der pythagoraisierenden Quelle hatte, während die Ehe-Notiz in der hellenistisch-jüdischen Essäer-Quelle eher in deren Eingangsteil zu finden war. Der Anfang der pythagoraisierenden Essener-Quelle hingegen scheint verlorengegangen zu sein. Vielleicht war er geographischer Art wie die Notizen bei Plinius, nat. hist. V, 73 und Philo, contempl 22.

Spätestens mit νόμος γὰρ κτλ. bell. 2,122 scheint im Essener-Referat des Bellum ein zusammenhängender Textauszug aus der pythagoraisierenden Quelle vorzuliegen, der dann bis § 123 λευχειμονεῖν τε διαπαντός reicht, wobei die anschließende Verwalternotiz wohl durch die in ant. 18,22 zu ersetzen ist. Von § 128 bis 135a dürfte der Text fortlaufend aus der genannten Quelle geschöpft sein. Wie mit § 128 ἰδίως beginnt mit § 136 ἐκτόπως wieder ein zusammenhängender Textauszug, der bis zur Nennung des Aufnahmeeids § 139a reicht. Der Wortlaut dieses Eids gehörte wohl nur insoweit zur pythagoraisierenden Quelle, als die Aussagen antithetisch formuliert sind, von § 141 an wieder fortlaufend, wobei die Quelle dann weiterläuft – mit kurzer Unterbrechung in § 147, die Sabbatobservanz betreffend – bis § 151 Ende. In § 147 dürfte sich also an die Penibilitätsbestimmung betr. Ausspuckens direkt diejenige über das ἀποπατεῖν angeschlossen haben[236]. Überschauen wir so den wahrscheinlichen Umfang der Quelle und den Tatbestand ihrer pythagoreischen Fiktion, stellt sich die Frage, ob und in welchem Ausmaß die Quelle über ihre eigene literarische Intention hinaus Aussagen von historischem Wert in unserem Sinne machte.

---

236) Vgl. auch W. Bauer, Essener, 47: Zur Toilettennotiz 'ist wohl auch die – nur durch die verdächtige (S. 24f.27) Notiz von der strengen Sabbatruhe der E. davon getrennte – Bemerkung zu nehmen, sie hätten das Ausspeien ... vermieden (147).'

3.4.2 Die pythagoraisierende Essener-Quelle und die Qumrantexte

Die Essener halten sich, so lehrt uns ant. 18,19, vom gemeinsamen jüdischen Heiligtum fern und begehen ihre Kulthandlungen für sich; der Grund für ihre Separation liegt in Fragen der kultischen Reinheit, wovon sie dezidierte Auffassungen haben. Soweit stimmt die Quelleninformation, wie schon G. Klinzing in seiner grundlegenden Untersuchung feststellen konnte, 'mit den Aussagen der Qumrantexte sachlich überein'[237], ja sie wird jetzt durch 4 QMMT C 7f. glänzend bestätigt: Die Sezession der Qumrangemeinde vom übrigen Volk erfolgte aufgrund kontroverser Halacha speziell in Fragen ritueller Reinheit[238]. Von welchen kultischen Reinheitsfragen im einzelnen, wenn überhaupt, die Quelle Kenntnis hatte, läßt sich freilich nicht mehr ermitteln: etwa daß *jede* Übertretung der Thora, ausgelegt im Sinne des Thoraverständnisses der Qumrangemeinde, in den Stand der Unreinheit versetzt (1 QS 5,11.14); von der priesterlichen Reinheit überhaupt[239], von der Bedeutung der Wasserriten im besonderen (1 QS 3,4f.9; 5,13; CD 10,10f.) oder ganz speziell von den Vorwürfen gegen Priester und Tempel von Jerusalem im Rahmen von 'Befleckung des Heiligtums' (CD 4,18; 5,6; 20,23; 1 Qp-Hab 12,8)[240]. Demgegenüber gehören die Rede vom Heiligtum der Essener, das sie mit Anathemen beschickten, wie denn auch deren Vergleich mit einem Verein von Tempelgründern ganz zum Kolorit der Quelle, die die Essener in das Bild eines pythagoreischen Ordens eintauchen wollte.

Was die Frage nach Qumranparallelen zu den doppelt referierten Themen, also Ehe, Gütergemeinschaft, Verwalter, Schriftforschung und Unsterblichkeit angeht[241], sei auf die entsprechenden Abschnitte unter 3.2.3 und 3.3.2 verwiesen. Sie werden im folgenden nur noch dem Text des Josephus entlang angesprochen, nicht mehr eigens begründet. So gab es wohl Gütergemeinschaft (bell. 2,122) in Qumran[242], wahrscheinlich geboren aus priesterlichem Streben nach ritueller Reinheit[243], wäh-

---

237) Umdeutung, 47 (dort bezogen auf Josephus als Autor).
238) Vgl. E. Qimron/J. Strugnell, Letter, 5. Vgl. demgegenüber Abot 2,4: 'Sondere dich nicht ab von der Gemeinde!' S. dazu R. Meyer, Geschichte, 133.
239) G. Klinzing, Umdeutung, 106-114.
240) G. Klinzing, Umdeutung, 11-15.
241) S.o. S. 80.
242) H.J. Klauck, RdQ 11, 57-68: 'Gütergemeinschaft in den Schriften von Qumran', speziell 66: 'Eigentliche Gütergemeinschaft gab es nur in Qumran.' H.G. Kippenberg, Klassenbildung, 161: 'Die Gütergemeinschaft der Qumran-Essener ist im Vergleich mit der Damaskus-Gemeinde etwas Neues.'
243) G. Klinzing, Umdeutung, 113.

rend der Hinweis ὥσπερ ἀδελφοῖς (bell. 2,122) eher dem pythagoraisierenden Einschlag der Quelle zuzuordnen ist[244]. Überraschenderweise hat die Notiz, die Essener betrachteten Öl als Unreinheit (bell. 2,123), durch CD 12,16 לנאולי שמן[245] (herrührend von [kultischer] Befleckung durch Öl) und dann vor allem durch 4 Q *513* 13,4 מגו[אלים בשמן]‏[246] ([kultisch] verunreinigt durch Öl) ihre Bestätigung gefunden. Die Begründung für diese eigenartige Reserve gegenüber Öl liegt wohl, wie Y. Yadin richtig gesehen hat[247], darin, daß die Qumrangemeinde, getrennt vom unreinen Tempel, das in der Tempelrolle geforderte (s. 11 Q Temple 22,12ff.) Ölopfer nicht vollziehen und somit an der rituellen Reinigung der Ölprodukte des Landes nicht teilhaben konnte. Für solche Zusammenhänge und Hintergründe fehlte natürlich der Quelle jegliches Vorverständnis. Merkwürdig gegenläufig zu Pred 9,8 folgt der Reserve gegenüber dem Öl das Allzeit-Tragen eines weißen Gewandes, das ja dem Eintrittswilligen gleich zu Anfang überreicht wird (§ 137). E. Schürer wird hierzu wohl zu Recht an die weiße Dienstkleidung der israelitischen Priester erinnert haben[248], in den Qumrantexten selbst fehlen bislang einschlägige Vorschriften. Dem 'Vorstand' (ἐπιμελητής §§ 123.129.134) entspricht in den Texten vom Toten Meer, wie oft schon festgestellt wurde[249], am ehesten der Mebaqqer; Detailkenntnisse liegen jedoch nicht vor, wie schon der plurale Gebrauch von ἐπιμελητής zeigt.

Natürlich können wir in Qumran keine Belege für Sonnenanbetung (§ 128) erwarten, gut bezeugt aber ist die Institution einer Gebetszeit bei

---

244) Diogenes, VIII, 10: κοινὰ τὰ φίλων (unter Freunden alles gemeinsam), Diodor, X, 3,5: ὡς πρὸς ἀδελφούς. Zum Gebrauch der Bezeichnung 'Bruder' in Mysterien vgl. W. Burkert, Mysterien, 48.

245) L. Rost, KlT 167, z.St.; A. Dupont-Sommer, Ecrits, 170 mit Anm. 5; (J. Carmignac,) E. Cothenet (et H. Lignée), Textes, 196f. mit Anm. 19; J.M. Baumgarten, Studies, 88-97; T.S. Beall, Description, 45f.

246) DJD VII (ed. M. Baillet), 292.

247) Tempelrolle, 110: 'Die Essener betrachteten Öl als unrein und abstoßend, weil sie das "Reinigungs"-Ritual des Erstlings-Festes einschließlich Ölopfer auf dem Altar des Tempels in Jerusalem in der Einöde von Qumran nicht befolgen konnten', s. auch Temple Scroll, I, 113f.,142,398f.,410.
Vermutlich wurde den Vorschriften der obligatorischen Erstlingsfrucht-Feste (Korn, Wein, Öl) 11 QTemple 18-22 und 43, Jub 7,1-6; 32,11-13 in unterschiedlicher Weise Genüge getan; anders als beim Öl jedenfalls hatte man für Brot und Wein, unabdingbar für die gemeinsamen Mahlzeiten 1 QS 6,2, im obligatorischen Priestersegen über der Priesterhebe eine Ersatzlösung gefunden: 1 QS 6,4f.; 1 QSa 2,18-20.

248) Geschichte, II, 673. Vgl. z.B. בגדי לבן = בגדי בוץ (linnene Kleider = weiße Kleider) Joma III 6c, VII 1a, 3a, 4a (vgl. meine Miszelle in ZNW 54, 271, Anm. 10).

249) Vgl. T.S. Beall, Description, 46f.; M. Weinfeld, Pattern, 20; E. Schürer, History, II, 566.

95

'Aufgang der Sonne'[250]. Dieselbe erscheint also in der Quelle des Josephus pythagoreisch stilisiert als ein Beten zur Sonne. Einblick in ein Tagesprogramm gewähren die Qumrantexte nicht, so daß zu bell. 2,128ff. die eigentliche Vergleichsbasis fehlt. Immerhin, die Rolle sowohl der rituellen Waschungen (§ 129) in Qumran[251] als auch der gemeinsamen Mahlzeiten (§§ 129ff.[252]) ist unbestritten, ja das Fragment 4 Q *514* 1, I,3-11 formuliert ausdrücklich Vorschriften ritueller Waschung für die Teilnahme an den Mahlzeiten[253]. Mit bell. 2,131 übereinstimmend betonen 1 QS 6,4f., 1 QSa 2,19 die Bedeutung des Priesters und seines Segensgebets für das gemeinsame Mahl[254]. Ohne eigens auf die gemeinsame Beratung (1 QS 6,3.8ff.) einzugehen, formuliert bell. 2,132 (τὰς δὲ λαλιὰς ἐν τάξει κτλ.) zutreffend einen Grundsatz jener Ratssitzungen der Vollmitglieder, wie ein Blick auf 1 QS 6,10f. und 7,9f. zeigt[255]. Bei ἡ τῶν ἔνδον σιωπή von bell. 2,133, der Stille also, die Außenstehenden wie ein mysterium tremendum erschien, dürfen wir vielleicht an eine Entsprechung des gemeindlichen Gottesdienstes zum himmlischen Kult denken, weil in den Liedern über diese himmlische Liturgie 'öfter von einer geheimnisvollen leisen Stille (vgl. 1 Kön 19:12) im Himmel die Rede ist'[256]. Eine gewisse Nähe zu CD 13,15f. (keine Geschäftsbeziehung ohne Kenntnisnahme des Lageraufsehers) läßt bell. 2,134a erkennen[257], ebenso § 135a zu den Zornkauteln 1QS 5,25; 6,25; CD 9,1-8[258]. Das besondere Bemühen um die Schriften der Alten (bell. 2,136) bringt man

---

250) מוצא אור (Aufgang des Lichts) 1 QH 12,5; לפנות בוקר (gegen Morgen) 12,6; ברשית ממשלת אור (zu Beginn der Herrschaft des Lichts) 1 QS 10,1; בצאת השמש (bei Sonnenaufgang) 4 Q *503* f 1,1; 4,1; 10,1 u.ö.; vgl. auch J.M. Baumgarten, RdQ 12, 403; M. Weinfeld, RdQ 13, 490-494.

251) 1 QS 3,8f.; 5,13; 6,16f.22.25; 7,3.16; CD 11,21f. Vgl. G. Klinzing, Umdeutung, 109-111; E. Schürer, History, II, 569, Anm. 44; 582.

252) 1 QS 6,2.4f.; 1 QSa 2,17-21. Vgl. E. Schürer, History, II, 567, Anm. 30; 579; G. Vermes, Scrolls, 94: 'That the common table was of high importance ...'

253) Siehe M. Baillet, DJD VII, 296f.; vgl. auch A.S. van der Woude, ThR 55, 262; F. García Martínez, Henoch 11, 210.

254) Y.M. Grintz, in: A. Schalit, Zur Josephus-Forschung, 303.

255) Y.M. Grintz, in: A. Schalit, Zur Josephus-Forschung, 304.

256) A.S. van der Woude, ThR 55, 249. Die Bezugstellen sind nach C. Newsom, Songs, 141: 4 Q *401* 16,2; *405* 18,3; *405* 18,5; *405* 19,7; *405* 22,7.8.12.13.
Auch D.C. Allison, RdQ 13, 194 erwägt, wie ich nachträglich sehe, den von mir angesprochenen Zusammenhang: 'Beyond this testimony of Josephus, it stands to reason that, given the presumed correlations between the worship of angels and the liturgical services at Qumran, the heavenly silence of the Sabbath songs must have had its earthly counterpart in the Sabbath stillness of the sectarians.'

257) Y.M. Grintz, in: A. Schalit, Zur Josephus-Forschung, 304.

258) Y.M. Grintz, in: A. Schalit, Zur Josephus-Forschung, 304f.; E. Schürer, History, II, 568, Anm. 37.

gerne mit der intensiven Schriftforschung in der Qumrangemeinde in Verbindung[259], wobei das Auswählen in Ausrichtung auf psychosomatische Gesundheit sicherlich ganz der pythagoreischen Fiktion zuzurechnen ist. Immerhin könnte sich die bell. 2,136 gleichfalls genannte Heilmittelforschung an die medizinischen Anweisungen des Jub 10,13; 21,10; TestLev (L 39; 57) zitierten Buches Noahs anschließen, das vielleicht in einem noch unveröffentlichten Fragment aus 4 Q erhalten ist[260].

In groben Zügen parallel sind die Ausführungen über das Aufnahmeverfahren von Beitrittswilligen bell. 2,137f., 1 QS 6,13-23[261]. Aber von der Einschränkung der Bewerber auf 'Israel' (1 QS 6,13), von der Rolle des Präses der Vollversammlung (6,14) beim Prüfungsverfahren und des Losentscheids im Plenum (6,16.18.22), von den Vorschriften hinsichtlich des Besitzes (6,17.19f.22)[262] weiß die Quelle des Josephus nichts. Umgekehrt belegen die Qumrantexte nicht die Ausstattung des Postulanten mit Hackbeil, Badeschurz und weißem Gewand[263]. Die *zweistufige* Erprobung des Novizen indessen und die Bedeutung der rituellen Reinheit im Zusammenhang des Aufnahmeverfahrens[264] stimmen in erstaunlicher Weise überein. Während der Novize jedoch nach 1 QS 6,18.21 seine Probejahre ausdrücklich 'inmitten' der Gemeinschaft verbringt, bleibt er nach bell. 2,137 ein Jahr lang ἔξω – wahrscheinlich im Anklang an die pythagoreische Unterscheidung von Exo- und Esoterikern. Geprüft wird in Qumran 'Wissen' bzw. 'Geist' und Thoragehorsam (1 QS 6,14.17.18), nach bell. 2,138 indes pythagoraisierend Enkra-

259) H. Braun, Radikalismus, I, 68, Anm. 9 mit Hinweis auf S. 16-24; Y.M. Grintz, in: A. Schalit, Zur Josephus-Forschung, 306; T.S. Beall, Description, 70-72.
260) Zum 'Buch Noahs' s. J.T. Milik, in: Qumrân, 95; K. Beyer, Texte, 225, Anm. 2; vgl. auch K. Berger, JSHRZ II,3, 381 zu Jub 10,13. - Mit Hinweis auf Jub 10,10-14 s. O. Betz, Offenbarung, 69; Y.M. Grintz, in: A. Schalit, Zur Josephus-Forschung, 306f.; S. Kottek, Clio Medica 18, 84.
I. Fröhlich, RdQ 13, 182 weist, wohl zu Recht, darauf hin, daß die Essener im Unterschied zur Aussage von Josephus, bell. 2,136 eher durch Handauflegung, auf dem Wege der Sündenvergebung oder durch Exorzismus heilten.
Den scheinbar medizinischen Text 4 Q Therapeia hat J. Naveh, IEJ 36, 52-55, als bloße Schreibübung entlarvt, vgl. A.S. van der Woude, ThR 55, 271f.; F. García Martínez, Henoch 11, 218.
261) Y.M. Grintz, in: A. Schalit, Zur Josephus-Forschung, 307f.; E. Schürer, History, II, 564f. mit Anm. 11 und 16; M. Weinfeld, Pattern, 43, 211; O. Michel-O. Bauernfeind, Josephus, I, 434f., Anm. 59.
262) Vgl. H.J. Klauck, RdQ 11, 60f.
263) So auch T.S. Beall, Description, 75.
264) G. Klinzing, Umdeutung, 110f., 115; H. Lichtenberger, Studien, 214ff.; A. Dupont-Sommer, in: Qumran, 263-267.

teia, Beständigkeit, Charakter. All dem gegenüber nimmt sich die Dreijährigkeit des Noviziats gegenüber der Zweijährigkeit nach 1 QS 6,21 nicht wie 'one of the main differences' aus[265], sondern eher wie eine Petitesse. Denn offenkundig weist die Ordnung über das Aufnahmeverfahren (1 QS 6,13-23) selbst Spuren des Wachstums auf, so daß der Zeitraum von nur zwei Jahren nicht ganz zwingend zu sein braucht. Das ursprüngliche Verfahren der Aufnahme in den Damaskus-Bund sah vor, daß der Postulant vom Mebaqqer geprüft und dann mit dem Bundesschwur zum Mitglied der Gemeinde der שבי פשע promoviert wurde (CD 13,11-13; 15,7-10). Dieser Vorgang, der zeitlich nicht festgelegt war, erscheint nun in 1 QS 6,13-15 dem präzise zweijährigen Noviziat vorgeschaltet, so daß das Gesamtverfahren auf jeden Fall mehr als zwei Jahre umfaßt haben dürfte[266], ein Tatbestand, der für die Quelle des Josephus wohl hinreichend begründet erscheinen ließ, von einer dreijährigen Probezeit zu sprechen.

Um eine Gesamtbeurteilung des historischen Informationswerts von bell. 2,137f. geben zu können, müssen wir wenigstens noch § 139a in die Betrachtung mit einbeziehen, d.h. die Verbindung von Zulassung zum Gemeinschaftsmahl und Eintrittseid[267]. Andererseits bedürfen zwei Formulierungen der qumranischen Aufnahmeordnung noch der klärenden Präzisierung: a) נגע במשקה הרבים 1 QS 6,16f., b) נגע בטהרת הרבים 6,20. Ausweislich 1 QS 5,13f. ('Er darf nicht das Wasser betreten, um so teilzuhaben an der Reinigung der Heiligen, denn man kann nicht gereinigt werden, wenn man nicht umkehrt...') beziehen sich Ausschluß von טהרת (ה)רבים 1 QS 6,25; 7,3.16 (vgl. auch 8,24; CD 9,21.23) und Teilnahme an טהרת הרבים sive אנשי הקודש 1 QS 7,19; 8,17 nicht auf das Gemeinschaftsmahl[268], sondern auch auf das Kultbad. משקה bedeutet analog משתה (z.B. Jes 5,12; Esth 9,22 u.ö.) jedenfalls der Sache nach 'Festmahl', das ja gemäß 1 QS 6,4f.; 1 QSa 2,17-21 die Elemente Brot, natürlich לאכול, und Wein, natürlich לשתות, umfaßte. Danach ergeben sich für Josephus, bell. 2,137-139a und 1 QS 6,13-23 folgende Abläufe:

---

265) E. Schürer, History, II, 564, Anm. 11 (unter Hinweis auf G.R. Driver, The Judaean Scrolls, 110ff.).
266) So auch G. Vermes, Scrolls, 95: 'According to the regime followed at Qumran, a person desiring to join the sect remained on probation, certainly for two years and possibly for three or more.'
267) Zum Eintrittseid s. E. Kutsch, ThLZ 81, 195-198; H. Lichtenberger, Studien, 116, 201.
268) Gegen T.S. Beall, Description, 56 mit Anm. 110 (auf S. 148), 74.

Josephus, bell. 2,137-139a	1 QS 6,13-23
'Wer sich um Aufnahme in ihre Schule bewirbt, erhält nicht sofort Zutritt, ...'	'Jeden aus Israel, der sich der Gemeinde des jachad anzuschließen wünscht, soll der Aufseher ... prüfen.'
	Prüfung des Postulanten *vor* dem 1. Noviziatsjahr durch den Präses der Vollmitglieder mit dem Ziel der Aufnahme in den Bund – gemäß älterem Formular (s. 1 QS 5,7ff.; CD 15,5ff.; 1 QH 14,17ff.) vollzogen mit dem Eintrittseid – und der Belehrung, sodann Befragung der Vollversammlung und Losentscheid über Zulassung oder Abweisung. Im Falle der Zulassung folgt
1 Jahr Enthaltsamkeitsprobe als Exoteriker, aber unter den Lebensbedingungen des Ordens, daher Ausstattung mit Hackbeil, Badeschurz und weißem Gewand.	1 Jahr 'Noviziat' innerhalb des jachad mit den Klauseln: noch keine Beteiligung am Kultbad und an der Gütergemeinschaft der Vollmitglieder.
Wer die Probe besteht, darf sich der essenischen Lebensweise weiter nähern und an dem Reinigung verschaffenden Wasser höheren Grades teilhaben[269], aber noch nicht an der vollen Lebensgemeinschaft.	Prüfung und Losentscheid der Vollmitglieder über Zulassung zum
2 Jahre Charakterprobe	2. Jahr des 'Noviziats' mit den Bestimmungen: zwar Gütergemeinschaft, aber in suspenso, noch keine Zulassung zum Festmahl der Vollmitglieder.
Wer sich würdig erweist, findet, vollzogen mit dem Eintrittseid, endgültige Aufnahme in den Orden, die sich ausdrückt in der Zulassung zum Gemeinschaftsmahl.	Prüfung und Losentscheid der Vollmitglieder über die Zulassung zur Vollmitgliedschaft.

Man sieht, die pythagoraisierende Essener-Quelle des Josephus hat tatsächlich Qumranverhältnisse gekannt. Immer wieder wurde daher in der

269) A. Dupont-Sommer, in: Qumran, 265.

Forschung der Eindruck formuliert, der Wortlaut des Josephustextes führe ganz dicht an den Originaltext heran: Schon das Incipit beider Textabschnitte hat große Ähnlichkeit[270]. O. Michel und O. Bauernfeind beobachteten: 'Der Terminus πρόσεισιν ἔγγιον entspricht dem hebräischen arab in 1 QS 6,16 und die Prüfung hinsichtlich des Charakters (τὸ ἦθος) der Befragung nach "Einsicht und Taten (in) der Thora", die durch die Vollversammlung vollzogen wird (1 QS 6,18)'[271]. Und C.-H. Hunzinger meinte zu den griechischen Formulierungen καθαρωτέρων τῶν πρὸς ἁγνείαν ὑδάτων μεταλαμβάνει (er hat am Reinigung stiftenden Wasser höherer Weihe teil) und τῆς κοινῆς ἅψασθαι τροφῆς (an der gemeinsamen Mahlzeit teilnehmen), sie 'lesen sich geradezu wie Übersetzungen der hebräischen Wendungen יגע בטהרת הרבים 1 QS 6,16f. und יגע במשקה הרבים 6,20'[272]. Andererseits sind die Unterschiede, Abweichungen und Eigenheiten so groß, daß es weder angezeigt erscheint, 'die Qumrantexte im Lichte der Essenerberichte des Josephus aufzuhellen'[273], noch umgekehrt das Essener-Referat des Josephus einfach von den Qumrantexten her zu interpretieren[274]. Es geht daher nicht an, den Josephustext bell. 2,137f. so auszulegen, als beziehe sich das Jahr der Enthaltsamkeitsprobe auf die unbestimmte Zeit der Prüfung des Postulanten durch den Präses der Vollmitglieder und die zwei Jahre Charakterprobe auf die zwei Jahre des Noviziats[275]. Man gewinnt ja dadurch ohnehin nur die scheinbare Übereinstimmung einer Zahl, um die tatsächliche Übereinstimmung in der Zweistufigkeit des Noviziats und in der Frage der Teilnahme am Kultbad der Vollmitglieder zunichte zu machen. Die Rede vom Reinigungswasser höheren Grades (bell. 2,138) hängt so auch damit zusammen, daß die Quelle des Josephus den Novizen im ersten Jahr auch schon als Lustrierenden versteht (daher der Badeschurz), nicht etwa damit, daß diese Quelle tatsächlich Kenntnis davon gehabt hätte, daß man in Qumran verschiedene Kategorien von Reinigungswasser gekannt habe[276]. Die Kenntnisse der pythagoraisierenden Quelle sind also zuweilen überraschend gut, manchmal schlicht falsch, häufig problematisch; dies zumal in den nun zu besprechenden inhaltlichen Angaben zum Eintrittseid. Man ist hin- und hergerissen zwischen

---

270) T.S. Beall, Description, 74.
271) Josephus, I, 434f., Anm. 59.
272) In: Qumran, 252.
273) A. Dupont-Sommer, in: Qumran, 265, Anm. 4 (auf S. 266).
274) T.S. Beall, Description, 6f.
275) So J. Maier/K. Schubert, Qumran-Essener, 43; T.S. Beall, Description, 74f.
276) Gegen J.M. Baumgarten, Studies, 95, Anm. 35.

den Eindrücken, hier werde zur Sache geredet bzw. hier werde an der Sache vorbeigeredet.

μήτε βλάψειν bell. 2,139 gehört wohl zur pythagoreischen Fiktion, wenngleich die Form μήτε – μήτε durchaus authentisch dem לבלתי - לבלתי aus dem 'Novizenpsalm'[277] 1 QH 14,8-22, dort Z. 17f. nachempfunden erscheint. μισήσειν δ' ἀεὶ τοὺς ἀδίκους κτλ. läßt leicht an Stellen denken, die vom Lieben und Hassen handeln (1 QS 1,9f.; 9,21f.), wenngleich wirkliche Übereinstimmung nicht erreicht wird. In gleicher Art fährt bell. 2,141 fort, dazu noch so, daß wir sogleich in Versuchung geführt werden, gegen die gerade aufgestellten methodischen Prinzipien zu verstoßen. Sollen wir in Fortsetzung von τὴν ἀλήθειαν ἀγαπᾶν ἀεί mit Porphyrios, abst IV, 13 lesen καὶ τοὺς ψευδομένους προβάλλεσθαι, übersetzend 'und die Lügner verabscheuen', so daß wir, unterstützt durch den Josephustext, mit A. Dupont-Sommer[278] und M. Delcor[279] 1 QH 14,25f. ergänzen könnten: [לאהוב אמ[ת וצדק] ולתעב כול דרך עולה (zu lieben Wahrheit und Gerechtigkeit und zu verabscheuen jeglichen Weg der Bosheit)? Oder sollen wir, weil ἐλέγχειν und להוכיח (1 QS 5,24-6,1; 9,17; CD 7,2; 9,3.7f.18) äquivalent sind, dem überlieferten Josephustext καὶ τοὺς ψευδομένους ἐλέγχειν προβάλλεσθαι folgen, was, die Übersetzung προβάλλεσθαι = 'sich vornehmen' selbstverständlich vorausgesetzt[280], den Passus in strikten Gegensatz zu 1 QS 9,16 לוא להוכיח stellen würde? Mir scheint die Porphyrios-Lesart noch immer die beste zu sein, denn sie paßt vorzüglich in den antithetischen Duktus der pythagoraisierenden Quelle. Man kann mit ihr die Ergänzung in 1 QH 14,25f. nicht *begründen*, erspart sich indessen die Friktion mit 1 QS 9,16.

'Die Hände vor Diebstahl und die Seele von unreinem Gewinn rein bewahren', dieser Passus erinnert einerseits an 1 QS 10,19; 1 QH 10,29f., auch 1 QS 9,15 ('Reinheit der Hände'), andererseits an 1 QH 14,19f., wieder eine Stelle aus dem 'Novizenpsalm'. Relativ leicht lassen sich den folgenden drei Zeilen:

a) 'Er werde weder den Ordensbrüdern etwas verheimlichen
b) noch Außenstehenden etwas verraten,

277) H.-W. Kuhn, Enderwartung, 131f.; P. von der Osten-Sacken, Belial, 173, Anm. 4; 214, Anm. 1.
278) Ecrits, 258.
279) Hymnes, 266.
280) F. García Martínez, JSJ 20, 86 hat bei der Kritik an T.S. Beall natürlich übersehen, daß προβάλλεσθαι auf jeden Fall zum Textbestand gehört und nicht alternativ zu ἐλέγχειν steht.

c) sollte man ihn auch gleich zu Tode foltern'
Passagen aus den liturgischen Texten des Bundesschlusses zuordnen. Zu a) die Verpflichtung 1 QS 8,11f., jede neue Thoraerkenntnis der Gemeinde mitzuteilen[281], zu b) die zahlreich belegten Formulierungen von Arkandisziplin (1 QS 4,6; 5,15f.; 9,16f.21f.; 10,24f.)[282], zu c) der Hinweis auf die endzeitlichen Läuterungsprüfungen in 1 QS 1,17f.[283]

Problematisch erscheint § 142. Im Unterschied zu § 141 fällt es schwer, für die *Spezifika* von § 142 auch nur halbwegs zutreffende Qumran-Parallelen nachzuweisen[284]: weder für die Art der Übermittlung der essenischen Satzungen noch für 'die Enthaltung von Raub' bzw. für sorgfältigen Umgang mit essenischen Büchern und den Namen der Engel. So ist, um dieses Beispiel herauszugreifen, Gemeinschaft mit den Engeln in den Qumrantexten eine Sache[285], spezielle Observanz in bezug auf die Namen der Engel eine andere. Insgesamt verdanken sich also die Formulierungen von § 142 eher dem Sprachschatz eines Mysterieneids und gehören somit ganz der literarischen Fiktion der Quelle an[286].

Gut mit den Qumrantexten vergleichbar ist dan wieder der einleitende Satz über den Ausschluß aus der Gemeinschaft § 143f.[287], während die folgenden psychologisierenden Erklärungen eher den Standpunkt eines Außenstehenden verraten und dementsprechend in den Gemeindetexten keine Parallele haben[288]. Mit abnehmender Treffsicherheit spricht schließlich § 145 die im Rahmen des Ausschlußverfahrens unumgänglich zu nennenden Rechtsentscheidungen[289] der Vollversammlung an. Ohne

---

281) H. Lichtenberger, Studien, 218.
282) Vgl. P. von der Osten-Sacken, Belial, 154, Anm. 9; H. Lichtenberger, Studien, 213f.
283) Vgl. G. Klinzing, Umdeutung, 104; H. Lichtenberger, Studien, 98.
284) Vgl. T.S. Beall, Description, 86: 'There is no specific prohibition against brigandage in Qumran literature, ...' Desgleichen 87: 'While no Qumran text specifically mentions the preservation of their books, ...'
285) H.-W. Kuhn, Enderwartung, 66-73; P. von der Osten-Sacken, Belial, 222-232.
286) E. Norden, Agnostos Theos, 133: 'Pythagoras' Name ist im ganzen Altertum mit den Mysterien eng verbunden gewesen.'
287) Vgl. die Ausschlußregelungen 1 QS 7,1f.16f.22-25; 8,21-9,2 (nach [A. Adam-] Ch. Burchard, Berichte, 30 z.St. = E. Schürer, History, II, 565, Anm. 18).
288) Vielleicht spiegelt sich in der Verpflichtung, von Fremden keine Nahrung anzunehmen § 143, immerhin eine Kenntnis des Sachverhalts von 1 QS 5,16 ('Und keiner soll etwas aus ihrem Besitz essen ...'); der Kontext freilich ist ein anderer.
289) Formal ähnlich: περὶ δὲ τὰς κρίσεις ..., καὶ δικάζουσι (bei richterlichen Entscheidungen ..., und sie fällen ein Urteil ...) bell. 2,145 – אלה המשפטים אשר ישפטו בם (und das sind die Rechtsbestimmungen, wonach sie verfahren sollen ...) 1 QS 6,24.

Zweifel werden die Disziplinar- und Ausschlußentscheidungen von 1 QS
6,24 – 9,2 von der Vollversammlung getroffen, denn במדרש יחד (in gemeinsamer Untersuchung) 1 QS 6,24 bezieht sich offensichtlich auf
לדרוש משפט (das Recht zu erforschen) 1 QS 6,8, und die Zahl 100 bei
Josephus entspricht wohl noch am ehesten eben dem Fachausdruck
'Vollversammlung'[290]. Hinter der Rede vom Lästern und der Todesstra-
fe am Ende von § 145 könnte eine *ungefähre* Kenntnis von CD 15,1-5
stehen[291]; man vergleiche die Motive: Verbot zu schwören bei Elohim
bzw. Adonai und gleicherweise beim Gesetz Moses, Entweihung des
(Gottes-) Namens und die Schlußformulierung ו̇לא י[מות].

Zum Gehorsam gegenüber den 'Älteren' und der 'Mehrheit' §146 ist zu
fragen, wie genaue Kenntnis der Gemeindeverhältnisse vorausgesetzt
werden darf. Bezieht sich 'Gehorsam gegenüber den Älteren' auf den
rangordnungsorientierten Gehorsam 'des Geringeren gegenüber dem
Höheren' (1 QS 5,23; 6,2), oder bedeuten die πρεσβύτεροι technisch
'Älteste' in der Vollversammlung (1QS 6,8)? Bezieht sich 'Mehrheit'
auf Beschlüsse der Vollversammlung[292], oder spiegelt sich in ὑπακούειν
τοῖς πλείοσιν (der Mehrheit gehorchen), durch Mißverständnis ver-
zerrt, על פי רוב אנשי יחד (auf Geheiß/ auf Beschluß der Mehrheit/ der
Vollzahl der Mitglieder der Gemeinschaft) 1 QS 5,2f. bzw. בריתם 1 QS
6,19[293]? Auch der Nennung der Zehnzahl läßt sich genauere Kenntnis
der Qumranverhältnisse[294] nicht entnehmen.

Überraschend gut informiert wirkt dann wieder die im gegebenen Zusammenhang begegnende Erwähnung des Spuckverbots (§ 147; 1 QS
7,13). Die Penibilitätsbestimmungen über Verrichtung der Notdurft und
anschließende Waschung § 148f. haben zwar keine direkte Entsprechung in den Qumrantexten, lassen sich aber zureichend begründen aus
der Vorstellung von der Reinheit des Lagers[295], wie die Rezeption von

---

290) Vgl. T.S. Beall, Description, 92 (in Anlehnung an J.T. Milik, Ten years, 101, Anm.
 2).
291) Y.M. Grintz, in: A. Schalit, Zur Josephus-Forschung, 312 (CD 15,2f.); T.S. Beall,
 Description, 94 (CD 15,1-3).
292) Vgl. Y.M. Grintz, in: A. Schalit, Zur Josephus-Forschung, 312; (A. Adam-) Ch.
 Burchard, Berichte, 30 z.St.
293) רוב sind Laien, während רבים Priester und Laien umfaßt, s. J. Maier, Texte, II, 22
 zu 5,2b.
294) 1 QS 6,3.6; Sa 2,22; CD 13,1f.
295) Analog bezogen auf Jerusalem als Heilige Stadt 11 QTemple 46, 13-16.

Dtn 23,11ff. in 1 QM 7,1-7 belegt[296]. An das ἀπολούεσθαι ... καθάπερ von § 149 fügt § 150 einen anderen Fall von ἀπολούεσθαι ... καθάπερ an: Die Berührung mit einem Rangniedrigeren mache eine Waschung notwendig, wie das bei Verunreinigung mit einem Fremden der Fall sei. Davon wissen die Qumrantexte jedoch nichts[297], auch nichts von den vier Klassen, zu denen man je nach Dauer der Teilnahme am gemeinsamen Leben gehören kann[298]. Hier wie im Folgenden über Langlebigkeit, Genügsamkeit usw. (§ 151) und schließlich Unsterblichkeit (§§ 154-155a) scheinen die Ausführungen ganz von der pythagoreischen Fiktion bestimmt zu sein.

3.4.3 Ergebnis

Die umfassendste Information über die Essener, die Josephus verarbeitet hat, bot ihm die pythagoraisierende Essener-Quelle. Sie vor allem prägt das Essener-Referat in bell. 2,119-161; ant. 18,18-22 und verleiht ihm das ihm eigene Gewicht und seinen spezifischen Charakter: erheblich im Umfang, erstaunlich in den Detailkenntnissen, pythagoraisierend im Zuschnitt zumal. Denn das ist deutlich geworden: Diese Quelle lebte von ihrer literarischen Absicht, die Essener als einen Zweig des Judentums darzustellen, der wie der thrakische Stamm der Geten wesentlich zum Entwurf der hochberühmten vita Pythagorica beigetragen hat. Was diese Quelle von den Essenern wahrnahm und mitteilte, ist somit durchtränkt vom perspektivischen Schein des Pythagorasideals. Genuin jüdisches Verständnis essenischer Lehre und Lebensordnung ist ihr völlig fremd. Das fundamental Priesterliche in Leben und Lehre der Qumrangemeinde erscheint nur noch verfremdet im Vergleich der Essener mit einem Verein von Tempelgründern, verbunden mit der historisch irreführenden Notiz, die Essener hätten ein eigenes Heiligtum gegründet und mit Anathemen ausgestattet. Die zentrale Bedeutung des Gebets und der Gebetszeiten in Qumran reflektiert die Quelle nur im Morgenge-

---

296) P. von der Osten-Sacken, Belial, 220f. – Für die durch Dtn 23,11ff. nicht gedeckte Waschung (E. Schürer, History, II, 569, Anm. 45) weist G. Klinzing, Umdeutung, 110 auf die priesterliche Reinheitsvorschrift nach Joma 3,2 hin, wonach 'nach der Notdurft ein Tauchbad zu nehmen war ...'

297) Gegen D. Mendels, HThR 72, 215, denn 1 QS 5,13 hat mit bell. 2,150 schlechterdings nichts zu tun.

298) Während Y.M. Grintz, in: A. Schalit, Zur Josephus-Forschung, 314, zu § 150 lapidar feststellt: 'Keine Parallele', führt T.S. Beall, Description, 99f., eine Reihe von Texten an, aus denen allerdings nur hervorgeht: 'In any event, concern for rank is abundantly illustrated at Qumran' (S. 100).

bet zur Sonne, dabei den irreführenden Eindruck erweckend, als seien die Essener heidnisch gewesen[299]. Schriftforschung war das halbe Leben in Qumran, aber diese wurde nur wahrgenommen im Lichte pythagoreischer Literaturauswahl zum Zwecke psychosomatischer Therapie. Vielfach handelt die Quelle, und zwar in voller Übereinstimmung mit den authentischen Texten der Qumrangemeinde, von lustrierender Praxis der Essener, aber ein Verständnis für Sünde und Unreinheit, wie es aus den Schriftrollen vom Toten Meer zu uns spricht, suchen wir vergebens. Die Qumrangemeinde kannte und pflegte sicherlich eine ausgeprägte Rangordnung, aber die Quelle des Josephus redet nur von vier Klassen, wie sie die alten Pythagoreer wohl unterschieden hatten.

Von anderem, das unverwechselbar das Profil der Qumrangemeinde ausmacht, hatte die Quelle ihrem pythagoraisierenden Ansatz zufolge keine Veranlassung gehabt, auch nur en passant Erwähnung zu tun: von Gesetz und Bund, von Messiaserwartung und Eschatologie, von Dualismus und Prädestination, von 'Geist' und 'Erkenntnis', von der Gemeinschaft mit den Engeln, vom Lehrer der Gerechtigkeit, von Kalenderfragen u.ä.m. Solches alles lag einfach außerhalb des perspektivischen Scheins, den das Pythagorasideal ausmachte. Was sich jedoch von diesem her wahrnehmen, erhellen, verstehen ließ, wurde geflissentlich aufgegriffen und zur Darstellung gebracht. Dabei zeigt sich für das religionsgeschichtlich einigermaßen geübte Auge einmal mehr, wiesehr historisch irreführend typologisch bzw. strukturell Vergleichbares sein kann[300]. Natürlich mußte der Verfasser der pythagoraisierenden Quelle,

299) Es dürfte daher nicht sinnvoll sein, dem Thema 'Sonnenkult der Essener' *religionsgeschichtliches* Gewicht beizumessen, gegen M. Smith, Helios, speziell 202f.; vgl. auch S.J.D. Cohen, in: The Synagogue in Late Antiquity, 163. Zu M. Smiths Deutung des in der Tempelrolle erwähnten Stiegenturms s. A.S. van der Woude, ThR 54, 239: 'SMITH findet in diesem Zusammenhang Hinweise auf den Sonnenkult, den die Essener auf dem Tempeldach', d.h. 'the roof of the rooms used for assembly, i.e., the "temple", of the sect' (Helios, 202), 'gefeiert haben sollten, eine Ansicht, die mit Recht von MILGROM (1985) bestritten worden ist.'
Das von mir vorgetragene Verständnis von bell. 2,128 bestätigt des weiteren, daß der rabbinischen 'Buchrolle der Frommen' tatsächlich nicht eine essenische 'Buchrolle der Sonnenverehrer' zugrunde liegt; zur Sache s. H.L. Strack/G. Stemberger, Einleitung, 45.

300) Vgl. dazu meinen Beitrag: Entweltlichung. Verzicht auf religions-*geschichtliche* Forschung? NovTest 16.1974, 58-80. Je abstrakter der Vergleich geführt wird, desto 'vergleichbarer' wird auch historisch Unvergleichbares. Auf solcher Ebene hat D. Mendels, HThR 72, 207-222 zu erweisen versucht, 'that patterns of modes of life at Qumran could have been formed under the influence of Hellenistic utopias' (222). Zur Charakterisierung der Vergleichsebene ein Beispiel von S. 210f.: Auf der Son-

von dem wir leider nichts wissen, sondern nur vermuten können, daß er vom Schlag eines Chairemon oder Hermippos gewesen sein dürfte, strukturelle Ähnlichkeiten zwischen den Essenern und den Pythagoreern der literarischen Überlieferung wahrgenommen haben[301], um auf die Idee kommen zu können, die jüdische Gemeinschaft, die 'in fact constituted a digression from the Judaism of their times, both in their mode of life and in certain of their basic concepts'[302], wie einen Orden darzustellen, dem sich die vita Pythagorica originär verdankt. Aber die Ähnlichkeiten sind, wie das Studium der Schriftrollen sattsam vor Augen führt, nur struktureller, nicht historisch genetischer Art, wenngleich sie die pythagoraisierende Quelle so stark herausgearbeitet hat, daß es zuweilen, z.B. im Textabschnitt über die Aufnahmeordnung, fast leichter fällt, Kongruenz mit dem pythagoreischen als dem qumranischen Material auszumachen.

Und doch hebt Fiktionalität Historizität nicht auf. Keinem anderen der klassischen Texte verdanken wir Einzelkenntnisse so subtiler und mannigfacher Art, wie die pythagoraisierende Quelle sie bietet. Auch hier müssen wir leider wieder feststellen, daß wir Entscheidendes nicht wissen. Wir wissen nicht, wie der Autor der Quelle in den Besitz solcher Kenntnisse gekommen sein mag. Gleichwohl verträgt sich der Zuschnitt des Essener-Referats mit heidnischer Urheberschaft leichter als mit jüdisch priesterlicher, die wir ja annehmen müßten, wenn Josephus den Bericht aus eigener Anschauung und Erfahrung niedergeschrieben hätte. Was also weiß die Quelle? Sie weiß vom Bruch mit dem gemeinsamen Heiligtum der Juden, von differierenden Reinheitsauffassungen der Essener, von der zentralen Bedeutung der gemeinsamen Mahlzeiten, vom Aufnahmeverfahren und Eintrittseid, von Noviziat und Arkandisziplin, von der Verwerfung des Salböls, vom Spuckverbot u.ä.m. Die

---

neninsel 'it is emphasized that these communities have a "national identity" of their own (Diod. Sic. 2.59.7). The covenanters too looked upon themselves as the "true Israel" ...'

301) Vgl. dazu als modernes Beispiel H.J. Klauck, RdQ 11, 68: 'Es bleibt eine erstaunliche Parallele zwischen dem Aufnahmeverfahren in Qumran und dem der Pythagoreer nach der oben zitierten Stelle aus JAMBLICHOS. Ebenso gestuft, wie der Novize eintritt, geht sein Besitz in beiden Fällen in Gemeinschaftseigentum über. Für Eduard ZELLER, der seinerzeit die Essener aus dem Pythagoreismus ableitete, wäre das neue Munition.' Liest man jedoch oben S. 52 nach ('... und, so darf man vermuten, der endgültige Besitzverzicht. ... wird man urteilen müssen, daß es sich eher um eine neuplatonisch gefärbte Idealisierung ... handelt'), kann man leicht feststellen, daß H.J. Klauck die strukturelle Ähnlichkeit S. 68 stärker betont, als sie aus S. 52 tatsächlich zu erkennen war.

302) D. Mendels, HThR 72, 207.

pythagoraisierende Essener-Quelle war also recht gut informiert, und zwar über Institutionen und Verhältnisse, wie sie in der Qumrangemeinde tatsächlich bestanden haben, aber sie informiert uns in einer Weise, die es nicht geraten erscheinen läßt, sie zum Schlüssel des Verständnisses schwieriger Qumrantexte zu machen. Sie kann aus den authentischen Texten gewonnenes Verständnis bestätigen, jedoch zutreffendes Verständnis selbst nicht begründen. So entscheidet bell. 2,123 nicht die Lesung לגאולי שמן in CD 12,16, sondern bestätigt lediglich dieses nun durch 4 Q *513* 13,4 begründete Textverständnis. 4 Q Therapeia sollte hier abschreckendes Beispiel sein: Man kann nicht mit Hilfe von bell. 2,136 J.M. Allegros Deutung des von ihm veröffentlichten Lederstücks aufrechterhalten[303], nachdem J. Naveh nachgewiesen hat[304], 'daß es sich bei diesem Dokument um nichts anderes als eine Schreibübung handelt'[305]. Leider sind die Fäden, die sich zwischen Philo, contempl, dem spärlichen Exzerpt, das Plinius, nat.hist. V, 73 bietet, und schließlich der pythagoraisierenden Essener-Quelle spinnen, zu dünn, um ein sicherndes Netz für eine weitgespannte Hypothese abgeben zu können. Aber mir hat sich der Eindruck verdichtet, als sei die pythagoraisierende Essener-Quelle die Quelle auch gewesen für Plinius und Philo, contempl. Demzufolge hätte sie einen geographischen Anfang gehabt, der die Essener unweit des Toten Meeres ansiedelte, und zwar als eine Art Klostergemeinschaft, wie es ja dem Duktus des ermittelten Quellentextes tatsächlich entspricht.

---

303) Dead Sea Scrolls, 235-240; J.H. Charlesworth, Discovery.
304) IEJ 36, 52-55.
305) So A.S. van der Woude, ThR 55, 272.

4 Sprachliche Besonderheiten als Indizien für Quellenbenützung

Ohne mich, zugegebenermaßen, auf ausgedehnte sprachliche Untersuchungen am Gesamtwerk des Josephus stützen zu können, möchte ich hier doch einige Beobachtungen mitteilen, die mir als Indizien für Quellenbenützung von Belang zu sein scheinen, auch wenn sie Beweislast im Einzelfall nicht tragen können. Ausgangspunkt meiner Beobachtungen, was die sprachliche Seite von bell. 2,119-166 angeht, war die auffällige *Häufung* von Hapax legomena in diesem Textstück. Um Vergleiche anstellen zu können, mußte ich die Streuung aller einmalig vorkommenden Wörter in allen Büchern[1] der Werke, die von Josephus überliefert sind, erfassen, eine mühselige zwar, aber durchaus lohnende Arbeit mit dem von K.H. Rengstorf herausgegebenen vorzüglichen Hilfsmittel 'A Complete Concordance to Flavius Josephus'.

Die Häufigkeit von Hapax legomena stellt sich in den Werken des Josephus von Buch zu Buch verschieden dar. Im Buche vita mit seinen 430 Paragraphen begegnen nur 57 Fälle, das sind im genannten Bezugsrahmen 13,3%. In ant. 3 hingegen, einem Buch, das 322 Paragraphen zählt, mit zahlreichen Wiedergaben hebräischer Wörter sowie durch die biblischen Vorlagen bedingten Pflanzennamen, Fachausdrücken aus den Bereichen Opfer, Heiligtum und Priesterkleidung, summieren sich die Hapax legomena ausnahmsweise auf 245, das sind 76,1%. In den sieben Büchern des bellum bewegen sich die Vorkommen zwischen 24,4% (bell. 6: 108) und 30,1% (bell. 3: 163).

Im einzelnen verdichten sich die Hapax legomena jeweils dort, wo geschlossene Textabschnitte als spezielle Quellenstücke auszumachen sind, so z.B. in bell. 7,123-157, der ganz und gar heidnisch anmutenden Darstellung des Triumphzugs der Imperatoren Vespasian und Titus[2]. Während der Prozentsatz an singulär vorkommenden Wörtern in bell. 7,1-122.158-455 bei nur 25,5% liegt[3], steigt er im πόμπη – Passus auf 60%

---

1) Bezugsrahmen ist die von B. Niese eingeführte Einteilung in Paragraphen, wobei Zwei- oder Dreifachvorkommen innerhalb *desselben Buches* und Einfachvorkommen + 'Klammerbeleg' im Sinne von K.H. Rengstorf, Concordance, I, S. XXVI durchweg als Hapax legomena erfaßt sind.
2) Als 'Quelle' angedeutet in bell. 1,29 καὶ τὸν θρίαμβον.
3) Offen bleibt jeweils, ob in den genannten Textabschnitten, mit denen verglichen wird, noch weitere Einzelpassagen als förmliche Quellenstücke auszumachen wären.

an. Ein ähnlich signifikantes Bild zeigt sich im Blick auf bell. 5,136-247, die Jerusalem – Darstellung. Bell. 5,1-135.248-572 weist einen Prozentsatz von 23,5 auf, bell. 5,136-247 hingegen einen solchen von 45,5. Auffällig ist so auch der Abschnitt über die drei jüdischen Gruppen in ant. 18,12-22 mit 81,8% Hapax legomena gegenüber 40,8% in 18,1-11.23-379[4].

Im einzelnen sind dies:

χθών, εἰργμός	§ 14,
ἀμφιλογέω, συναφανίζω	§ 16,
ἀθανατίζω	§ 18,
διαφορότης	§ 19,
ἐπιχράομαι	§ 21,
ἀποδέκτης, ἐμφέρω	§ 22.

Noch gesteigert begegnet die statistische Signifikanz im Verhältnis von bell. 2,119-166 mit 106,3% zu bell. 2,1-118.167-654 mit nur 22,4%. Der Abschnitt über die drei jüdischen Philosophenschulen zählt nicht weniger als 51 Hapax legomena. Diese sind in der Reihenfolge der Paragraphen:

119 φιλάλληλος[5]
166
119 αἱρετιστής
124
141
120 ἁπαλός
122 κοινωνικός
123 σμήχω
123 αὐχμέω
123 λευχειμονέω
123 ἀδιαίρετος
123 χειροτονητός
126 καταστολή
126 παιδαγωγέω
127 ἀντικομίζω
127 ἀντίδοσις
127 μετάληψις

4) Vorliegende Beobachtung bleibt unberührt von der Behauptung S. Masons, Pharisees, 307, die Josephische Autorschaft von ant. 18,12-15 könne nur bestreiten, wer seine Verfasserschaft für ant. 17-19 insgesamt ('characterized by the attempt to imitate the archaic Attic prose of Thucydides') bestreite.
5) S. Mason, Pharisees, 170, stellt zutreffend fest, daß φιλάλληλοι nur bell. 2,119.166 begegnet. Ich verstehe nicht, warum dann nach S. 177, Anm. 230 φιλάλληλοι Hinweis auf 'Josephus' final authorship of the Essene passage' sein soll.

129 δειπνητήριον
129 ἑτερόδοξος
131 γεραίρω
131 προκατεύχομαι
133 νῆψις
135 καθεκτικός
135 ὑπουργός
136 ἀλεξητήριος
137 ἀξινάριον
137 περίζωμα
161
138 ἐγκρίνω
140 ὑπερλαμπρύνομαι
142 ἐξασφαλίζω
143 ἐκκρίνω
143 μόρος
143 ποηφαγέω
145 σέβας
147 ἀποπατέω
147 ἐναύω
148 ἀξινίδιον
148 θακεύω
148 νεοσύστατος
148 περικαλύπτω
148 ποδιαῖος
148 σκαλίς
149 ἀνορύσσω
151 μακρόβιος
152 βασανιστήριος
152 λυγίζω
154 ἴυγξ
155 ἐπιπνέω
155 ζέφυρος
156 ἡμίθεος
156 μάκαρ
158 θεολογέω
159 ἀπόφθεγμα
159 ἐμπαιδοτριβέομαι

Der Liste von Wörtern, die nur in bell. 2,119-166 vorkommen, steht eine ebenso beachtliche Reihe von Fehlanzeigen gegenüber, was sonst bei Josephus sehr häufig gebrauchte Wörter betrifft. Dabei lasse ich solche Beispiele unberücksichtigt, die vom Stoff her natürlicherweise fehlen: στρατηγός, στρατία, υἱός u.a. Interessant zumal erscheinen solche Fälle, deren regelmäßige Häufigkeit vor § 119 endet und mit § 167 wieder beginnt wie z.B. πέμπω 2, 117.169, πλῆθος 2, 105.172, τελευτάω 2,

115.167, χράομαι 2, 111.176. Zu den Fehlanzeigen rechne ich auch εἶ-
πον und ἔχω, die beide nur im redaktionellen Schlußsatz 2,166, außerhalb 2,119-166 aber sehr häufig vorkommen. Zu den genannten Fehlanzeigen treten folgende hinzu:

ἅμα,	μήν,
ἀξιόω,	ναός,
ἀπό,	νῦν,
δεῖ,	οἰκεῖος,
δύναμις,	ὀλίγος,
ἐπεί,	ὁράω,
ἐπειδή,	ὁρμάω,
καθίστημι,	ὅσος,
καταλαμβάνω,	ὅτι,
καταλείπω	παραδίδωμι,
κατασκευάζω,	παρακαλέω,
κατέχω,	πρᾶγμα,
κελεύω,	σύν,
κρίνω,	τέλος,
λαμβάνω,	τρόπος,
λέγω,	φανερός,
λόγος,	φίλος,
λοιπός,	χρῆμα,
μηδέ,	χώρα.

Schwerlich kann die beeindruckende Fülle von Wörtern, die bei Josephus einerseits nur in bell. 2,119-166 vorkommen, und solchen andererseits, die in demselben Abschnitt fehlen, obwohl sonst regelmäßig verwendet, lediglich auf die Eigenart des behandelten Gegenstandes zu-
rückgeführt werden, vielmehr drückt sich darin Abhängigkeit von Vorlagen aus, die sich gegenüber der Sprache des Josephus durch einen ihnen eigentümlichen Wortschatz unterscheiden. Ergänzend kann auf weitere sprachliche Besonderheiten in dem genannten Abschnitt hingewiesen werden. So liegt etwa der Gebrauch von Relativsätzen in bell. 2,119-
166 bei nur 16,7%, in den übrigen Paragraphen von bell. 2 hingegen bei
29%; γίγνεσθαι begegnet nur in bell. 2,157, während es sonst im 2. Buch
des bellum 50mal vorkommt. Des weiteren fallen semantische Eigen-
tümlichkeiten in bell. 2,119-166 dem auf, der ein Wörterbuch zu Josephus in der Art erstellt, 'daß die Wortbedeutungen ausschließlich aus
den Belegen bei Josephus entwickelt werden'[6], wie das in der von K.H.
Rengstorf herausgegebenen Konkordanz zu Josephus durchgeführt
wurde. Häufig tauchen daher im Lemma-Kopf der Konkordanz seman-

6) K.H. Rengstorf, Concordance, I, S. XXV.

tische Spezifika aus bell. 2,119-166 auf. Ohne sie hier alle aufzählen zu wollen, da sie nicht alle gleich gewichtig sind, möchte ich doch auf eine Reihe von Fällen aufmerksam machen.

Semantische Spezifika in bell. 2,119-166:

ἀναλαμβάνω	(wieder bei sich) aufnehmen 144 (I, 100)[7],
ἀναμίγνυμι	zusammenlegen 122 (I, 103),
ἀξιόχρεος	ernsthaftes (Vergehen) 143 (I, 151),
ἁπλότης	Einfachheit 151 (I, 174),
τὰ ἀσυνήθη	das Verbotene 152 (I, 258),
ἐντυπόω	formen, bilden 120 (II, 111),
ἐφέλκω	darüberscharren 149 (II, 252),
ζηλόω	sich um Aufnahme bewerben 137 (II, 274),
ἰδίως	auf besondere Weise 128 (II, 364),
σεμνότης	Heiligkeit 119 (IV, 13),
συμβίωσις	volle Lebensgemeinschaft 138 (IV, 87),
σύνταγμα	Schrift, Buch 136 (IV, 130),
ἐν τάξει	der Reihe nach 130.132 (IV, 157),
ὑφίστημι	etwas darstellen 156 (IV, 272).

Des weiteren begegnet ἀνατέλλω vom Sonnenaufgang ausschließlich bell. 2,128 und absolutes ἄγγελος im Sinne von Engel nur 2,142. Denn entweder bedeutet ἄγγελος schlicht Bote, oder es muß durch Attribute (τοῦ θεοῦ, θεῖος), durch den unmittelbaren Kontext (ant. 1,196.198; 4,108.109.110; 5,277.279.280.284) oder durch eindeutigen Anschluß an Bibeltext (ant. 7,327 – 2 Sam 24,15f.) zum 'Engel' bestimmt werden. Wenn also, wie allgemein angenommen, in bell. 2,142 von 'Engeln' die Rede ist, ist dies ein singulärer Fall[8].

So zeigt sich, daß der Kern der quellenkritischen Untersuchungen, daß nämlich bell. 2,119-166 in erheblichem Umfang Quellenmaterial zugrunde liegt, auch von der sprachlichen Seite her bestätigt wird. Bedenkt man, wie unsicher bei Josephus schon die Abgrenzung von Zitaten ist, ganz zu schweigen von Bezugnahmen auf Vorlagen oder Verarbeitung

---

7) Die jeweiligen Angaben in den Klammern beziehen sich auf Band und Seitenzahl von K.H. Rengstorf, Concordance.
8) Auch für die pythagoraisierende Quelle mag gelten, was E. Rohde, Psyche, II, 387, Anm. 2 (auf S. 388) in anderem Zusammenhang formuliert: '"Engel", als Mittelwesen zwischen Göttern und Menschen, hatte heidnischer Glaube und Philosophie ja längst aus jüdischer Religion angenommen, ...'

von Quellen[9], dürfte das Ergebnis durchaus von Bedeutung sein.

9) K.H. Rengstorf, Concordance, I, S. XXVI: 'Wer mit Josephus und seiner Arbeitsweise vertraut ist, weiß, daß oft genug im Einzelfall nicht sicher festzustellen ist, ob er regelrecht zitiert oder ob er paraphrasiert oder gar in gewisser Weise und mit einer bestimmten Absicht redigiert, also selbst formuliert, obwohl er zugegebenermaßen eine Vorlage aufnimmt.'

5 Zusammenfassung, Ergebnis und offene Fragen

Die Essener-Referate des Josephus beruhen, wie sich gezeigt hat, primär, wenn nicht fast ausschließlich, auf Quellengut, dürfen also nicht wie authentische Berichte eines Zeitzeugen, geschweige denn eines Insiders gelesen werden. Die Großreferate bell. 2,119-161, ant. 15,371-379 und ant. 18,18-22 weisen einerseits inhaltliche und sprachliche Parallelen zu Philos Essäer-Texten (prob 75-91, apol 1-18) auf, andererseits lassen sie enge Berührungen mit den Therapeuten Philos und den Essenern des Plinius erkennen. In der historischen Grundfrage, wie die Essener der klassischen antiken Texte mit der Gemeinde von Qumran zusammenhängen, genauer: wie sich Übereinstimmungen auf der einen und Differenzen auf der anderen Seite erklären, führt meine Untersuchung zu dem Ergebnis: Die klassischen Essenertexte schöpfen aus Quellen mit je eigener literarischer Intention, und ebendiese Intentionen erklären die Divergenzen zu den authentischen Zeugnissen der Qumrangemeinde.

Im großen und ganzen ließen sich vier klar profilierte Quellen herausstellen. 1. Die Essäer-Anekdoten, vielleicht ursprünglich gesammelt in paradoxographischer Absicht, aus der Weltgeschichte des Nikolaos von Damaskus zeichnen die Essäer als Mantiker. Diese Anekdoten sind so heidnisch, daß sie als Beispiele für qumran-essenische Schriftauslegung nicht in Frage kommen; denn nicht zur Bibel des jüdischen Volkes, sondern zum Traumbuch des Artemidoros bestehen nachweisbare Beziehungen. Vielleicht ist aber das Verständnis der Essäer als Mantiker ein Reflex des möglichen historischen Tatbestandes, daß *eine* Wurzel der späteren Qumranbewegung in jenen frommen Kreisen zu suchen ist, die sei es als weisheitliche, sei es als priesterliche *Visionäre* das Erscheinungsbild der chasidischen Apokalyptik bestimmt haben. Neben die Essäer-Anekdoten aus dem Werk des Nikolaos treten Nachrichten aus drei weiteren klar voneinander zu unterscheidenden Quellen: 2. der doxographischen Drei-Schulen-Quelle, 3. der hellenistisch-jüdischen Essäer-Quelle und 4. der pythagoraisierenden Essener-Quelle. Aus der Drei-Schulen-Darstellung konservierte Josephus das feste Schema: 1. die Pharisäer, 2. die Sadduzäer, 3. die Essener, ein Schema, das er selbst, tastend zuerst in bell. 2,118, mit deutlichen Worten dann in ant. 18,9.23, um die von ihm so genannte vierte Philosophie, der Zeloten nämlich, erweiterte. Folgerichtig ergibt sich die quellenmäßige Darstellung der drei Schulen im Präsens, die vierte Philosophie hingegen wird im Aorist eingeführt. Die Doxographie umfaßte höchstwahrscheinlich die unterschiedlichen Lehrmeinungen über das Schicksal und war ihrem philosophischen Standort nach stoisch. Wahrscheinlich handelte sie auch von der Seele und enthielt des weiteren vermutlich je eine allgemeine Charakterisierung der Philosophenschulen.

Die hellenistisch-jüdische Essäer-Quelle lag Philo (prob/apol) und Josephus gleichermaßen vor. Sie feierte die moralphilosophisch verstandene ἀρετή der Essäer, schilderte diese als asketisch lebende Weise, die geradezu vorbildlich das philosophische Ideal der Kaiserzeit verwirklichten. Solches Enkomium essäischer καλοκαγαθία stand wohl im Dienst missionarischen bzw. apologetischen Interesses der Empfehlung des Judentums an hellenistische Leser. Der hellenistisch-*jüdische* Charakter der Quelle zeigt sich dabei in ihrem Bezug auf die Heilige Schrift, in der Erwähnung der Sabbatobservanz, im Gebrauch alexandrinisch-jüdischer Terminologie sowie in der Verwendung des hellenistisch-jüdischen Paränese-Kanons mit seiner eigentümlichen Begründung der Loyalitätsforderung, ohne Gottes Anordnung komme niemandem die Herrschaft zu. An ihrem Ende kam die Quelle sodann auf Reaktionen politischer Mächte zu sprechen, einerseits die Essäer ehrend, andererseits sie verfolgend. Dabei ließ die hellenistisch-jüdische Quelle die Essäer als die verfolgten Frommen der Makkabäerzeit erscheinen, ihre Standhaftigkeit rühmend als Ausdruck sittlicher Vollkommenheit. Wiederum zeigt sich der redaktionelle Eingriff des Josephus im Tempuswechsel, den er bei Deutung der Verfolgung auf den Jüdischen Krieg vornimmt.

Den Löwenanteil seines Essener-Referats entnahm Josephus der pythagoraisierenden Quelle, aus der vielleicht auch Philo für die Darstellung seiner sogenannten Therapeuten und Plinius für die Skizzierung seiner Essener geschöpft haben. Diese Quelle schilderte die Essener, als wären sie eine Kongregation jüdischer Asketen, die am Zentrum eines Heiligtums, dessen Gründer sie waren, ein gemeinsames Leben führten wie ein pythagoreischer Orden. Wahrscheinlich stand diese Fiktion im Dienst einer Auffassung, die Pythagoras zum Schüler der Juden und Thraker machte, einer Auffassung, die Hermipp schon für das 3. Jh. v.Chr. bezeugt. Erst von dieser Fiktion her erklärt sich eine Reihe von Aussagen über die Essener, die im Blick auf Qumran sonst mehr oder weniger irritierend wären: die Rede vom eigenen Heiligtum und dessen Beschickung mit Anathemen, das ἀθανατίζειν wie auch der Vergleich mit den thrakischen Asketen, das Beten zur Sonne, die Orientierung der Gütergemeinschaft am Gedanken der Brüderlichkeit, die Gliederung des Ordens in vier Klassen, das Auswählen der Schriften in therapeutischer Absicht, die Rede – beim Aufnahmeverfahren – von der Erprobung der Beständigkeit, des Charakters und der Enkrateia, die Bedeutung der Stille und die Rolle des Schweigens, die spezielle Erwähnung des βλασφημεῖν des Stifters.

Pythagoreische Fiktion hebt historisch zutreffende Information nicht auf, vielmehr weist sich gerade diese Quelle durch erstaunlich gute und detaillierte Kenntnisse über die Qumrangemeinde aus. So scheint die pythagoraisierende Essener-Quelle tatsächlich eine klosterähnliche Gemeinschaft vor Augen gehabt zu haben, die dem historischen Zentrum der Qumrangemeinde korrespondiert. Die Qumran-Entsprechungen der anderen Quellenschriften des Josephus waren weitaus geringer und ungenauer. Mehrere *mögliche* Bezüge zu Qumran finden sich in der hellenistisch-jüdischen Essäer-Quelle, wenngleich das historische Profil der Essäer durch deren moralphilosophische Idealisierung weitgehend verschüttet ist. Vor allem muß man festhalten, daß die Philo und Josephus gemeinsame Essäer-Quelle Kenntnis des essenischen Zentrums in Qumran nicht erkennen läßt, sondern von Essäer-Konventikeln in ganz Palästina ausgeht, für die ja in der Tat die Regel des Qumran-jachad nicht gleichermaßen gegolten haben dürfte. Es liegt allerdings auch nahe anzunehmen, daß diese Quelle mit ihrem historischen Bezug auf den Höhepunkt der Herodesherrschaft (ant. 15,377) zu einem Zeitpunkt verfaßt wurde, als die Qumransiedlung bzw. das Gruppenzentrum der Qumranbewegung auf der Mittelterrasse nicht mehr in Blüte stand[1]. Die Spiegelung qumrangemeindlicher Theologie in der Drei-Schulen-Quelle ist gleichfalls sehr stark hellenistisch verfremdet, wenngleich die Rede von der Allmacht der Heimarmene dem Prädestinationsgedanken in der Theologie der Qumrangemeinde zumindest typologisch sehr nahekommt. Gar keine Qumranbeziehung liegt in den Essäer-Anekdoten aus dem Werk des Nikolaos vor.

Das Ergebnis, daß Josephus nicht aus eigener Anschauung, sondern aus Quellenmaterial seine Essener-Referate gestaltet hat, wird durch sprachliche Besonderheiten bestätigt, die sich in den Passagen bell. 2,119-166

---

1) Vgl. dazu H. Bardtke, Handschriftenfunde, 196f., ThR 41, 137: Es sei unwahrscheinlich, daß nach 31 v.Chr. das Wirtschaftszentrum in En Feschcha aufgegeben oder die Besiedlung auf der Mittelterrasse völlig unterbrochen worden sei. 'Allenfalls wird sich die Leitung der Qumrangemeinde vorübergehend in eine Ortsgemeinde verlagert haben.'

116

und ant. 18,11-22, aber auch in der Jerusalem-Darstellung bell. 5,136-247 unzweideutig nachweisen lassen.

Zu drei Fragen, die allerdings auch nicht gerade im Zentrum des Essenerproblems liegen, kann von vorliegender Untersuchung her nichts Substantielles gesagt werden: Wie erklärt sich der Name 'Essener-Tor', von dem in der topographischen Jerusalem-Quelle bell. 5,136-247 die Rede ist? Sollte es, wie man gerne annimmt, in Jerusalem ein Essener-Quartier gegeben haben, bleibt rätselhaft, warum weder frühjüdische noch frühchristliche Überlieferung davon etwas zu wissen scheinen. Weiter bleibt die Beziehung zwischen Essenern und Zeloten, angesprochen durch die Rede vom essäischen Kommandeur Johannes, ungeklärt[2]. Aber für nüchterne historische Betrachtung dürfte genaue Bezeichnung des Nichtwissens allemal hilfreicher sein als Flucht in die Phantasie, zumal wenn sie, wie etwa im Falle R.H. Eisenman und seiner populärwissenschaftlichen Gefolgschaft zur schieren Geschichtsklitterung gerät, bei der Essener, Qumrangemeinde und Jerusalemer Urgemeinde in einem einzigen zelotischen Szenario verschwimmen und verschmelzen[3].

Ein dritter Punkt war gleichfalls einer Lösung nicht zuzuführen, die nach wie vor nur spekulativ zu beantwortende Frage nämlich, wie es zur Namengebung Essäer/Essener gekommen sein mag[4]. Deutlich ist nur, daß die *Namensformen* quellenbedingt sind: Nikolaos und die hellenistisch-jüdische Quelle sprachen von den Essäern, die Drei-Schulen-Quelle und die pythagoraisierende Quelle von den Essenern. Wahrscheinlich aber entsprachen, nimmt man das Schweigen der frühchristlichen und frühjüdischen Überlieferung ernst, im späteren Verlauf des ersten nachchristlichen Jahrhunderts die griechischen Namen Essäer bzw. Essener nur noch einer literar-historischen, nicht mehr einer lebendigen Wirklichkeit[5]. Ganz unwahrscheinlich ist, daß sich der Ausdruck מצד

---

2) So auch bei M. Hengel, Zeloten, 267, Anm. 3; 287; 405, Anm. 1; 409; vgl. auch H. Bardtke, ThR 41, 138.
3) R.H. Eisenman, Maccabees; ders., James; M. Baigent/R. Leigh, Verschlußsache.
4) Vgl. auch J. Maier, Zwischen, 272.
5) Andere, mir nicht nachvollziehbar erscheinende Lösungsvorschläge: Y. Yadin, Tempelrolle, 90-93, 267: 'Herodianer' sei im NT ein Spottname für die Essener, andererseits scheide, was mir zutreffend erscheint, die Gleichsetzung von Essenern und Sadduzäern aus, denn 'die Sadduzäer akzeptierten den Tempel so, wie er war, und blieben außerdem dem Kalender des orthodoxen Judentums treu', 263.
   G. Stemberger, Pharisäer, 121, 127: Die Identifizierung der Essener mit den Herodianern sei übertrieben, 121, was mir zutreffend erscheint, demgegenüber spreche einiges

חמדין, der in dem Fragment M 45,6 eines Briefes aus der Zeit des zweiten Aufstands auftaucht[6], auf die *Gruppe* der Chasidim bzw. der Essäer/Essener bezieht[7], und noch unwahrscheinlicher, daß damit auf die Ruinen von Qumran Bezug genommen wird, denn eine 'Bergfestung' war die Siedlung auf der Mittelterrasse zu keiner Zeit[8].

Schauen wir von den gegebenen Daten aus zurück, zeichnen sich im geschichtlichen Halbdunkel allenfalls einige Schattierungen ab. Die Ausdrücke קהל חסידים Ps 149,1; 11QPs[a] 154,12 und ἐκκλησία ὁσίων Ps 149,1 (LXX) beziehen sich *noch nicht* auf die Chasidim als so bezeichnete Gruppe[9]. Im zweiten vorchristlichen Jahrhundert aber, und dies bis in sein letztes Viertel hinein, ist Ἀσιδαῖοι (= Chasidim) wohl eine geläufige Bezeichnung (1.Makk 2,42; 7,13; 2.Makk 14,6)[10]. Um die Zeitenwende, im Entstehungszeitraum der in dieser Untersuchung ermittelten Quellenschriften, ist aus οἱ λεγόμενοι τῶν Ἰουδαίων Ἀσιδαῖοι 2.Makk 14,6 οἱ παρ' ἡμῖν Ἐσσαῖοι καλούμενοι (Josephus, ant. 15,371) bzw. λέγονταί τινες παρ' αὐτοῖς ὄνομα Ἐσσαῖοι (Philo, prob 75) geworden.

---

für die Annahme, daß die Essener in der Zeit des Herodes 'in der Volksmeinung mit den Sadduzäern oder Boethusiern zusammen als eine Gruppe betrachtet worden sind', 127.

6) DJD II, 163f. (Pl. XLVII). Herr Prof. Dr. K. Beyer teilte mir mit Schreiben vom 2.1.91 dazu folgende Ergänzungen und Übersetzung mit: [...]א[אביך אנצל[חו כרן[⁵

⁶למצד <ה> חסדין ואחי בדרונם ...

⁵'Sie [flohen zu] deinem Vater [   ] ⁶ zur Bergfestung <der> Frommen. Und mein Bruder (meine Brüder?) [suchte(n) Zuflucht] im Süden.'

7) Zwischen den Belegen M 45,6 und 1.Makk 2,42; 7,13; 2.Makk 14,6 läge ein Zeitraum von gut 200 Jahren des Schweigens über die Chasidim. – Zwar ist Defektivschreibung von חסיד m.W. nicht belegt, aber laut K. Beyer, Texte, 417 möglich. Das Fehlen des Artikels scheint sowohl beim Appellativ als auch beim 'Namen' üblich gewesen zu sein: Ps 149,1; 11 QPs[a] 154,12; 1.Makk 2,42; PsSal 4,1; 17,16. Trotz alledem möchte ich zu bedenken geben, daß die Übersetzung 'der Frommen' nicht zwingend ist. Einerseits finden sich auch im überlieferten Text von Ps 144,2 מצודה und חסד nebeneinander, andererseits kann חסדין eben auch Plural von חסד sein, so daß der Ausdruck so etwas wie 'Gnadenburg' heißen könnte.

8) J.T. Milik, DJD II, 163f.; R. Meyer, Geschichte, 121, Anm. 8; 136 plädieren für Identifizierung mit Chirbet Qumran, aber מצד bedeutet 'Bergfestung', s. K. Beyer, Texte, 629 s.v., wie ja aus dem Ortsnamen Masada ersichtlich ist.

9) Vgl. dazu meine Arbeit: Glaube als Gabe, 49f.

10) Zur Datierung vgl. K.-D. Schunck, JSHRZ I,4, 292 (1. Makk: um 120 v.Chr.); Ch. Habicht, JSHRZ I,3, 175 (2.Makk: Jason zwischen 160 und 152, Epitome um 124).

Dementsprechend wurde das Martyrium der verfolgten Frommen der Makkabäerzeit auf die Essäer übertragen, und die Mantiker des Nikolaos von Damaskus lassen sich noch am ehesten den apokalyptischen Visionären der chasidischen Bewegung zuordnen. Damit läßt sich die eingangs gestellte Frage, ob etwa die Essener bei Josephus an die Stelle der Asidäer getreten sind, positiv beantworten. Was seine Quellen schon nahelegten, hat Josephus selbst noch verstärkt, indem er die Asidäer uas 1.Makk 7,13-17 überging und dann die Essener in der Zeit Demetrius II. (amt. 13,174) einführte.

Das Problem der Lücke zwischen dem 2. Jh. vor und dem 1. Jh. nach bleibt bestehen: Die Psalmen Salomos aus der Mitte des 1. vorchristlichen Jahrhunderts belegen zwar in ihren griechischen[11] und syrischen Übersetzungen die Philonischen ὅσιοι (prob 91, PsSal 17,16) als Äquivalent der syrischen חסיא, aber man hat durchaus nicht den Eindruck, es handle sich um Name oder Bezeichnung einer bestimmten Gruppe. Die Qumranbewegung selbst indessen hat die Verbindung mit ihren chasidischen Wurzeln verdrängt. Sowohl die Umkehrbewegung auf der Grundlage des 'Neuen Bundes im Lande Damaskus' CD 6,19, wozu man, metaphorisch gesprochen, 'aus dem Lande Juda ausziehen' mußte CD 4,3; 6,5, als auch die Absonderung vom übrigen Volk im Sinne von 4 Q MMT C7 wie dann auch der Beitritt zur Gemeinderegel 1 QS 1,16 bzw. die Absonderung von den Frevlern, um in die Wüste zu gehen 1 QS 8,13, vermeiden konsequent die von der Sache her so naheliegende Gemeindebezeichnung 'die Frommen'. In dieser Hinsicht also stimmen das Schweigen der frühjüdischen sowohl als auch der frühchristlichen Überlieferung, was die Bezeichnung Essäer/Essener betrifft, und das Schweigen der Qumranliteratur vielsagend überein.

Und schließlich: Ob überhaupt und wie vielleicht wenigstens die *Na*-

---

11) S. Holm-Nielsen, JSHRZ IV,2, 54 datiert die griechische Übersetzung ungefähr ins letzte Drittel des 1. Jh. n.Chr.

mensform Essener[12] mit den priesterlichen Asketen am Artemistempel zu Ephesus zusammenhängen könnte, den Essenen also, die je für ein Jahr ἀγνῶς καὶ εὐσεβῶς ihren priesterlichen Dienst versahen, zuständig zumal für die Kultmahle[13], bleibt ein Rätsel[14]. Ich könnte mir vorstellen, daß die Namensform Ἐσσηνοί in Anlehnung an ἐσσῆνες gebildet wurde, aber damit wären weder die Namensform Ἐσσαῖοι erklärt noch deren hebräisches bzw. aramäisches Äquivalent ermittelt.

Späterer Untersuchung bleibt vorbehalten, Tragweite und Validität zweier Beobachtungen zu überprüfen, die unmittelbar für die Arbeit des Neutestamentlers von Belang zu sein scheinen. Zum einen könnte die Rede vom 'Raub' bell. 2,142 in dem ermittelten mysterientechnischen Sinn auf Phil 2,6f. ein erhellendes Licht werfen: Der Präexistente betrachtete τὸ εἶναι ἴσα θεῷ nicht als etwas, das man profanieren darf, tauschte deshalb die μορφὴ θεοῦ gegen die μορφὴ δούλου ein und erschien als Mensch unter Menschen. Zum andern könnte der zu bell. 2,139f. ermittelte hellenistisch-jüdische Paränese-Kanon mit seinen vier Grundforderungen nach der rechten Gottesverehrung, der Rechtschaffenheit gegenüber allen Menschen, der Einmütigkeit untereinander und der Loyalität gegenüber der von Gott eingesetzten Herrschaft noch einmal neu die Exegese von Röm 13,1-7 im Rahmen von Röm 12f. befruchten. Denn als christliche Textinnovation erkennt man auf dem genannten Hintergrund die Gehorsamsforderung gegenüber den politischen Gewalten als Ausdruck und Konkretion von 'Überwindung des Bösen durch das Gute' (Röm 12,21, vgl. 1 Petr 2,15).

Von unmittelbar zu resümierender Bedeutung für die Arbeit am Neuen Testament dürfte die Erkenntnis sein, daß hellenistisch-jüdische Denk- und Lebensweise nach Art der judäischen Essäer bzw. Essener ein *literarisches*, nicht ein geschichtlich positives Phänomen darstellt, hat es doch die genannten Gruppen selbst und *als solche* aller Wahrscheinlichkeit

---

12) Die Frage ist wieder aufgerollt worden von A.H. Jones, Essenes und J. Kampen, HUCA 57, 61-81. Unabhängig davon hatte ich schon längere Zeit die Frage verfolgt, aber eine Lösung im Sinne der eben genannten Arbeiten nicht für wahrscheinlich halten können.

13) Ch. Picard, Éphèse, 194.

14) Vgl. auch J. Maier, Zwischen, 272f. Wenn J. Maier formuliert: 'Neu ist die Vermutung, es handle sich um eine Bezeichnung, die der Gruppe von außen zugelegt wurde, und zwar nach dem Vorbild eines Ausdrucks für Priester der Artemis, von Philo und Josephus aus dem Geschichtswerk des Nikolaus von Damaskus übernommen', gilt dieses 'neu' nur für die ausformulierte Hypothese, nicht für die Vermutung einer Be

nach nie gegeben. Neutestamentliche Zeitgeschichte wird in diesem Punkte wohl umgeschrieben werden müssen. Was es gegeben hat, das war Literatur von der Art der besprochenen Quellen und ein dazu gehörendes hellenistisch gebildetes Publikum, jüdisches auch[15], mit dem Judentum sympathisierendes wohl noch mehr. Und allenfalls in dieser literarisch vermittelten Form kann man dann auch, was die Essäer/Essener angeht, von der Präsenz des Hellenismus im Leben Palästinas um die Zeitenwende[16] sprechen.

Die größte Nähe zu den idealisierenden hellenistischen Topoi, von denen die Rede war, zeigt zweifelsfrei der Verfasser des lukanischen Doppelwerks. Er idealisiert den 12jährigen Jesus im Tempel (Lk 2,46f.) nach der gleichen Art wie Josephus sich selbst (vita 9)[17], vor allem aber die κοινωνία der Urgemeinde (Gemeinschaftsmahl, gemeinsames Beten, Gütergemeinschaft Act 2,42-45; 4,32-35) nach der gleichen Art, wie dies die besprochenen Quellen von den Essäern bzw. Essenern getan haben. Lukas brauchte nun aber, um ein solches Idealbild entwerfen zu können, nicht alle möglichen griechischen Philosophen und Schriftsteller gelesen zu haben[18]. Es genügte die Kenntnis des literarischen Phänomens Essenismus, die ihm wie vieles andere aus hellenisiert jüdischem Kontext zugewachsen sein mochte. Und nicht zuletzt wird man zu bedenken haben, daß auch für die lukanische Idealisierung gelten kann, was wir beim Vergleich der Essener- mit den Qumrantexten beobachten konnten: Idealisierung und Fiktionalität schließen historisch gegebene Grundlagen nicht aus[19]. Es muß ein Ende haben, daß wir historisch eo ipso disqualifizieren, was literarisch nach einem Ideal dargestellt ist.

---

ziehung überhaupt, vgl. Ch. Picard, Éphèse, 236f. (dort ältere Literaturhinweise).

15) Zum Thema 'hellenistisch gebildetes Judentum in Palästina' vgl. jetzt auch P.W. van der Horst, Epitaphs, 129-132.

16) S.o. S. 10,. Anm. 9.

17) S.o. S. 21.

18) Vgl. das Material, das H. Conzelmann, Apostelgeschichte, 31 ausbreitet, s. auch H.-J. Klauck, RdQ 11, 72-74.

19) Ähnlich auch H.-J. Klauck, RdQ 11, 76.

6 Bibliographie

Abkürzungen nach: Theologische Realenzyklopädie. Abkürzungsverzeichnis, zusammengestellt von S. Schwertner (s. unter 6.2). Zitiert werden die im folgenden angegebenen Werke abgekürzt mit Verfassernamen und Titel – Stichwort(en).

6.1 Quellen, Textsammlungen, Übersetzungen

J.M. Allegro, Qumrân Cave 4, I (4 Q 158 – 4 Q 186), DJD V, Oxford 1968

Ders., The Dead Sea Scrolls and the Christian Myth, Buffalo, New York 1984, 235-240, Plates 16-17 (4 Q Therapeia)

Antike Berichte über die Essener, ausgew. v. A. Adam, 2., neubearb. u. erw. Aufl. v. Ch. Burchard, KIT 182, Berlin 1972

Apuleius, Verteidigungsrede. Blütenlese, lateinisch und deutsch von R. Helm, SQAW 36, Berlin 1977

Aristeas to Philocrates (Letter of Aristeas), ed. and transl. by M. Hadas, JAL, New York 1973

Arnobe, Contre les gentils I, texte établi, traduit et commenté par H. Le Bonniec, CUFr, Paris 1982

Artemidori Daldiani Onirocriticon Libri V, ed. R.A. Pack, Leipzig 1963

Artemidor von Daldis, Traumbuch. Übertragung von F.S. Krauss, bearb. u. erg. v. M. Kaiser, Basel/Stuttgart 1965

M. Baillet, Qumrân grotte 4, III (4 Q 482 – 4 Q 520), DJD VII, Oxford 1982

H. Bardtke, Die Handschriftenfunde am Toten Meer, (II.) Die Sekte von Qumrān, Berlin 1958, 215-333 (Texte 215-302/Antike Nachrichten 303-333)

D. Barthélemy – J.T. Milik, Qumran Cave I, DJD I, Oxford 1955

K. Berger, Das Buch der Jubiläen, JSHRZ II,3, Gütersloh 1981

K. Beyer, Die aramäischen Texte vom Toten Meer, Göttingen 1984

Biblia Hebraica Stuttgartensia, hg. v. W. Rudolph und H.P. Rüger, Stuttgart ³1987

Bill. I – IV,2: (H.L. Strack-) P. Billerbeck, Kommentar zum Neuen Testament aus Talmud und Midrasch, München ³1961

M. Burrows, The Dead Sea Scrolls of St. Mark's Monastery, I-II, New Haven 1950/51

J. Carmignac, E. Cothenet et H. Lignée, Les textes de Qumrân, traduits et annotés, II, « Autour de la Bible » , Paris 1963

J. Carmignac et P. Guilbert, Les textes de Qumrân, traduits et annotés, I, « Autour de la Bible » , Paris 1961

H. Clementz, Des Flavius Josephus Jüdische Altertümer, 2 Bde. in 1 Bd., Wiesbaden o.J.

Corpus Hermeticum, ed. A.D. Nock – A.-J. Festugière, CUFr, Paris I [3]1972, II [3]1973, III-IV [2]1972

A. Delatte, La vie de Pythagore de Diogène Laërce, Académie royale de Belgique, Mémoires 2,17, Brüssel 1922

M. Delcor, Les hymnes de Qumrân (Hodayot), Texte hébreu, introduction, traduction, commentaire, « Autour de la Bible », Paris 1962

Diodori bibliotheca historica, II, post I. Bekker et L. Dindorf recognovit Fr. Vogel, Stuttgart ([3]1890) 1985

Diogenes Laertius, Leben und Meinungen berühmter Philosophen, Buch I-X, übers. v. O. Apelt, unter Mitarb. v. G. Zekl neu hg. sowie mit Vorw., Einl. u. neuen Anm. zu Text u. Übers. versehen v. K. Reich, PhB 53/54, Hamburg [2]1967

A. Dupont-Sommer, Les écrits esséniens découverts près de la mer Morte, Paris [3]1968

Ders., Die essenischen Schriften vom Toten Meer. Unter Zugrundelegung der Originaltexte übers. v. W.W. Müller, Tübingen 1960

Eusebius Werke 8. Bd. Die praeparatio evangelica, I, hg.v. K. Mras, GCS 43,1, Berlin 1954

Eusebius von Caesarea, Kirchengeschichte, hg. u. eingel. v. H. Kraft, Darmstadt [2]1981

Ch. Habicht, 2. Makkabäerbuch, JSHRZ I,3, Gütersloh [2]1979

A. Henrichs, Die Phoinikika des Lollianos. Fragmente eines neuen griechischen Romans hg. u. erl. v. – , PTA 14, Bonn 1972

Herodot, Griechisch-Deutsch, ed. G. Feix, I-II, München 1963

Herodot, Historien. Deutsche Gesamtausgabe, übers. v. A. Horneffer, neu hg. u. erl. v. H.W. Haussig, mit einer Einl. v. W.F. Otto, Stuttgart [4]1971

Hesiod, Works and days, ed. by M.L. West, Oxford 1978

S. Holm-Nielsen, Die Psalmen Salomos, JSHRZ IV,2, Gütersloh 1977

Homeri Odyssea, ed. P. von der Mühll, Stuttgart [3]1984

F. Jacoby, Die Fragmente der griechischen Historiker, II A, Leiden 1961 (Nachdr. der Ausg. Berlin 1926)

Iamblichi de vita Pythagorica liber, ed. L. Deubner, editionem addendis et corrigendis adiunctis curavit U. Klein, BSGRT, Stuttgart 1975

Jamblichos, Pythagoras, hg.v. M. von Albrecht, BAW.AC, Zürich/Stuttgart 1963

(Flavius) Josèphe, Guerre des Juifs, texte établi et traduit par A. Pelletier, CUFr, I-III, Paris 1975, 1980, 1982

Flavii Josephi opera, ed. B. Niese, I-VI, Berlin [2]1955

Josephus in Nine Volumes, I-IV, H.St.J. Thackeray, V, H.St.J. Thackeray and R. Marcus, VI-VII, R. Marcus, VIII, R. Marcus and A. Wikgren, IX, L.H. Feldman, LCL, London 1926-1965

E. Kautzsch, Die Apokryphen und Pseudepigraphen des Alten Testaments, I-II, Darmstadt 1962 (2. Neudr. der Ausg. Tübingen 1900)

H.-J. Klauck, 4. Makkabäerbuch, JSHRZ III,6, Gütersloh 1989

E. Lohse, Die Texte aus Qumran. Hebräisch und deutsch, Darmstadt [4]1986

Lukian: Die Hauptwerke des Lukian. Griechisch und deutsch, hg. u. übers. v. K. Mras, München [2]1980

J. Maier, Die Texte vom Toten Meer, I-II, München/Basel 1960

J. Maier (/K. Schubert), Die Qumran-Essener. Texte der Schriftrollen und Lebensbild der Gemeinde, UTB 224, München/Basel 1973

J. Maier, Die Tempelrolle vom Toten Meer, übers. u. erl. v. -, UTB 829, München/Basel 1978

R. Merkelbach, Der Eid der Isismysten, ZPE 1,1967, 55-73, dort 72f.

O. Michel und O. Bauernfeind, Flavius Josephus: De Bello Judaico/Der Jüdische Krieg, zweisprachige Ausg. der sieben Bücher, I-III, Darmstadt 1959-1969

J.T. Milik, The Books of Enoch. Aramaic Fragments of Qumrân Cave 4, Oxford 1976

Ders., Ecrits préesséniens de Qumrân: d'Hénoch à Amram, in: Qumrân, ed. M. Delcor, BEThL 46, Paris-Gembloux, Leuven 1978, 91-106

Nestle-Aland, Novum Testamentum Graece, 26.Aufl., Stuttgart, 4., rev. Druck 1981

C. Newsom, Songs of the Sabbath Sacrifice: A critical edition, Harvard Semitic Studies 27, Atlanta 1985

Pausaniae Graeciae Descriptio, ed. M. Helena, I-III, Leipzig 1973-1981

Philonis Alexandrini Opera quae supersunt, I-VI, ed. L. Cohn et P. Wendland, Berlin 1896-1915, Nachdr. 1962

Philo von Alexandria, Die Werke in deutscher Übersetzung, hg. v. L. Cohn, I. Heinemann, M. Adler u. W. Theiler, Berlin, I-VI [2]1962 (Nachdr. der Ausg. 1909-1938), VII 1964

Philostratos, Das Leben des Apollonios von Tyana, hg. v. V. Mumprecht, Sammlung Tusculum, München/Zürich 1983

Pindar, Siegesgesänge und Fragmente, griechisch und deutsch, hg. v. O. Werner, Sammlung Tusculum, München 1967

Platon, Werke in acht Bänden, griechisch und deutsch, hg. v. G. Eigler, Darmstadt [2.3]1990

Plinius Secundus, Gaius: Naturalis historia, ed. L. Ian; C. Mayhoff, BSGRT, Stuttgart [2]1967-1980 (Bd. 6 Indices, 6a Additamenta, comp. F. Semi)

Pomponii Melae De Chorographia, ed. P. Parroni, SeL 160, Rom 1984

Porphyrii Philosophi Platonici opuscula selecta, ed. A. Nauck, Hildesheim/New York [2]1977 (Nachdr. der Ausg. Leipzig 1886)

K. Preisendanz, Papyri Graecae Magicae. Die griechischen Zauberpapyri, hg. v. A. Henrichs, I-II, Stuttgart [2]1973/74

Ch. Rabin, The Zadokite Documents, Oxford 1954, [2]1958

L. Rost, Die Damaskusschrift, KlT 167, Berlin 1933

S. Schechter, Fragments of a Zadokite Work. Documents of Jewish Sectaries I, Cambridge 1910

K.-D. Schunck, 1. Makkabäerbuch, JSHRZ I,4, Gütersloh 1980

H.-R. Schwyzer, Chairemon, KPS 4, Leipzig 1932

Septuaginta. Das Alte Testament griechisch, hg. v. A. Rahlfs, Stuttgart 1979

Silius Italicus, La guerre punique, I, Livres I-IV, texte établi et traduit par P. Miniconi et G. Devallet, CUFr, Paris 1979

J. Starcky, Un texte messianique araméen de la grotte 4 de Qumrân, in: Ecole des langues orientales anciennes de l'Institut Catholique de Paris, Mémorial du Cinquantenaire 1914-1964, Paris 1964, 51-66

M. Stern, Greek and Latin Authors on Jews and Judaism, I-III, JASH, Jerusalem 1974-1984

Strabon, Géographie, CUFr, Paris 1966-1981 I-IX,

Strabonis Geographica, hg. v. A. Meinecke, I-III, Leipzig 1877

J. Strugnell – D. Dimant, 4 Q Second Ezekiel, RdQ 13, 1988, Mémorial Jean Carmignac, études qumrâniennes ed. par F. García Martínez et E. Puech, 45-58

E.L. Sukenik, The Dead Sea Scrolls of the Hebrew University, ed. by N. Avigad and Y. Yadin, Jerusalem 1955

Tacitus, Annalium ab excessu divi Augusti quae supersunt, ed. H. Fuchs, I-II, Editiones Helveticae, series Latina 4, Frauenfeld [2]1960/63

H. Thesleff, The Pythagorean Texts of the Hellenistic Period, AAAbo.H 30,1, Abo 1965

M. Totti, Ausgewählte Texte der Isis- und Sarapis-Religion, SubEpi 12, Hildesheim 1985

G. Vermes and M.D. Goodman, The Essenes According to the Classical Sources, Oxford Centre Textbooks I, Sheffield 1989

W. Völker, Quellen zur Geschichte der christlichen Gnosis, SQS 5, Tübingen 1932

N. Walter, Fragmente jüdisch-hellenistischer Historiker, JSHRZ I,2, Gütersloh 1980

P. Wernberg-Møller, The Manual of Discipline, STDJ I, Leiden 1957

Y. Yadin, The Temple Scroll, I-III with Supplement. The Israel Exploration Society – The Institute of Archaeology of the Hebrew University of Jerusalem – The Shrine of the Book, Jerusalem 1983

6.2 Allgemeine Hilfsmittel, Literaturberichte, Bibliographien

H. Bardtke, Qumrān und seine Funde, ThR NF 29, 1963, 261-292; 30, 1963, 281-315; Qumrān und seine Probleme, ThR NF 33, 1968, 97-119, 185-236; Literaturbericht über Qumrān, V. Teil, ThR NF 35, 1970, 196-230; VI. Teil, ThR NF 37,1972, 97-120, 193-219; VII. Teil, ThR NF 38, 1973, 257-291; VIII. Teil, ThR NF 39, 1974, 189-221; IX. Teil, ThR NF 40, 1975, 210-226; X. Teil, ThR NF 41, 1976, 97-140

W. Bauer, Griechisch-deutsches Wörterbuch zu den Schriften des Neuen Testaments und der frühchristlichen Literatur, hg. v. K. Aland u. B. Aland, Berlin/New York [6]1988

H. Bietenhard, Die Handschriftenfunde vom Toten Meer (Ḥirbet Qumran) und die Essener-Frage. Die Funde in der Wüste Juda (Eine Orientierung), ANRW II, 19.1, 1979, 704-778

H. Braun, Qumran und das Neue Testament, I-II, Tübingen 1966

K. Brockelmann, Lexicon Syriacum, Hildesheim 1966 (Nachdr. der Ausg. Halle ²1928)

Ch. Burchard, Bibliographie zu den Handschriften vom Toten Meer, I, BZAW 76, Berlin 1957; II, BZAW 89, Berlin 1965

G.H. Dalman, Aramäisch-neuhebräisches Handwörterbuch zu Targum, Talmud und Midrasch, Hildesheim 1967 (Nachdr. der Ausg. Göttingen 1938)

L.H. Feldman, Josephus and Modern Scholarship (1937-1980), Berlin/New York 1984

Ders., Josephus. A Supplementary Bibliography, New York 1986

Ders., A Selective Critical Bibliography of Josephus, in: Josephus, the Bible, and History, ed. by L.H. Feldman and G. Hata, Leiden 1989, 330-448

J.A. Fitzmyer, The Dead Sea Scrolls. Major Publications and Tools for Study, Revised Edition, SBL Resources for Biblical Study 20, Atlanta, GA 1990

F. García Martínez, Lista de MSS procedentes de Qumran, Henoch 11, 1989, 149-232

Ders., El Rollo del Templo (11 Q Temple): Bibliografía sistemática, RdQ 12, 1985/87, 425-440

W. Gesenius, Hebräisches und aramäisches Handwörterbuch über das Alte Testament, bearb. v. F. Buhl, Berlin usw. 1959 (Neudr. der 17. Aufl. 1915)

E. Hatch-H.A. Redpath, A Concordance to the Septuagint and the other Greek versions of the Old Testament (including the apocryphal books), I-II, Graz 1954 (= Oxford 1897)

E. Hilgert, Bibliographia Philoniana 1935-1981, ANRW II, 21.1, 47-97

B. Jongeling, A Classified Bibliography of the Finds in the Desert of Judah 1958-1969, STDJ 7, Leiden 1971

L. Köhler und W. Baumgartner, Hebräisches und aramäisches Lexikon zum Alten Testament, I-IV, Leiden 1967-1990

K.G. Kuhn, in Verbindung mit A.-M. Denis, R. Deichgräber, W. Eiss, G. Jeremias und H.-W. Kuhn: Konkordanz zu den Qumrantexten, Göttingen 1960

Ders., unter Mitarbeit von U. Müller, W. Schmücker und H. Stegemann: Nachträge zur 'Konkordanz zu den Qumrantexten', RdQ 4, 1963/64, 163-234

H.G. Liddell and R. Scott, A Greek-English Lexicon. With a Supplement, ed. by E.A. Barber, Oxford ⁹1968

G. Mayer, Index Philoneus, Berlin/New York 1974

F. Passow, Handwörterbuch der griechischen Sprache, I,1 - II,2, Darmstadt 1970 (= Leipzig ⁵1841)

K.H. Rengstorf, A Complete Concordance To Flavius Josephus, I-IV, in cooperation with E. Buck, E. Güting, B. Justus, H. Schreckenberg ed. by -, Leiden 1973-1983

F. Römer, Plinius der Ältere, AAW 31, 1978, 129-206

K. Sallmann, Plinius der Ältere 1938-1970, Lustrum 18, 1975 (1977), 5-299, dort 136-141: § 73 (- § 74) Esseni

A. Schalit, Namenwörterbuch zu Flavius Josephus, A Complete Concordance to Flavius Josephus, ed. by K.H. Rengstorf, Suppl. I, Leiden 1968

H. Schreckenberg, Bibliographie zu Flavius Josephus, ALGHL 1, Leiden 1968

Ders., Bibliographie zu Flavius Josephus. Supplementband mit Gesamtregister, ALGHL 14, Leiden 1979

S. Schwertner, Abkürzungsverzeichnis der TRE, Berlin/New York 1976

Thesaurus linguae Latinae, Leipzig 1900 ff.

C.A. Wahl, Clavis librorum Veteris Testamenti apocryphorum philologica, Indicem verborum in libris pseudepigraphis usurpatorum adjecit J.B. Bauer, Graz 1972

A.S. van der Woude, Fünfzehn Jahre Qumranforschung (1974-1988), ThR 54, 1989, 221-261; 55, 1990, 245-307; 57, 1992, 1-57

6.3 Sekundärliteratur

D.C. Allison, The Silence of Angels: Reflections on the Songs of the Sabbath Sacrifice, RdQ 13, 1988, Mémorial Jean Carmignac, études qumrâniennes ed. par F. García Martínez et E. Puech, 189-197

F. Altheim – R. Stiehl, Geschichte Mittelasiens im Altertum, Berlin 1970

Y. Amir, Die hellenistische Gestalt des Judentums bei Philon von Alexandrien, Forschungen zum jüdisch-christlichen Dialog 5, Neukirchen-Vluyn 1983

M. Baigent/R. Leigh, Verschlußsache Jesus. Die Qumranrollen und die Wahrheit über das frühe Christentum, aus dem Englischen von P.S. Dachs und B. Neumeister-Taroni, München 1991

P. Bar-Adon, Another Settlement of the Judean Desert Sect at ᶜEn el-Ghuweir on the Shores of the Dead Sea, BASOR 227, 1977, 1-25

H. Bardtke, Die Handschriftenfunde am Toten Meer, (II.) Die Sekte von Qumrân, Berlin 1958

C.K. Barrett, Das Evangelium nach Johannes, KEK Sonderband, Göttingen 1990

W. Bauer, Essener, PRE Suppl. IV, 1924, 386-430, zitiert nach: Aufsätze und kleine Schriften, hg. v. G. Strecker, Tübingen 1967, 1-59

O. Bauernfeind – O. Michel, Die beiden Eleazarreden in Jos. bell. 7, 323-336; 7,341-388, ZNW 58, 1967, 267-272

G. Baumbach, Art. Σαδδουκαῖος, EWNT III, 530-531

Ders., Art. Φαρισαῖος, EWNT III, 992-997

Ders., The Sadducees in Josephus, in: L.H. Feldman and G. Hata, Josephus, the Bible, and History, Leiden 1989, 173-195

J.M. Baumgarten, Studies in Qumran Law, SJLA 24, Leiden 1977

Ders., 4 Q 503 (Daily Prayers) and the Lunar Calendar, RdQ 12, 1985/87, 399-407

J. Baumgarten, Paulus und die Apokalyptik. Die Auslegung apokalyptischer Überlieferung in den echten Paulusbriefen, WMANT 44, Neukirchen-Vluyn 1975

Th. Baumeister, Die Anfänge der Theologie des Martyriums, MBTh 45, Münster 1980

T.S. Beall, Josephus' Description of the Essenes Illustrated by the Dead Sea Scrolls, MSS NTS 58, Cambridge usw. 1988

R. Beckwith, The Significance of the Calendar for Interpreting Essene Chronology and Eschatology, RdQ 10, 1980, 167-202

R. Bergmeier, Miszellen zu Flavius Josephus, De bello Judaico 5, § 208 und § 236, ZNW 54, 1963, 268-271

Ders. – H. Pabst, Ein Lied von der Erschaffung der Sprache. Sinn und Aufbau von 1 QH Hodayot I, 27-31, RdQ 5, 1965, 435-439

Ders., Loyalität als Gegenstand Paulinischer Paraklese. Eine religionsgeschichtliche Untersuchung zu Röm 13,1ff und Jos. B. J. 2,140, in: Theok. 1, 1967/69 (1970), 51-63

Ders., Entweltlichung. Verzicht auf religions-*geschichtliche* Forschung? NT 16, 1974, 58-80

Ders., Glaube als Gabe nach Johannes. Religions-und theologiegeschichtliche Studien zum prädestinatianischen Dualismus im vierten Evangelium, BWANT 112, Stuttgart usw. 1980

Ders., 'Jerusalem, du hochgebaute Stadt', ZNW 75, 1984, 86-106

O. Betz, Offenbarung und Schriftforschung in der Qumransekte, WUNT 6, Tübingen 1960

Ders., Essener und Therapeuten, TRE X (1982), 386-391

M. Black, Judas of Galilee and Josephus's 'Fourth Philosophy', in: Josephus-Studien. Untersuchungen zu Josephus, dem antiken Judentum und dem Neuen Testament, O. Michel zum 70. Geburtstag gewidmet, hg. v. O. Betz, K. Haacker, M. Hengel, Göttingen 1974, 45-54

F. Boll–C. Bezold–W. Gundel, Sternglaube und Sterndeutung. Die Geschichte und das Wesen der Astrologie. Mit einem bibliographischen Anhang von H.G. Gundel, Darmstadt [5]1966

A. Bouché-Leclercq, Histoire de la divination dans l'antiquité, I-IV, (Paris 1879/81) Aalen 1978

W. Bousset, Die Religion des Judentums im späthellenistischen Zeitalter, hg. v. H. Greßmann, mit einem Vorwort von E. Lohse, HNT 21, Tübingen [4]1966

H. Braun, Spätjüdisch-häretischer und frühchristlicher Radikalismus, I-II, BHTh 24, Tübingen [2]1969

G.J. Brooke, Exegesis at Qumran. 4 Q Florilegium in its Jewish Context, JSOT, Suppl.Ser. 29, Sheffield 1985

W.H. Brownlee, Biblical Interpretation among the Sectaries of the Dead Sea Scrolls, BA 14, 1951, 54-76

Ders., The Background of Biblical Interpretation at Qumran, in: Qumrân, ed. M. Delcor, BEThL 46, Paris-Gembloux/Leuven 1978, 183-193

N. Brox, Der erste Petrusbrief, EKK XXI, Zürich usw. 1979

H. Burgmann, Die essenischen Gemeinden von Qumrān und Damaskus in der Zeit der Hasmonäer und Herodier (130 ante – 68 post), ANTJ 8, Frankfurt a.M. usw. 1988

Ch. Burchard, Pline et les Esséniens, RB 69, 1962, 533-569

Ders., Solin et les Esséniens, RB 74, 1967, 392-407

Ders., Essener, KP 2 (1967), 375-378

Ders., Zur Nebenüberlieferung von Josephus' Bericht über die Essener Bell 2, 119-161 bei Hippolyt, Porphyrius, Josippus, Niketas Choniates und anderen, in: Josephus-Studien. Untersuchungen zu Josephus, dem antiken Judentum und dem Neuen Testament, O. Michel zum 70. Geburtstag gewidmet, hg. v. O. Betz, K. Haacker, M. Hengel, Göttingen 1974, 77-96

Ders., Die Essener bei Hippolyt. Hippolyt, Ref. IX 18,2 – 28,2 und Josephus, Bell. 2, 119-161, JSJ 8, 1977, 1-41

Ders., Rezension: G. Vermes and M.D. Goodman, Essenes (s. 6.1), ThLZ 115, 1990, 265f.

W. Burkert, Antike Mysterien. Funktionen und Gehalt, München 1990

H.C. Cavallin, Leben nach dem Tode im Spätjudentum und im frühen Christentum, I. Spätjudentum, ANRW II 19.1 (1979), 240-345

J.H. Charlesworth, Jewish Astrology in the Talmud, Pseudepigrapha, the Dead Sea Scrolls, and Early Palestinian Synagogues, HThR 70, 1977, 183-200

Ders., The Origin and Subsequent History of the Authors of the Dead Sea Scrolls: Four Transitional Phases Among the Qumran Essenes, RdQ 10, 1979-81, 213-233

Ders., The Discovery of a Dead Sea Scroll (4 Q Therapeia): Its Importance in the History of Medicine and Jesus Research, International Center for Arid and Semi-Arid Land Studies Publications No. 85-1, Lubbock, TX 1985

S.J.D. Cohen, Josephus in Galilee and Rome. His Vita and Development as a Historian, CSCT 8, Leiden 1979

Ders., Pagan and Christian Evidence on the Ancient Synagogue, in: The Synagogue in Late Antiquity, ed. L.I. Levine, Philadelphia, Penn. 1987, 159-181

H. Conzelmann, Die Apostelgeschichte, HNT 7, Tübingen 1963

J. Coppens, Le célibat essénien, in: Qumrân, ed. M. Delcor, BEThL 46, Paris-Gembloux/Leuven 1978, 295-303

F.M. Cross, Die antike Bibliothek von Qumran und die moderne biblische Wissenschaft. Ein zusammenfassender Überblick über die Handschriften vom Toten Meer und ihre einstigen Besitzer, NStB 5, Neukirchen-Vluyn 1967

G. Dautzenberg, Urchristliche Prophetie. Ihre Erforschung, ihre Voraussetzungen im Judentum und ihre Struktur im ersten Korintherbrief, BWANT 104, Stuttgart usw. 1975

D. Dečev (Detschew), Die thrakischen Sprachreste, Österreichische Akademie der Wissenschaften, Philos.-hist. Kl. Schriften der Balkankommission, linguistische Abteilung XIV, Wien 1957

Ders., Charakteristik der thrakischen Sprache, Bulgarische Akademie der Wissenschaften 61, 1952, Linguistique Balkanique II, Sofia ²1960

A. Dieterich, Nekyia. Beiträge zur Erklärung der neuentdeckten Petrusapokalypse, Darmstadt ³1969 (Nachdr. der 2. Aufl. Leipzig und Berlin 1913)

H. Dörrie, Paradoxa, KP IV, 500f.

H. Drüner, Untersuchungen über Josephus, Diss. Marburg 1896

A. Dupont-Sommer, Aperçus préliminaires sur les manuscrits de la mer Morte, Paris 1950

Ders., in: Qumran, hg. v. K.E. Grözinger, N. Ilg, H. Lichtenberger, G.-W. Nebe, H. Pabst, WdF 410, Darmstadt 1981, 201-224: Das Problem der Fremdeinflüsse auf die jüdische Qumransekte

R. Egger, Josephus Flavius und die Samaritaner. Eine terminologische Untersuchung zur Identitätsklärung der Samaritaner, NTOA 4, Göttingen 1986

R.H. Eisenman, Maccabees, Zadokites, Christians and Qumran. A new hypothesis of Qumran origins, StPB 34, Leiden 1983

Ders., James the Just in the Habakkuk Pesher, StPB 35, Leiden 1986

L.H. Feldman and G. Hata, Josephus, Judaism, and Christianity, Leiden 1987

Dieselben, Josephus, the Bible, and History, Leiden 1989

A.-J. Festugière, Sur une nouvelle édition du « de vita Pythagorica » de Jamblique, REG 50, 1937, 470-494

Ders., La révélation d'Hermès Trismégiste, IV Le dieu inconnu et la gnose, EtB, Paris ³1954

U. Fischer, Eschatologie und Jenseitserwartung im hellenistischen Diasporajudentum, BZNW 44, Berlin/New York 1978

H.C. Fletes, Der Habakukkommentar von Qumran. Eine Studie zum frühen jüdischen Midrasch, Diss. Bochum 1985

D. Flusser, Pharisäer, Sadduzäer und Essener im Pescher Nahum, in: Qumran, hg. v. K.E. Grözinger, N. Ilg, H. Lichtenberger, G.-W. Nebe, H. Pabst, WdF 410, Darmstadt 1981, 121-166

Ders., Megillot Midbar Yehuda we-ha-'Issiyyim, Tel Aviv ²1987

W. Foerster, Neutestamentliche Zeitgeschichte, Bielefeld ²1986

I. Fröhlich, Le genre littéraire des Pesharim de Qumrân, RdQ 12, 1985/87, 383-398

Diess., Les enseignements des vielleurs dans la tradition de Qumrân, RdQ 13, 1988, Mémorial Jean Carmignac, études qumrâniennes ed. par F. García Martínez et E. Puech, 177-187

H. Gabrion, L'interprétation de l'Ecriture dans la littérature de Qumrân, ANRW II 19.1 (1979), 779-848

F. García Martínez, Essénisme Qumrânien: Origines, caractéristiques, héritage, in: Correnti culturali e movimenti religiosi del giudaismo. Atti del V Congresso internazionale dell'AISG, hg. v. B. Chiesa, Associazione italiana per lo studio del giudaismo. Testi e studi 5, Rom 1987, 37-57

Ders., Rezension: T.S. Beall, Description (s. dort), JSJ 20, 1989, 84-88

B. Gatz, Weltalter, goldene Zeit und sinnverwandte Vorstellungen, Spudasmata 16, Hildesheim 1967

P. Gorman, Pythagoras Palaestinus, Ph. 127, 1983, 30-42

Y.M. Grintz, Die Männer des Yaḥad – Essener, Zusammenfassungen, Erläuterungen und Bemerkungen zu den Rollen vom Toten Meer, in: A. Schalit, Zur Josephus-Forschung, WdF 84, Darmstadt 1973, 294-336

W. Grundmann, Das palästinensische Judentum im Zeitraum zwischen der Erhebung der Makkabäer und dem Ende des Jüdischen Krieges, in: Umwelt des Urchristentums, I (s. dort), 143-291

H.G. Gundel, Weltbild und Astrologie in den griechischen Zauberpapyri, München 1968

H.G. Gundel – R. Böker, Zodiakos. Der Tierkreis in der Antike, PRE X A, 462-709

W. Gundel - H.G. Gundel, Astrologumena. Die astrologische Literatur in der Antike und ihre Geschichte, SAGM.B 6, Wiesbaden 1966

I. Heinemann, Therapeutai, PRE V A (1934), 2321-2346

M. Hengel, Proseuche und Synagoge. Jüdische Gemeinde, Gotteshaus und Gottesdienst in der Diaspora und in Palästina, in: Tradition und Glaube, Festg. K.G. Kuhn, hg. v. G. Jeremias, H.-W. Kuhn und H. Stegemann, Göttingen 1971, 157-184

Ders., Zeloten und Sikarier, in: Josephus-Studien. Untersuchungen zu Josephus, dem antiken Judentum und dem Neuen Testament, O. Michel zum 70. Geburtstag gewidmet, hg. v. O. Betz, K. Haacker, M.Hengel, Göttingen 1974, 175-196

Ders., Die Zeloten. Untersuchungen zur jüdischen Freiheitsbewegung in der Zeit von Herodes I. bis 70 n.Chr., AGJU 1, Leiden [2]1976

Ders., Qumrān und der Hellenismus, in: Qumrân, ed. M. Delcor, BEThL 46, Paris-Gembloux/Leuven 1978, 333-372

Ders., Judentum und Hellenismus. Studien zu ihrer Begegnung unter besonderer Berücksichtigung Palästinas bis zur Mitte des 2. Jahrhunderts vor Christus, WUNT 10, Tübingen [3]1988

Ders., The 'Hellenization' of Judaea in the First Century A.D., London/Philadelphia 1989

P. Hoffmann, Die Toten in Christus. Eine religionsgeschichtliche und exegetische Untersuchung zur paulinischen Eschatologie, NTA NF 2, Münster [3]1978

G. Hölscher, Josephus, 2) Der Schriftsteller, PRE IX (1916), 1934-2000

M.P. Horgan, Pesharim: Qumran Interpretations of Biblical Books, CBQ.MS 8, Washington 1979

P.W. van der Horst, Ancient Jewish Epitaphs: An introductory survey of a millennium of Jewish funerary epigraphy (300 BCE - 700 CE), Contributions to Biblical Exegesis & Theology 2, Kampen 1991

H. Hübner, Zölibat in Qumran? NTS 17, 1971, 153-167

C.-H. Hunzinger, Beobachtungen zur Entwicklung der Disziplinarordnung der Gemeinde von Qumran, in: Qumran, hg. v. K.E. Grözinger u.a., WdF 410, Darmstadt 1981, 249-262

B. Janowski, Rettungsgewißheit und Epiphanie des Heils. Das Motiv der Hilfe Gottes 'am Morgen' im Alten Orient und im Alten Testament, I Alter Orient, WMANT 59, Neukirchen-Vluyn 1989

G. Jeremias, Der Lehrer der Gerechtigkeit, StUNT 2, Göttingen 1963

J. Jeremias, Jerusalem zur Zeit Jesu, Göttingen [3]1962

A.H. Jones, Essenes: The Elect of Israel and the Priests of Artemis, Lanham usw. 1985

Josephus-Studien. Untersuchungen zu Josephus, dem antiken Judentum und dem Neuen Testament, O. Michel zum 70. Geburtstag gewidmet, hg. v. O. Betz, K. Haacker, M. Hengel, Göttingen 1974

J. Junge, Saka-Studien. Der ferne Nordosten im Weltbild der Antike, Klio, Beih. 41, 1939

J. Kampen, A Reconsideration of the Name 'Essene' in Greco-Jewish Literature in Light of Recent Perceptions of the Qumran Sect, HUCA 57, 1986, 61-81

131

A. Kasher, The Jews in Hellenistic and Roman Egypt. The Struggle for Equal Rights, Texte und Studien zum antiken Judentum 7, Tübingen 1985

H.G. Kippenberg, Religion und Klassenbildung im antiken Judäa. Eine religionssoziologische Studie zum Verhältnis von Tradition und gesellschaftlicher Entwicklung, StUNT 14, Göttingen 1978

H.-J. Klauck, Gütergemeinschaft in der klassischen Antike, in Qumran und im Neuen Testament, RdQ 11, 1982, 47-79

G. Klinzing, Die Umdeutung des Kultus in der Qumrangemeinde und im Neuen Testament, StUNT 7, Göttingen 1971

R. König und G. Winkler, Plinius der Ältere. Leben und Werk eines antiken Naturforschers, München/Darmstadt 1979

S. Kottek, The Essenes and Medicine, Clio Medica 18, 1983, 81-99

H. Kraft, Therapeuten, RGG³ VI, 848

H.-W. Kuhn, Enderwartung und gegenwärtiges Heil. Untersuchungen zu den Gemeindeliedern von Qumran mit einem Anhang über Eschatologie und Gegenwart in der Verkündigung Jesu, StUNT 4, Göttingen 1966

K.G. Kuhn, Zur Bedeutung der neuen palästinischen Handschriftenfunde für die neutestamentliche Wissenschaft, ThLZ 75, 1950, 81-86

Ders., Essener, RGG³ II, 701-703

E.-M. Laperrousaz, Qoumrân: L'établissement essénien des bords de la mer Morte: Histoire et archéologie du site, Paris 1976

Ders., Les Esséniens selon leur témoignage direct, Paris 1982

Ders., Brèves remarques archéologiques concernant la chronologie des occupations esséniennes de Qoumrân, RdQ 12, 1986, 199-212

R. Laqueur, Der Werdegang des Josephus, in: A. Schalit, Zur Josephus-Forschung, WdF 84, Darmstadt 1973, 70-103

H. Leisegang, Der Heilige Geist. Das Wesen und Werden der mystisch-intuitiven Erkenntnis in der Philosophie und Religion der Griechen, Darmstadt 1967 (Nachdr. der Ausg. Leipzig und Berlin 1919)

L.I. Levine, The Second Temple Synagogue: The Formative Years, in: The Synagogue in Late Antiquity, ed. --, Philadelphia 1987, 7-31

I. Lévy, La légende de Pythagore de Grèce en Palestine, BEHE.H 250, Paris 1927

Ders., Recherches esséniennes et pythagoriciennes, PCRHP.GR III,1, Genf/Paris 1965, darin
7-17: Ceux de la grotte
31-35: Brahmanes et esséniens. Interdiction du crachat
57-63: Historique de la controverse sur la provenance des éléments non juifs de l'essénisme

M. Lichtenberger, Studien zum Menschenbild in Texten der Qumrangemeinde, StUNT 15, Göttingen 1980

B. Lifshitz, Donateurs et fondateurs dans les synagogues juives, CRB 7, Paris 1967

H. Lignée, La place du livre des Jubilés et du rouleau du temple dans l'histoire du mouvement Essénien. Ces deux ouvrages ont-ils été écrits par le Maître de Justice ? RdQ 13, 1988, Mémorial Jean Carmignac, études qumrâniennes ed. par F. García Martínez et E. Puech, 331-345

132

H. Lindner, Die Geschichtsauffassung des Flavius Josephus im Bellum Judai-
cum. Gleichzeitig ein Beitrag zur Quellenfrage, AGJU 12, Leiden 1972
G. Maier, Mensch und freier Wille. Nach den jüdischen Religionsparteien zwi-
schen Ben Sira und Paulus, WUNT 12, Tübingen 1971
J. Maier, Zum Begriff יחד in den Texten von Qumran, in: Qumran, hg. v. K.E.
Grözinger u.a., WdF 410, Darmstadt 1981, 225-248
Ders., Zum Stand der Essenerforschung, BiKi 40, 1985, 46-53
Ders., Zwischen den Testamenten. Geschichte und Religion in der Zeit des zwei-
ten Tempels, Die Neue Echter Bibel, ErgBd. zum AT 3, Würzburg 1990
S. Mason, Flavius Josephus on the Pharisees. A Composition-Critical Study,
StPB 30, Leiden usw. 1991
D. Mendels, Hellenistic Utopia and the Essenes, HThR 72,1979, 207-222
R. Meyer, προφήτης κτλ., ThWNT VI, 813-828
Ders., Σαδδουκαῖος, ThWNT VII, 35-54
Ders., Φαρισαῖος A. Der Pharisäismus im Judentum, ThWNT IX, 11-36
Ders., Zur Geschichte und Theologie des Judentums in hellenistisch-römischer
Zeit. Ausgewählte Abhandlungen von --, hg. v. W. Bernhardt, Neukirchen-
Vluyn 1989, darin
11-20: Das Arbeitsethos in Palästina zur Zeit der werdenden Kirche
63-70: Die Bedeutung des Pharisäismus für Geschichte und Theologie des Ju-
dentums
71-129: Das Gebet des Nabonid. Eine in den Qumran-Handschriften wieder-
entdeckte Weisheitserzählung
130-187: Tradition und Neuschöpfung im antiken Judentum. Dargestellt an
der Geschichte des Pharisäismus
O. Michel, Spätjüdisches Prophetentum, in: Neutestamentliche Studien für R.
Bultmann, BZNW 21, 1954, 60-66
Ders., Der Schwur der Essener, ThLZ 81, 1956, 189f.
J.T. Milik, Ten Years of Discovery in the Wilderness of Judaea, SBT 26, London 1959, daraus 44-98 übers. v. U. Worschech: Die Geschichte der Essener,
in: Qumran, hg. v. K.E. Grözinger u.a. WdF 410, Darmstadt 1981, 58-120
G.F. Moore, Schicksal und freier Wille in der jüdischen Philosophie bei Jose-
phus, in: A. Schalit, Zur Josephus-Forschung, WdF 84, Darmstadt 1973, 167-
189
W. Morel, Eine Rede bei Josephus (Bell. Iud. VII 341 sqq.), RMP NF 75, 1926,
106-114
K.E. Müller, Geschichte der antiken Ethnographie und ethnologischen Theorie-
bildung, Studien zur Kulturkunde 29 und 52, Wiesbaden 1972 und 1980
J. Naveh, A Medical Document or a Writing Exercise: The So-called 4 Q Thera-
peia, IEJ 36, 1986, 52-55, pl. 11
J. Neusner, Josephus' Pharisees: A Complete Repertoire, in: L.H. Feldman and
G. Hata, Josephus, Judaism, and Christianity, Leiden 1987, 274-292
M. San Nicolò, Ägyptisches Vereinswesen zur Zeit der Ptolemäer und Römer,
Mit Nachträgen v. J. Herrmann, I-II, MBPF 2, München ²1972
V. Nikiprowetzky, Le « De vita contemplativa » revisité, in: Sagesse et Religion:
Colloque de Strasbourg (octobre 1976), Paris 1979, 105-125

Ders., Josephus and the Revolutionary Parties, in: L.H. Feldman and G. Hata, Josephus, the Bible, and History, Leiden 1989, 216-236

M.P. Nilsson, Geschichte der griechischen Religion, I, Die Religion Griechenlands bis auf die griechische Weltherrschaft, HAW V,1, München [3]1976 II, Die hellenistische und römische Zeit, HAW V,2, München [2]1961

E. Norden, Agnostos Theos. Untersuchungen zur Formengeschichte religiöser Rede, Darmstadt [4]1956

Ders., Josephus und Tacitus über Jesus Christus und eine messianische Prophetie, in: A. Schalit, Zur Josephus-Forschung, WdF 84, Darmstadt 1973, 27-69

P. von der Osten-Sacken, Bemerkungen zur Stellung des Mebaqqer in der Sektenschrift, ZNW 55, 1964, 18-26

Ders., Gott und Belial. Traditionsgeschichtliche Untersuchungen zum Dualismus in den Texten aus Qumran, StUNT 6, Göttingen 1969

E. Pfeffer, Studien zur Mantik in der Philosophie der Antike, BKP 64, Meisenheim 1976

Ch. Picard, Éphèse et Claros. Recherches sur les sanctuaires et les cultes de l'Ionie du nord, BEFAR 123, Paris 1922

B. Pixner, An Essene Quarter on Mount Zion? In: Studia Hierosolymitana, FS P. Bellarmino Bagatti, Studium Biblicum Franciscanum, Collectio maior N. 22, Jerusalem 1976, 245-285

Ders., Das Essenerquartier in Jerusalem und dessen Einfluß auf die Urkiche, HlL 113, 1981, 3-14

M. Pohlenz, Die Stoa. Geschichte einer geistigen Bewegung, Göttingen, I, 1948, II, [2]1955

R. von Pöhlmann, Geschichte der sozialen Frage und des Sozialismus in der antiken Welt, I-II, 3.Aufl. durchges. u. um einen Anhang vermehrt v. F. Oertel, München 1925

F. Poland, Geschichte des griechischen Vereinswesens, Leipzig 1909

J. Pouilly, La règle de la Communauté de Qumrân. Son évolution littéraire, CRB 17, Paris 1976

E. Puech, Les Esséniens et la vie future, Le Monde de la Bible 4, 1978, 38-40

E. Qimron and J. Strugnell, An Unpublished Halakhik Letter from Qumran, Biblical Archaeology Today, Israel Exploration Society, Jerusalem 1984, 400-407

Qumrân. Sa piété, sa théologie et son milieu, ed. M. Delcor, BEThL 46, Paris-Gembloux/Leuven 1978

Qumran, hg. v. K.E. Grözinger, N. Ilg, H. Lichtenberger, G.-W. Nebe, H. Pabst, WdF 410, Darmstadt 1981

Ch. Rabin, Qumran Studies, ScJ II, (London 1957) Westport 1976

T. Rajak, Josephus. The Historian and His Society, London 1983

R. Reitzenstein, Des Athanasius Werk über das Leben des Antonius. Ein philologischer Beitrag zur Geschichte des Mönchtums, SHAW. PH 1914.8

Ders., Die hellenistischen Mysterienreligionen nach ihren Grundgedanken und Wirkungen, Darmstadt 1966 (Nachdr. der 3. Aufl. von 1927)

K.H. Rengstorf, Hirbet Qumran und die Bibliothek vom Toten Meer, StDel 5, Stuttgart 1960

134

Ders., στέλλω, ThWNT VII, 588-591, speziell 589, 27-39

Ch. Riedweg, Mysterienterminologie bei Platon, Philon und Klemens von Alexandrien, UaLG 26, Berlin/New York 1987

R. Riesner, Essener und Urkirche in Jerusalem, BiKi 40, 1985, 64-76

E. Rohde, Der griechische Roman und seine Vorläufer, Leipzig ³1914

Ders., Psyche. Seelencult und Unsterblichkeitsglaube der Griechen, 2 Bde. in einem Bd., Darmstadt 1961 (Nachdr. der 2. Aufl., Freiburg usw. 1898)

H.H. Rowley, Die Geschichte der Qumransekte, in: Qumran, hg. v. K.E. Grözinger u.a., WdF 410, Darmstadt 1981, 23-57

E. Ruckstuhl, Zur Chronologie der Leidensgeschichte Jesu, 2 Teile und ein Nachtrag, in: Jesus im Horizont der Evangelien, SBAB 3, Stuttgart 1988, 101-139.141-176.177-184

S. Safrai, Das jüdische Volk im Zeitalter des Zweiten Tempels, Information Judentum 1, Neukirchen-Vluyn 1978

Ders., Die Wallfahrt im Zeitalter des Zweiten Tempels, Forschungen zum jüdisch-christlichen Dialog 3, Neukirchen-Vluyn 1981

S. Safrai and M. Stern, The Jewish People in the First Century, ed. by -- in cooperation with D. Flusser and W.C. van Unnik, CRJ 1, Assen/Amsterdam, I ²1974, II 1976

K.G. Sallmann, Die Geographie des älteren Plinius in ihrem Verhältnis zu Varro, UaLG 11, Berlin/New York 1971

B. Salomonsen, Das Spätjudentum, in: Handbuch der Religionsgeschichte, hg. v. J.P. Asmussen und J. Laessøe in Verb. mit C. Colpe, II, Göttingen 1972, 149-190

D. Sänger, Antikes Judentum und die Mysterien. Religionsgeschichtliche Untersuchungen zu Joseph und Aseneth, WUNT 2, 5, Tübingen 1980

P. Schäfer, Geschichte der Juden in der Antike. Die Juden Palästinas von Alexander dem Großen bis zur arabischen Eroberung, Stuttgart/Neukirchen-Vluyn 1983

A. Schalit, Zur Josephus-Forschung, hg. v. --, WdF 84, Darmstadt 1973

L.H. Schiffman, Sectarian Law in the Dead Sea Scrolls: Courts, Testimony and the Penal Code, Brown Judaic Studies 33, Chico, Calif. 1983

Ders., Essenes, Enc Rel V, 1986, 163-166

Ders., The Dead Sea Scrolls and the Early History of Jewish Liturgy, in: The Synagogue in Late Antiquity, ed. L.I. Levine, Philadelphia 1987, 33-48

Ders., The Temple Scroll and the Systems of Jewish Law of the Second Temple Period, in: Temple Scroll Studies, ed. by G.J. Brooke, Journal for the Study of the Pseudepigrapha, Suppl. Series 7, Sheffield 1989, 239-255

G. Schrenk, τὸ ἱερόν, ThWNT III, 230-247

K. Schubert, Die Gemeinde vom Toten Meer, München/Basel 1958

(J. Maier/) K. Schubert, Die Qumran-Essener. Texte der Schriftrollen und Lebensbild der Gemeinde, UTB 224, München/Basel 1973

E. Schürer, Geschichte des jüdischen Volkes im Zeitalter Jesu Christi, II, (Leipzig ⁴1907) Hildesheim/New York 1970

E. Schürer, The History of the Jewish People in the Age of Jesus Christ (175 B.C. – A.D. 135). A new English version revised and ed. by G. Vermes and F.

Millar, I, Edinburgh (1973) 1987, II, ed by G. Vermes, F. Millar, M. Black, (1979) 1986, III,1-2, ed. by G. Vermes, F. Millar, M. Goodman, 1986/87

O. Schwankl, Die Sadduzäerfrage (Mk 12,18-27 parr.). Eine exegetisch-theologische Studie zur Auferstehungserwartung, BBB 66, Frankfurt a.M.1987

D.R. Schwartz, On Some Papyri And Josephus' Sources And Chronology For The Persian Period, JSJ 21, 1991, 175-199

E. Schwartz, Chairemon 7, PRE III, 2025-2027

S. Segert, Die Gütergemeinschaft der Essäer, Sborník filologický 3 (1955), 1, 66-73

E. Seidl, Ptolemäische Rechtsgeschichte, ÄF 22, Glückstadt usw. [2]1962

M. Simon, Le christianisme antique et son contexte religieux. Scripta Varia, I-II, WUNT 23, Tübingen 1981

M. Smith, The Description of the Essenes in Josephus and the Philosophumena, HUCA 29, 1958, 273-313

Ders., Helios in Palestine, in: Eretz-Israel 16, 1982, 199*-214*

Ders., The Occult in Josephus, in: J.A. Feldman and G. Hata, Josephus, Judaism, and Christianity, Leiden 1987, 236-256

W. Speyer, Frühes Christentum im antiken Strahlungsfeld. Ausgewählte Aufsätze, WUNT 50, Tübingen 1989

H. Stegemann, Die Entstehung der Qumrangemeinde, Dissertationsdruck Bonn 1971

Ders., Die Qumrantexte und ihre Bedeutung für das Neue Testament, Georgia Augusta Mai 1983, Nachrichten aus der Universität Göttingen, 17-29

Ders., 'Das Land' in der Tempelrolle und in anderen Texten aus den Qumranfunden, in: Das Land Israel in biblischer Zeit, hg. v. G. Strecker, Göttingen 1983, 154-171

Ders., Die Bedeutung der Qumranfunde für die Erforschung der Apokalyptik, in: Apocalypticism in the Mediterranean World and the Near East, ed. by D. Hellholm, Tübingen 1983, 495-530

Ders., Zu Textbestand und Grundgedanken von 1 QS III,13-IV,26, RdQ 13, 1988, Mémorial Jean Carmignac, études qumrâniennes ed. par F. García Martínez et E. Puech, 95-131

A. Steiner, Warum lebten die Essener asketisch? BZ NF 15, 1971, 1-28

G. Stemberger, Geschichte der jüdischen Literatur. Eine Einführung, München 1977

Ders., Pharisäer, Sadduzäer, Essener, SBS 144, Stuttgart 1991

H.L. Strack/G. Stemberger, Einleitung in Talmud und Midrasch, München [7]1982

E.L. Sukenik, Megillot genuzot, I, Jerusalem 1948

H.St.J. Thackeray, Josephus und der Hellenismus: Seine griechischen Gehilfen, in: A. Schalit, Zur Josephus-Forschung, WdF 84, Darmstadt 1973, 139-166

H. Thesleff, An Introduction to the Pythagorean Writings of the Hellenistic Period, AAAbo.H XXIV.3, Abo 1961

K. Treu, Synesios von Kyrene. Ein Kommentar zu seinem 'Dion', TU 71, Berlin 1958

K. Trüdinger, Studien zur Geschichte der griechisch-römischen Ethnographie, Basel 1918

Umwelt des Urchristentums, in Verb. mit G. Hansen, G. Haufe, H. Heger-
mann, K. Matthiae, H. Ristow, H.-M. Schenke hg. v. J. Leipoldt und W.
Grundmann, I, Darstellung des neutestamentlichen Zeitalters, Berlin [2]1967

R. de Vaux, Archaeology and the Dead Sea Scrolls, London 1973

G. Vermes, The Dead Sea Scrolls. Qumran in Perspective, London 1977

Ders., Die Schriftauslegung in Qumran in ihrem historischen Rahmen, in: Qumran, hg. v. K.E. Grözinger u.a., WdF 410, Darmstadt 1981, 185-200

R. Vischer, Das einfache Leben. Wort- und motivgeschichtliche Untersuchungen zu einem Wertbegriff der antiken Literatur, SAW 11, Göttingen 1965

P. Volz, Die Eschatologie der jüdischen Gemeinde im neutestamentlichen Zeitalter. Nach den Quellen der rabbinischen, apokalyptischen und apokryphen
Literatur, Hildesheim 1966 (Nachdr. der Ausg. Tübingen 1934)

B.Z. Wacholder, Josephus and Nicolaus of Damascus, in: L.H. Feldman and G.
Hata, Josephus, the Bible, and History, Leiden 1989, 147-172

L. Wächter, Die unterschiedliche Haltung der Pharisäer, Sadduzäer und Essener
zur Heimarmene nach dem Bericht des Josephus, ZRGG 21, 1969, 97-114

B.L. van der Waerden, Die Pythagoreer. Religiöse Bruderschaft und Schule der
Wissenschaft, Zürich/München 1979

H. Walter, Die 'Collectanea rerum memorabilium' des Iulius Solinus. Ihre Entstehung und die Echtheit ihrer Zweitfassung, Hermes. E 22, 1969

M. Weinfeld, The Organizational Pattern and the Penal Code of the Qumran
Sect, NTOA 2, Fribourg/Göttingen 1986

Ders., The Morning Prayers (Birkhoth Hashachar) in Qumran and in the Con-
ventional Jewish Liturgy, RdQ 13, 1988, Mémorial Jean Carmignac, études
qumrâniennes ed. par F. García Martínez et E. Puech, 481-494

P. Wendland, Die Therapeuten und die Philonische Schrift vom beschaulichen
Leben, JCPh.S 22, Leipzig 1896, 693-772

Ders., Die hellenistisch-römische Kultur in ihren Beziehungen zum Judentum
und Christentum, HNT 2, Tübingen [4]1972

U. Wilckens, Der Brief an die Römer, 3. Teilband (Röm 12-16), EKK VI,3, Zürich usw. 1982

H. Willrich, Hekataios von Abdera und die jüdischen Literaten, in: A. Schalit,
Zur Josephus-Forschung, WdF 84, Darmstadt 1973, 1-26

A. Wlosok, Laktanz und die philosophische Gnosis. Untersuchungen zu Geschichte und Terminologie der gnostischen Erlösungsvorstellung, AHAW.PH
2, 1960

Y. Yadin, Die Tempelrolle. Die verborgene Thora vom Toten Meer, aus dem
Englischen übertr. v. E. Eggebrecht, München/Hamburg 1985

E. Zeller, Über den Zusammenhang des Essäismus mit dem Griechenthum,
ThJb(T) 15, 1856, 401-433

Ders., Zur Vorgeschichte des Christenthums. Essener und Orphiker, ZWTh 42,
1899, 195-269

Ders., Die Philosophie der Griechen in ihrer geschichtlichen Entwicklung, III,
Die nacharistotelische Philosophie, 1-2, Leipzig [4]1903-1909

K. Ziegler, Paradoxographoi, PRE XVIII 2.H., 1137-1166

7 Register

7.1 Register moderner Autoren
7.2 Stichwortregister
7.2.1 Namen und Sachen
7.2.2 Griechische Wörter
7.3 Stellenregister
7.3.1 Biblische Bücher
7.3.2 Apokryphen und Pseudepigraphen des Alten Testaments
7.3.3 Qumran (Wüste Juda)
7.3.4 Josephus
7.3.5 Philo von Alexandria
7.3.6 Griechische und lateinische Profanschriftsteller
7.3.7 Kirchliche Schriftsteller

7.1 Register moderner Autoren

J.M. Allegro	107
D.C. Allison	96, A. 256
F. Altheim	82f. mit A. 175
Y. Amir	43, A. 45
P. Bar-Adon	24, A. 12
M. Baigent	49, A. 6; 117, A. 3
M. Baillet	95, A. 246; 96, A. 253
H. Bardtke	16, A. 23; 24, A. 12; 49, A. 1.6; 51, A. 17; 116, A. 1; 117, A. 2
C.K. Barrett	10 mit A. 8
W. Bauer	5; 18, A. 34.35; 23, A. 1; 24; 36, A. 20; 39, A. 28-30; 44, A. 52; 46, A. 63; 62, A. 75; 70; 75, A. 139; 76; 77, A. 145; 79, A. 151; 93, A. 236
O. Bauernfeind	16, A. 27; 18, A. 33; 19, A. 39; 22, A. 55; 25, A. 16; 43, A. 51; 52, A. 20; 63, A. 78; 70, A. 102; 97, A. 261; 100
G. Baumbach	57, A. 53; 58; 60, A. 72.73
J.M. Baumgarten	95, A. 245; 96, A. 250; 100, A. 276
J. Baumgarten	65, A. 88
Th. Baumeister	70, A. 104; 71, A. 107

138

T.S. Beall	16, A. 27; 50, A. 8.12; 51 mit A. 19; 52, A. 20; 73, A. 114.123; 75, A. 133.138; 76, A. 142; 77, A. 146; 78, A. 150; 79; 88, A. 219; 95, A. 245.249; 97, A. 259.263; 98, A. 268; 100, A. 270.274.275; 101, A. 280; 102, A. 284; 103, A. 290.291; 104, A. 298
R. Beckwith	16, A. 27; 52, A. 21
K. Berger	78, A. 150; 97, A. 260
O. Betz	15 mit A. 13.16 - 18; 16, A. 27; 17, A. 31; 97, A. 260
K. Beyer	53, A. 30; 54, A. 33; 56, A. 45; 97, A. 260; 118, A. 6-8
C. Bezold	54, A. 37
H. Bietenhard	49, A. 1; 52, A. 21
P. Billerbeck	65, A. 87; 74, A. 129; 85, A. 192
F. Boll	54, A. 37
K. Bormann	23, A. 2.4; 42, A. 41; 71, A. 106
A. Bouché-Leclercq	55, A. 40
W. Bousset	43, A. 43; 80, A. 157
H. Braun	10, A. 12; 52, A. 20; 73 mit A. 110.111.123; 74, A. 126; 76, A. 141.143; 77, A. 144.146; 78, A. 150; 97, A. 259
G.J. Brooke	52, A. 23
W.H. Brownlee	52, A. 23
N. Brox	37, A. 27
Ch. Burchard	12, A. 1.7-9; 23, A. 2.4.5.8; 24 mit A. 11.12; 42, A. 41; 45, A. 58.59; 49 mit A. 1.3.4; 50, A. 9; 74, A. 130; 102, A. 287; 103, A. 292
H. Burgmann	15, A. 19; 51, A. 15
W. Burkert	14, A. 12; 89, A. 220; 95, A. 244
J. Carmignac	16, A. 23; 74, A. 131
J.H. Charlesworth	51, A. 15; 56, A. 48; 107, A. 303
S.J.D. Cohen	13, A. 10; 20 mit A. 44; 23, A. 9; 25, A. 15; 57, A. 53; 105, A. 299
H. Conzelmann	121, A. 18
F.M. Cross	5; 9, A. 6; 41, A. 36
G. Dautzenberg	15, A. 13; 16, A. 27; 55, A. 39.41
M. Delcor	74, A. 130; 101
A. Dieterich	92, A. 233
D. Dimant	65, A. 89
H. Dörrie	17, A. 32
A. Dupont-Sommer	5; 9, A. 6; 48, A. 64; 55, A. 38; 85, A. 189; 95, A. 245; 97, A. 264; 99, A.

269; 100, A. 273; 101

R. Egger — 13f., A. 11

R.H. Eisenman — 49, A. 6; 117 mit A. 3

L.H. Feldman — 40; 46, A. 60; 82, A. 170

A.-J. Festugière — 80f., A. 160; 84, A. 187

U. Fischer — 20, A. 43; 63, A. 77.78

J.A. Fitzmyer — 49, A. 1; 52, A. 23

H.C. Fletes — 52, A. 23

D. Flusser — 9, A. 6

I. Fröhlich — 52, A. 23; 97, A. 260

H. Gabrion — 52, A. 23

G. Gaggero — 81, A. 163; 82, A. 170

F. García Martínez — 49, A. 1; 51, A. 18; 56, A. 45; 79; 96, A. 253; 97, A. 260; 101, A. 280

M.D. Goodman — 42, A. 42; 46, A. 63; 50, A. 13

H. Greßmann — 43, A. 43

Y.M. Grintz — 50, A. 12; 75, A. 136; 77, A. 146; 96, A. 254.255.257.258; 97, A. 259-261; 103, A. 291.292; 104, A. 298

W. Grundmann — 9, A. 5

H.G. Gundel — 53, A. 26.27; 54, A. 34; 55, A. 40

W. Gundel — 53, A. 26; 54, A. 34.37

Ch. Habicht — 71, A. 105; 118, A. 10

I. Heinemann — 43 mit A. 44.48; 80, A. 160

M. Hengel — 10, A. 10; 11; 16; 22, A. 52; 36, A. 19; 40, A. 32.33; 48, A. 65; 52, A. 21; 56, A. 44; 58, A. 63; 59, A. 64.66; 65, A. 89; 69; 80, A. 156.160; 81, A. 161; 117, A. 2

A. Henrichs — 88, A. 216; 89, A. 220

P. Hoffmann — 64, A. 82.83

G. Hölscher — 12, A. 5; 18, A. 33; 20

M.P. Horgan — 52 mit A. 22.23

P.W. van der Horst — 44, A. 57; 65, A. 88; 120, A. 15

H. Hübner — 74, A. 126

C.-H. Hunzinger — 100

B. Janowski — 84, A. 187

G. Jeremias — 15, A. 20; 74, A. 127

J. Jeremias — 74, A. 129; 75, A. 132

A.H. Jones — 119, A. 12

J. Kampen — 119, A. 12

H.G. Kippenberg — 75, A. 136.138; 77, A. 144; 94, A. 242

H.-J. Klauck — 75, A. 136; 94, A. 242; 97, A. 262; 106, A. 301; 121, A. 18.19

G. Klinzing — 73, A. 113.119.120; 75, A. 136.137; 94 mit A. 239.240.243; 96, A. 251; 97, A.

	264, 102, A. 283; 104, A. 296
R. König	21, A. 50
S. Kottek	97, A. 260
H. Kraft	44, A. 54
H.-W. Kuhn	65, A. 89; 73, A. 117.118.121; 101, A. 277; 102, A. 285
K.G. Kuhn	9 mit A. 6
I. Lévy	48, A. 64
H. Lichtenberger	52, A. 21.23; 73, A. 115.117; 74, A. 130; 77, A. 149; 97, A. 264; 98, A. 267; 102, A. 281-283
H. Lignée	15, A. 19
H. Lindner	21, A. 51
G. Maier	57, A. 51
J. Maier	10, A. 7; 49, A. 2; 50 mit A. 8.10.11.14; 60, A. 72.73; 72, A. 109; 74, A. 125; 75, A. 133; 100, A. 275; 103, A. 293; 117, A. 4; 119, A. 14
S. Mason	20, A. 41.42; 22, A. 55; 60, A. 72; 109, A. 4.5
D. Mendels	53, A. 28; 104, A. 297; 105, A. 300; 106, A. 302
R. Meyer	17, A. 29; 52, A. 20; 85, A. 192; 94, A. 238; 118, A. 8
O. Michel	9; 16, A. 27; 18, A. 33; 19, A. 39; 22, A. 55; 25, A. 16; 43, A. 51; 52, A. 20; 63, A. 78; 70, A. 102; 97, A. 261; 100
J.T. Milik	44, A. 53; 51, A. 15; 53 mit A. 24.29; 54, A. 33; 97, A. 260; 103, A. 290; 118, A. 8
G.F. Moore	57, A. 51; 58, A. 58
W. Morel	63, A. 78
J. Naveh	97, A. 260; 107
J. Neusner	58; 60, A. 72
C. Newsom	96, A. 256
M. San Nicolò	68, A. 96-98; 83, A. 180-182
V. Nikiprowetzky	58, A. 62
M.P. Nilsson	17, A. 32; 43, A. 47; 81, A. 164; 85, A. 188; 88, A. 216; 89, A. 220
E. Norden	2; 102, A. 286
P. von der Osten-Sacken	101, A. 277; 102, A. 282.285; 104, A. 296
F. Pfeffer	55, A. 40
Ch. Picard	119, A. 13.14
B. Pixner	56, A. 48; 75, A. 135
M. Pohlenz	80, A. 159

F. Poland	83, A. 180; 84, A. 183
J. Pouilly	73, A. 120
K. Preisendanz	43, A. 47; 91, A. 222
E. Qimron	94, A. 238
Ch. Rabin	9, A. 4
T. Rajak	20; 59, A. 65
R. Reitzenstein	42, A. 40; 80, A. 160; 82, A. 173; 88, A. 216
K.H. Rengstorf	46, A. 60; 82, A. 172; 108 mit A. 1; 111 mit A. 6; 112, A. 7; 113, A. 9
Ch. Riedweg	89, A. 220
R. Riesner	56, A. 48
E. Rohde	63, A. 76; 64, A. 83.84; 81, A. 164.166; 83, A. 176; 92, A. 227; 112, A. 8
F. Römer	23, A. 5
H.H. Rowley	51, A. 15
E. Ruckstuhl	41, A. 37; 56, A. 48; 59, A. 67
S. Safrai	40, A. 33
K.G. Sallmann	21, A. 48; 23, A. 5
B. Salomonsen	10, A. 9
P. Schäfer	58f., A. 63; 60, A. 72
A. Schalit	62, A. 74; 63, A. 79.81; 82; 83
L.H. Schiffman	23, A. 9; 41, A. 36; 77, A. 147
K. Schubert	49, A. 2; 50 mit A. 8.14; 75, A. 133; 100, A. 275
E. Schürer	40, A. 31; 48, A. 64; 56; 57, A. 50; 58, A. 57; 71, A. 105; 95
E. Schürer/G. Vermes u.a.	9, A. 5; 10, A. 10; 12, A. 2-4; 13, A. 11; 15, A. 22; 18, A. 33.34; 19, A. 39; 22, A. 54.56; 23, A. 1.7; 40, A. 31; 42, A. 38.41; 49, A. 5; 52, A. 23; 56, A. 47; 57, A. 55; 58, A. 62.63; 59, A. 66; 60, A. 72.73; 71, A. 105; 72, A. 108, 109; 75, A. 133; 76, A. 142; 80, A. 156; 95, A. 249; 96, A. 251.252.258; 97, A. 261; 98, A. 265; 102, A. 287; 104, A. 296
O. Schwankl	57, A. 53; 60f., A. 73; 64, A. 85
H.-R. Schwyzer	42, A. 39; 80, A. 158.159
S. Segert	75, A. 136
M. Simon	12, A. 6
M. Smith	23, A. 9; 105, A. 299
W. Speyer	88, A. 216
H. Stegemann	15, A. 20; 49, A. 4; 50, A. 13; 51, A. 16.18; 53, A. 28; 65, A. 91; 73, A. 112;

142

A. Steiner	74, A. 128
G. Stemberger	75, A. 137
	12, A. 4.5; 13, A. 11; 20, A. 42; 37, A.
	25; 41, A. 36; 60, A. 72.73; 105, A.
	299; 117, A. 5
M. Stern	12, A. 2-4; 18, A. 33; 21, A. 49; 23, A.
	5.6; 25, A. 15; 43, A. 49; 60, A. 68-70;
	67, A. 93; 81, A. 161.162; 83, A.
	178.179; 85, A. 193
J. Strugnell	65, A. 89; 94, A. 238
E.L. Sukenik	9, A. 6
H.St.J. Thackeray	24; 25, A. 15
H. Thesleff	89f., A. 220
K. Treu	23, A. 6
K. Trüdinger	69, A. 100
G. Vermes	15, A. 20; 42, A. 42; 46, A. 63; 50, A.
	13; 77, A. 146; 96, A. 252; 98, A. 266
P. Volz	65, A. 88
B.Z. Wacholder	22, A. 52
L. Wächter	57, A. 51
B.L. van der Waerden	80, A. 155; 84 mit A. 185; 87, A. 205;
	88, A. 213.214
N. Walter	23, A. 10, 83, A. 177
M. Weinfeld	76, A. 142; 95, A. 249; 96, A. 250; 97,
	A. 261
P. Wendland	11; 42, A. 39.42; 80f., A. 159
U. Wilckens	37, A. 27
G. Winkler	21, A. 50
A. Wlosok	44, A. 55; 80, A. 160
A.S. van der Woude	49, A. 1; 51, A. 18; 73, A. 112; 96, A.
	253.256; 97, A. 260; 105, A. 299; 107,
	A. 305
Y. Yadin	41, A. 36; 95 mit A. 247; 117, A. 5
E. Zeller	5; 48, A. 64; 63, A. 76; 64, A. 82.86;
	85, A. 189.194; 86 mit A. 196; 88, A.
	215; 92, A. 232.235; 106, A. 301
K. Ziegler	17, A. 32

7.2 Stichwortregister

7.2.1 Namen und Sachen

alexandrinisch-jüdisch	18; 36; 39; 43; 44; 68, A. 95; 115

Anekdote | 14-18; 21; 22; 54; 55; 71; 114; 116

Archelaos, | 16; 19; 25 mit A. 16; 55
Sohn Herodes' des Großen, Ethnarch
von Judäa (einschließlich Samaria/
Idumäa) 4 v. – 6 n.Chr.

Arkandisziplin | 88; 91; 102; 106

Artemidor(os), | 16; 114
2. Jh. n.Chr., Verf. eines 'Traum-
buchs'

Asidäer, | 13 mit A. 11; 14; 55; 114; 118; 119
judäische Pietisten der Makkabäerzeit

Askese, Asket(en), asketisch | 10, A. 9; 20; 42 mit A. 39; 43; 67; 72;
73; 82; 83; 92; 93; 115; 119

Astrologie | 10; 52f.; 53, A. 28; 54

Bannos, | 9, A. 4; 20
lustrierender jüdischer Asket des 1.
Jh.n.Chr.

Brontologion | 53; 54, A. 34

Buch Noahs | 53; 97 mit A. 260

Chasidim, chasidisch, s. Asidäer

Chairemon von Alexandrien, | 42; 80 mit A. 159.160; 85f., A. 194;
griechisch-ägyptischer Schriftsteller | 106
des 1. Jh.n.Chr.

Daker,
s. Geten

Demetrius I. Soter, | 13; 14
seleukidischer König 162–150 v.Chr.

Demetrius II. Nikator, | 13; 14; 119
seleukidischer König 145–140 und
129–125 v.Chr.

Diaspora | 36

Dio (Chrysostomus) von Prusa, ca. 40–112 n.Chr., griechischer Rhetor und kynisch stoischer Philosoph

11; 12; 23; 24

Diodor griechischer Geschichtsschreiber des 1. Jh. v.Chr.

83

Drei-Schulen-Darstellung/Quelle/ Stoff/Text

13; 20; 56; 58-67; 79; 92; 114-117

Dualismus, dualistisch

9; 10, A. 9; 15; 36; 53, A. 28; 63; 74; 105

Ehe, ehelos, Ehelosigkeit

30; 31; 46; 68; 73; 74; 76; 78; 80; 93; 94

Eid

16; 34; 35; 37, A. 25; 69; 76; 88; 89, A. 220; 91; 93

Eintrittseid

93; 98-100; 106

Engel

73; 74; 90; 91; 102; 105; 112 mit A. 8

Epikureer, epikureisch, Anhänger der von Epikur (341–271 v.Chr.) ausgehenden philosophischen Richtung, die jede Form von Providenz ausschließt

57 mit A. 53

Epiphanius von Salamis, 4. Jh. n.Chr., griechischer Kirchenschriftsteller

13f., A. 11

Erprobung, s. Prüfung

Eschatologie, eschatologisch

36; 49f.; 52-54; 65; 105

Essäer, s. Essener

Essenen, priesterliche Asketen am Artemistempel zu Ephesus

5; 46; 119

Essener

passim

Namen(sform): Essäer/Essener	12; 13; 48; 56; 67; 72; 117; 119; 120
Bedeutung des Namens	5; 36; 67; 72; 117
Beziehung zu Qumran	9-11; 49-55; 64-66; 72-79; 94-107; 114-119; 121
Essenerquartier, Essenertor, Essenerviertel, s. Jerusalem	
ethnographisch	24, A. 12; 36; 69, A. 100; 76; 79; 81
Euseb von Cäsarea, ca. 260–339 n.Chr., griechischer Kirchenschriftsteller	12, A. 7; 23, A. 4
Gebet, s. auch Morgengebet, Sonnenkult	47; 84; 86; 96; 104; 121
Gebetsrichtung	5
gemeinsame(s) Mahl(zeiten), Gemeinschaftsmahl	29; 34; 35; 47; 68; 69, A. 99; 75; 79; 85; 86, A. 199; 95, A. 247; 96; 98-100; 106; 121
Geten, den Dakern verwandtes Volk (= Geto-Daker) der Thraker	46; 81-83; 104
Gütergemeinschaft	32; 33; 68; 72; 75; 76; 79; 80; 85-87; 94 mit A. 242; 99; 115; 121
Halacha	51, A. 18; 73; 74 mit A. 126; 94
Heiligtum, s. auch ἱερόν essenisches Heiligtum	40; 41; 83f.; 86; 94; 104; 115
Jerusalemer Heiligtum, s. Jerusalem, Tempel	
Heilkunde	87; 97
Heimarmene, s. auch εἱμαρμένη	58; 60; 62; 64-66; 116
Hellenismus, hellenistisch	10; 11; 55; 60; 64; 66; 72; 76; 78; 83; 115; 116; 120; 121

146

hellenistisch-jüdisch	18; 22; 24; 36; 37 mit A. 26; 54; 60; 69; 71; 78; 79; 115; 120
hellenistisch-jüdische Essäer-Quelle	48; 55; 67-79; 84; 88; 93; 114-117
Hermipp(os) von Smyrna, 3. Jh. v.Chr., Biograph	81 mit A. 163; 83; 91, A. 226;: 106; 115
Herodes der Große, 37–4 v.Chr.	16; 17; 19, A. 38; 35; 55; 78; 116; 117, A. 5
Herodot, ca. 490–425 v.Chr., griechischer Historiker	81
Hippolyt, römischer Lehrer zu Beginn des 3. Jh. n.Chr., griechischer Kirchenschriftsteller	23 mit A. 9
Ideal(isierung)	36; 42; 43; 67; 69; 76; 79; 80; 106, A. 301; 115; 116; 121
Initiation	88; 89f., A. 220
interpretatio Graeca	11
jachad (spezifische Selbstbezeichnung der Qumran-*Gemeinschaft*)	74; 99; 116
Jamblich, ca. 250–ca. 330 n.Chr., neuplatonischer Philosoph (syrische Schule)	s. Stellenregister
Jambulos, Verfasser eines utopischen Reiseromans	76, A. 140; 84
Jason von Kyrene, 2. Jh. v.Chr., hellenistisch-jüdischer Geschichtsschreiber	118, A. 10
Jerusalem	20; 21; 50; 59 mit A. 67; 75, A. 134; 103, A. 295
Jerusalem-Quelle des Josephus Essenerquartier bzw.	56; 60; 109; 117 56, A. 48; 75, 117

Essenerviertel	
Essenertor	19; 56; 117
Tempel	15; 16, A. 23; 19, A. 38; 40; 41; 51, A. 18; 74, A. 125; 83; 94; 95; 106; 117, A. 5
Johannes ('essäischer' Befehlshaber im Jüdischen Krieg)	19; 56; 117
Josephus Flavius, 37/38–ca. 100 n.chr., hellenistisch-jüdischer Historiograph	9; 13; 17-23; 25; 39; 41; 48; 50-52; 54; 55; 57-59 mit A. 67; 65, A. 89.91; 67; 70-72; 78; 79; 82; 83; 87; 88; 106; 112; 113, A. 9; 114-116; 119; 121
Judas (Seher 'essäischer Herkunft')	13-16; 18, 54
Judas aus Gamala, 'der Galiläer'	19 mit A. 40; 58
Klearch, um 300 v.Chr., Peripatetiker	60; 67, A. 93
Lager	75; 103
Manaem (essenischer Paragnost)	16-18; 54; 71
Mantiker	14, A. 12; 54; 55; 114; 118
Märtyrer	70; 71 mit A. 107
Mebaqqer (Gemeindevorsteher)	76; 95; 98
Megasthenes, um 300 v.Chr., griechischer Historiograph	60
Mirabilien, s. Paradoxographie	
Morgengebet, s. auch Gebet, Sonnenkult	47; 95; 96 mit A. 250; 140f.
Mysterieneid	88 mit A. 216; 89 mit A. 220; 91; 102
Neues Testament	10; 37f.; 65, A. 88; 117 mit A. 5; 120
Neupythagoreer,	11; 42 mit A. 40

148

Neupythagoreismus, d.h. Pythagoreismus der Kaiserzeit	
Nikolaus bzw. Nikolaos von Damaskus, ca. 64 v.Chr. bis Anfang des 1. Jh.n.Chr., griechischer Historiograph und Gelehrter	18; 20, A. 44; 21; 22; 54; 56; 61; 75, A. 132; 76, A. 140; 114; 116-118
Noah, s. Buch Noahs	
Öl,	85 mit A. 194; 95 mit A. 247; 106
Opfer(kult)	40; 41 mit A. 36
Paradoxograph, Paradoxographie, paradoxographisch	17; 18 mit A. 34; 114
Pharisäer, pharisäisch	19 mit A. 40; 20 mit A. 42; 22 mit A. 55; 50; 56-66; 75, A. 132; 114
Philo, Philonisch, 20/10 v.Chr.–40/50 n.Chr., alexandrinisch-jüdischer Religionsphilosoph im Stil des kaiserzeitlichen Platonismus	10-12; 23; 24; 36; 39-44; 48; 67; 68, A. 95; 71; 78; 80, A. 159.160; 89, A. 220; 114; 115
Philosoph(enschule), Philosophie, philosophisch	12; 18-20 mit A. 44; 22; 24; 36; 42; 43; 56; 58; 59; 69 mit A. 100; 71; 81; 83-85; 109; 115; 121
Plinius (der Ältere), 23–79 n.Chr., römischer Sachbuchautor	11; 12; 21 mit A. 48; 23; 24; 42, A. 39; 44; 45; 48; 75 mit A. 139; 107; 114; 115
popularphilosophisch	71
Poseidonios, ca. 135–50 v.Chr., griechischer Historiker, stoischer Philosoph	21, A. 48; 46; 81; 83
Postulant	87; 97-100
Priester, priesterlich	39; 40; 54, A. 34; 55; 56, A. 45; 68; 73; 74; 80f.; 85f., A. 194; 93-96; 103, A. 293; 104; 106; 114; 119

149

Probejahre, Probezeit	97-99
Prüfung	87; 97; 99; 100; 116
pythagoraisierende Essener-Quelle	80; 81-107; 112, A. 8; 114-117
Pythagoras, 6. Jh. v.Chr., Gründer der pythagoreischen Schule zu Kroton in Süditalien	20, A. 44; 42, A. 39; 75, A. 132; 80, A. 155; 81 mit A. 162.166; 83; 84, A. 184; 85; 89f., A. 220; 102, A. 286; 115
Pythagorasideal	86; 104; 105
Pythagoreer, Mitglieder des pythagoreischen Ordens bzw. Anhänger des pythagoreischen Lebensstils, pythagoreisch, Pythagoreismus	5; 42, A. 40, 48; 80; 84-87; 88, A. 213; 91-94; 96; 97; 101; 104-106; 115; 116
Quellen des Josephus, s. auch Drei-Schulen-Quelle, hellenistisch-jüdische Essäer-Quelle, pythagoraisierende Essener-Quelle, Jerusalem-Quelle, Triumphzug	5; 13; 18; 19, A. 38; 21-23; 25; 39; 41; 48; 51; 52; 58; 59; 61; 62; 67-69; 79; 80; 108; 112f.; 114; 116; 118-120; 121
Qumran(gemeinde)	9, A. 5; 10; 24, A. 12; 36; 41 mit A. 36; 49-54; 65 mit A. 91; 72; 77; 78; 94-97; 100; 104; 105; 106, A. 301; 107; 114-118
Qumranbewegung	9; 15; 56; 74; 114; 116; 119
Qumranschriften/Qumrantexte	5; 9-11; 15; 49-52; 55; 64-66; 72-79; 94-107; 119; 121
Raub	88; 90; 102; 120
Reinheit, Reinigung, s. auch ἁγνεία	69; 74; 77; 86; 87; 94; 95; 97-101; 103; 104, A. 296; 106
Sabbat(observanz)	36, A. 22; 47; 70; 72; 74, A. 126; 78; 93 mit A. 236; 115
Saddok, pharisäischer Mitstreiter des Judas	19, A. 40; 58

150

Sadduzäer, sadduzäisch	19; 20; 50; 56-64; 66; 114; 117, A. 5
Saken, indogermanisches Nomadenvolk	82
Salböl, s. Öl	
Schicksal, s. auch Heimarmene	53 mit A. 29; 57; 62; 65; 115
Schriftauslegung	52; 54; 55; 114
Schriftforschung, Schriftstudium	47; 55; 77; 80; 94; 97; 105
Schweigen	47; 85-87; 116
Schwören, s. auch Eid	35; 69; 78
Seele(nlehre)	62-64; 65, A. 89; 81, A. 165.166; 92; 115
Seher, s. auch Mantiker	14; 17 mit A. 29
Simon (Seher 'essäischer Herkunft')	14, A. 12; 16; 18; 54
Sklaven	30; 31; 47; 69 mit A. 100; 75; 76; 78
Sokrates, 469–399 v.Chr.	5; 84
Solinus, 3. Jh. n.Chr., Verfasser einer 'Sammlung von Merkwürdigkeiten'	23
Sonnenkult	5; 48; 84; 85 mit A. 189; 95; 96; 105, A. 299; 115
Stoa, Stoiker, stoisch, stoisierend	20; 22; 57; 60; 63-66; 115
Strabo, ca. 63 v.–19 n.Chr., griechischer Geograph	46; 81; 83
Tempel, s. Jerusalem	

Tempelrolle   51, A. 18; 95; 105, A. 299

Theophrast,
ca. 370–287 v.Chr., Leiter der peripatetischen Schule nach Aristoteles   60; 85, A. 193

Therapeuten,
s. auch θεραπευτής   10, A. 9; 11; 39; 41-45; 48; 74; 80 mit A. 160; 114; 115

Thoragehorsam, thoraobservant   65; 73; 74; 97

Thraker, thrakisch,
indogermanisches Volk, s. Geten   81-83; 89f., A. 220; 92; 93; 104; 115

Timaios,
um 300 v.Chr., griechischer Historiograph   84

Traumdeutung   16; 55 mit A. 41

Triumphzug   108 mit A. 2

Unsterblichkeit   62-65 mit A. 89; 80; 81; 83, A. 178; 94; 104

Unzucht   73

Urgemeinde   117; 121

Verwalter   32; 33; 80; 92; 93; 94

vierte Philosophie   19; 50; 58; 59 mit A. 65.66; 114; 115

Waschung   86; 96; 103; 104 mit A. 296

Zalmoxis (Zamolxis)   81 mit A. 163; 83 mit A. 178

Zelot(en), zelotisch   19; 50; 58; 59; 114; 117

Zölibat, zölibatär,
s. ehelos

7.2.2 Griechische Wörter

ἁγνεία   39; 40; 46; 55; 86, A. 199; 100

ἀθανατίζειν	81 mit A. 165; 92; 93; 109; 115
αἵρεσις	12; 19; 20, A. 42; 47; 59; 60; 90
ἀρετή	26; 27; 67, 71-73; 78; 115
γάμος	26; 27; 68; 93
γένος	12; 14, A. 12; 16-18; 26; 27; 39; 44; 60; 67 mit A. 93.94; 80, A. 155
δίκαιον	18; 29; 37; 77
δικαιοσύνη	18; 36; 37
δόγμα	91
ἐγκράτεια	26; 27; 47; 67; 72; 87 mit A. 210
εἶδος	12; 19; 59; 60; 67
εἱμαρμένη	22; 57; 60-62; 65, A. 91; 66
ἐπιμελητής	27; 68, 95
ἐπιείκεια	18
εὐσέβεια	18; 36; 37; 46; 78
ἡδονή	27; 47; 72
θεραπευτής, θεραπεύειν	39
ἱερόν	39; 40; 83, A. 182; 84, A. 184; 86, A. 198
καλοκαγαθία	18; 28; 29; 36; 71; 72; 78; 115
κέρδος	91
κοινωνία	26; 37, A. 23; 47; 121
κτίστης	82; 83 mit A. 180
λευχειμονεῖν	48; 93; 109
μάντις	18
μεταβολή	16
ὅμιλος	12; 87
πόλις	24; 28; 29; 39; 44
τάγμα	12
φιλάλληλος	61; 66; 109
φιλανθρωπία, φιλάνθρωπος	28; 36; 37
φιλοσοφεῖν, φιλοσοφία, φιλόσοφος	12; 19; 59; 60; 67
ψυχή	47; 60-64; 66

7.3 Stellenregister

7.3.1 Biblische Bücher

Genesis
Gen 1,27	74
1,28	74

Deuteronomium
| Dtn 18,22 | 15 |

23,11ff.   104 mit A. 296

1.Königbuch
1 Kön 19,12   96

Jesaja
Jes 5,12   98

Psalmen
Ps 79/78,2f.   13
   144,2   118, A. 7
   149,1   118

Prediger (Kohelet)
Pred 9,8   95

Esther
Esth 9,22   98

Markusevangelium
Mk 12,18   64

Lukasevangelium
Lk   2,46f.   121
    14,14   65, A. 88

Acta Apostolorum
Act 2,42-45   121
     4,32-35   121
    23,8   64

Römerbrief
Röm 12f.   120
    12,1ff.   37f.
    12,16f.   37f.
    12,21   120
    13,1-7   37, A. 27; 120
    13,1   37f.

Philipperbrief
Phil 2,6f.   120
     2,6   90, A. 221

1. Petrusbrief
1 Petr 2,13-17   37 mit A. 27; 38
       2,15   120

Apokalypse Johannes
Apk 17,1   55, A. 43
     21,9   55, A. 43
     22,9   55f., A. 43

7.3.2 Apokryphen und Pseudepigraphen des Alten Testaments

Aristeasbrief
Arist 24   18, A. 36
       43   18, A. 35
      108   68, A. 95
      117   43
      131   18, A. 36
      234   39f.
      290   18, A. 37

syrische Baruch-Apokalypse
syrApkBar 30,1-5   65, A. 88
           85,15   65, A. 88

Henochbuch
Hen   8,3   54
      22,1ff.   64, A. 82
      91,10   65, A. 88
      92,3   65, A. 88
     100,5   65, A. 88

Jubiläenbuch
Jub   2,29   78, A. 150
       7,1-6   95, A. 247
      10,10-14   97, A. 260
      10,13   97
      21,10   97
      32,11-13   95, A. 247

1. Makkabäerbuch   13, A. 10; 118, A. 10
1 Makk   2,42   118
         7,8-25   14
         7,13-17   13; 14; 119
         7,13   118
         7,23   13; 14
        12,5-25   13; 14

2. Makkabäerbuch   70; 71, A. 105; 118, A. 10
2 Makk   6,18-9,29   71

6,18		70
6,21		71
6,30		70
7,1		70
7,7		70; 71
7,8		70
7,12		70
7,13		70
7,24		71
8,11		71
14,6		118

4. Makkabäerbuch		70-72
4 Makk	1,1	72
	1,2	72
	1,3	72
	1,4	72
	1,8	72
	1,10	72
	1,11	70
	1,20	72
	1,21	72
	1,22	72
	5,6	70
	5,27	70
	5,34	72
	6,1	70
	6,7	70
	6,16	70
	6,25	70
	6,26	70
	6,27	70
	6,34	70
	8,2	70
	8,4-7	71
	9,9	71
	9,14	70
	9,17	70
	9,20	70
	9,26	70
	10,8	71
	12,4	70
	12,11	70
	15,14	70
	15,20	70
	18,22	71

Psalmen Salomos   119
PsSal   3,10-12   65, A. 88
        4,1   118, A. 7
        17,16   118, A. 7; 119

Testament Levis (K. Beyer)
L 39   97
   57   97

7.3.3 Qumran (Wüste Juda)

1 QH   1,22   73, A. 116
       7,10   73, A. 122
       9,29ff.   74
       9,35f.   74
       10,29f.   101
       12,5   96, A. 250
       12,6   96, A. 250
       14,8-22   101
       14,17ff.   99
       14,17f.   101
       14,19f.   101
       14,25f.   101

1 QS   1,1-5   77
       1,1ff.   77, A. 149
       1,5   79
       1,9f.   101
       1,11f.   75
       1,16   119
       1,17f.   102
       2,4f.   66
       3,4f.   94
       3,8f.   96, A. 251
       3,9   94
       3,13 – 4,26   53, A. 28
       4,5   66
       4,6-8   65
       4,6   102
       4,11-14   65
       4,15-26   53, A. 28
       4,23-26   53, A. 28
       5,2f.   75; 103
       5,3   79
       5,7ff.   99

5,8f.	73
5,11	94
5,13f.	98
5,13	73, A. 124; 94; 96, A. 251; 104, A. 297
5,14	75; 94
5,15f.	102
5,16	102, A. 288
5,23	103
5,24 – 6,1	101
5,25	66; 96
6,2	75; 95, A. 247; 96, A. 252; 103
6,3	96; 103, A. 294
6,4f.	95, A. 247; 96 mit A. 252; 98
6,6	77; 103, A. 294
6,8ff.	96
6,8	103
6,10f.	96
6,13-23	97-99
6,13-15	98
6,13	97
6,14	97
6,16f.	96, A. 251; 98; 100
6,16	97; 100
6,17-22	75
6,17	97
6,18	97; 100
6,19f.	97
6,19	103; 119
6,20	98; 100
6,21	97; 98
6,22	96, A. 251; 97
6,24 – 9,2	103
6,24	102, A. 289; 103
6,25	96 mit A. 251; 98
6,26	96
7,1f.	102, A. 287
7,3	96, 251; 98
7,6	75
7,9f.	96
7,13	103
7,16f.	102, A. 287
7,16	96, A. 251; 98
7,22-25	102, A. 287
8,2	79
8,11f.	102
8,13	119

	8,17	73, A. 124; 98
	8,21 – 9,2	102, A. 287
	8,24	98
	9,7f.	75
	9,15	101
	9,16f.	102
	9,16	101
	9,17	101
	9,21f.	101; 102
	10,1	96, A. 250
	10,19	101
	10,24f.	102
	11,10f.	65f.
CD	4,20 – 5,6	73; 74
	4,3	119
	4,18	94
	5,6	94
	6,5	119
	6,18	78
	6,20f.	66
	7,2	101
	7,6f.	75
	9,1-8	96
	9,3	101
	9,7f.	101
	9,18	101
	9,21	98
	9,23	98
	10,6	77
	10,10f.	94
	10,14 – 11,18	78
	10,21	75
	12,23	75
	11,5	75
	11,12	75
	11,21f.	96, A. 251
	12,10f.	75
	12,16	95; 107
	12,19	75
	12,23	75
	13,1f.	103, A. 294
	13,2	77
	13,11-13	98
	13,14	77, A. 144
	13,15f.	96

15,1-5	103 mit A. 291
15,2f.	103, A. 291
15,5ff.	99
15,7-10	98
20,7	75
20,23	94
1 OpHab 12,8	94
1 QSa 1,5-7	77
2,17-21	96, A. 252; 98
2,17f.	75
2,18-20	95, A. 247
2,19	96
2,22	103, A. 294
4 Q *169* (pNah)	
4,1-4	52f.
4,3	53
4 Q *186*	10; 53 mit A. 28.29
4 Q *317*	53, A. 29
4 Q *385*	65, A. 89
4 Q *401* 16,2	96, A. 256
4 Q *405* 18,3	96, A. 256
18,5	96, A. 256
19,7	96, A. 256
22,7	96, A. 256
22,8	96, A. 256
22,12	96, A. 256
22,13	96, A. 256
4 Q *503* f 1,1	96, A. 250
4,1	96, A. 250
10,1	96, A. 250
4 Q *513* 13,4	95; 107
4 Q *514* 1, I,3-11	96
4 QMMT B 27-33	75
60-62	75

80-82	73
C 7f.	94
7	119
4 QAmram	56, A. 45
4 QEn[b] 1,3,2f. (Hen 8,3)	53f.
4 QHor ar	53 mit A. 30
11 QPs[a] 154,12	118
11 QTemple 18-22	95, A. 247
22,12ff.	95
43	95, A. 247
46,13-16	103, A. 295
51,4	41, A. 36
M 45,6	118 mit A. 6.7
(DJD II, 163f.)	

7.3.4 Josephus

De bello Judaico	12
(= bell.)	
1,1	70, A. 102
1,25f.	19, A. 38
1,26	79, A. 153
1,29	108, A. 2
1,31	18
1,78-80	12-14; 18; 21; 52
1,78	12; 14, A. 12; 15; 17
1,79	18
1,80	18
1,82	15
1,110-112	22
1,110	61f.
1,422-428	78
2,1-118	109
2,105	110
2,111	16 mit A. 24; 111
2,112f.	12; 13; 16; 18; 21; 52
2,112	18

2,113	12; 14, A. 12; 16, A. 24
2,115	110f.
2,116	18
2,117	16; 18; 19; 22; 55; 110
2,118-166	19
2,118ff.	59
2,118	19; 48; 58; 59; 114
2,119-166	22; 56; 57, A. 51; 58; 62; 66; 108-112; 116
2,119-161	12; 13; 19; 21; 23; 66-68; 79; 80; 104; 114
2,119ff.	62
2,119	12; 19; 27; 31; 39; 46; 58, A. 59; 60-62; 67; 109; 110; 112
2,120f.	46; 68; 74; 80; 82
2,120	27, 31; 39; 47, 67; 68; 73; 74 mit A. 130; 109; 112
2,121	27; 31; 68; 71; 76; 93
2,122	12; 27; 33; 47; 68; 72; 76; 80; 86; 93-95; 109; 112
2,123	27, 33; 48; 68; 69; 80; 86; 92; 93; 95; 107; 109
2,124	29; 33; 39; 68; 75; 76; 109
2,125	12; 27; 68
2,126	109
2,127	29; 33; 69; 76; 77 mit A. 144; 109
2,128ff.	93; 96
2,128	5; 47; 84; 85; 93; 95; 105, A. 299; 112
2,129-132	85
2,129ff.	96
2,129f.	47; 96
2,129	29; 35; 48; 69; 75; 86, A. 197; 95; 96; 110
2,130-133	29; 35; 68f.
2,130	47; 86, A. 202; 112
2,131	47; 68; 86, A. 197.201; 96; 110
2,132f.	86, A. 202
2,132	96; 112
2,133	47; 86, A. 203; 96; 110
2,134	86; 87; 95; 96
2,135	29; 35; 37, A. 25; 69; 76; 87; 96; 110
2,136	47; 80; 87; 93; 96; 97 mit A. 260; 107; 110; 112
2,137-144	87
2,137-139	98f.
2,137f.	97; 98; 100
2,137	12; 87 mit A. 212; 95; 97; 110; 112
2,138	12; 47; 87 mit A. 210; 97; 100; 110; 112
2,139-142 (139ff.)	69; 88
2,139-141	88, A. 218
2,139f.	36-38; 77; 88; 120

2,139	29; 35; 47; 69; 88, A. 213; 91; 93; 98; 101
2,140	29; 35; 37, A. 26; 76; 110
2,141f.	88, A. 214
2,141	47, 69; 88; 91, A. 223.225; 93; 101; 102; 109
2,142	12; 47; 88 mit A. 218; 90; 91; 102; 110; 112; 120
2,143f.	102
2,143	12; 102, A. 288; 110; 112
2,144	112
2,145	91, A. 226; 102 mit 289; 103; 110
2,146	91; 103
2,147	29; 35; 70; 72; 78; 93 mit A. 236; 103; 110
2,148f.	103
2,148	84; 85; 110
2,149	85; 104; 110; 112
2,150	86; 104 mit A. 297.298
2,151	92 mit A. 229.230; 93; 104; 110; 112
2,152f.	29, 70; 72
2,152	29; 35; 70 mit A. 102; 110; 112
2,154-158	18; 60; 62; 80; 92; 93
2,154f.	64; 92, A. 233; 93; 104
2,154	64; 92; 110
2,155	64; 110
2,156-158	93
2,156	63; 64; 110; 112
2,157	63; 92 mit A. 234; 111
2,158	12; 68; 110
2,159	18; 22; 29; 35; 47; 52; 54; 55; 68; 70; 71; 77; 80; 110
2,160f.	18; 68; 71; 74; 80; 82; 92; 93
2,160	12; 68; 93
2,161	12; 47; 61; 68; 110
2,162-166	19; 22; 66
2,162f.	60
2,162	20; 58, A. 59; 61
2,163	60; 64
2,164f.	57, A. 54; 60
2,164	57, A. 55; 58, A. 59
2,165	60; 64
2,166	61f.; 109; 111
2,167-654	109
2,167	19; 110f.
2,169	110
2,172	110
2,176	111
2,400	40

2,409	70, A. 102
2,415	41
2,566-568	12
2,567	12; 19; 56
2,638	70, A. 102
3,9-12	12
3,11	12; 19; 56
3,19	19; 56
3,144	21
3,352	55 mit A. 41
3,362-382	63
3,372	63
3,374f.	63
3,434-437	21
3,520	43
4,177	70, A. 102
4,359	70, A. 102
5,1-135	109
5,136-247	19; 56; 60; 109; 117
5,142-145	12
5,145	12; 19; 56
5,248-572	109
6,34-53	63
6,47	63
6,329	70, A. 102
7,1-122	108
7,4	59
7,44f.	41, A. 35
7,123-157	108
7,158-455	108
7,257	70, A. 102
7,341-357	63
7,344-346	63
7,369	70, A. 102
Antiquitates Judaicae (= ant.)	12
1,4	70, A. 102
1,17	79, A. 153
1,151	82, A. 171

9,155	40
10,277f.	57
11,31	82, A. 171
12,393-401	14
12,393	13
12,396	13; 14
12,397	13
12,400	13; 14
12,402	13
13,166-170	13; 14
13,171-173	13; 14; 20; 22; 56; 57, A. 51; 67
13,171f.	12; 58
13,171	12; 57, A. 52; 60; 61
13,172	12; 60; 62; 65; 66
13,173	19; 57, A. 54; 60
13,174	13; 14; 119
13,230	82, A. 171
13,288-298	56
13,298	12; 13; 19
13,311-313	12; 13; 21; 52
13,311	12; 13; 17
13,312	18
13,313	18
14,257	20, A. 42
14,258	40
14,260	40
15,368	16
15,371-379	12; 37, A. 25; 114
15,371	12; 13; 16; 19; 27; 31; 67; 80, A. 155; 118
15,372	13; 17
15,373-379	16; 18; 21; 22; 52; 54; 67; 71
15,373	13; 18; 29; 35; 46
15,375	17
15,375f.	18
15,377	116
15,378	13; 29; 35; 70
15,379	17; 18; 29; 35; 71
ant. 17 – 19	109, A. 4

17,41-45	22
17,41-43	56
17,41	61
17,42	75, A. 132
17,342	16, A. 24
17,345-348	12; 13; 16; 21; 52
17,345	16, A. 24; 18
17,346	12
17,354	17
18,1-11	109
18,1-3	19
18,3	58
18,4-25	19; 59
18,4	19
18,8f.	19
18,8	58
18,9	19 mit A. 40; 58; 114
18,10	59
18,11-22	22; 56; 57, A. 51; 58; 117
18,11	12; 13; 19; 20; 59; 60
18,12-22	59; 109
18,12-15	22; 109, A. 4
18,12	20
18,13	60; 62
18,14	60; 64; 109
18,16	20; 60; 64; 109
18,18-22	12; 41; 79; 80; 83; 92; 104; 109; 114
18,18	13; 20; 60; 62; 63; 67; 80; 81; 84; 92; 93; 109
18,19	15; 29; 35; 39-41; 69; 75; 83; 92; 94; 109
18,20	27; 29; 31; 33; 35; 67; 68; 72; 80
18,21	27; 31; 46; 47; 68; 69; 74-76; 80; 109
18,22	68; 80; 82-84; 92; 93; 109
18,23-379	109
18,23	19 mit A. 40; 58; 59; 114
18,24	59, A. 65
18,26	19
18,100	82, A. 174
18,270	70, A. 102
20,69	70, A. 102
20,91	82, A. 174
20,172	70, A. 102
20,223	70, A. 102
20,257	70, A. 102

De vita sua (= vita)	12; 108
8-12	20
9	21; 121
10-12	12; 20, A. 43; 56
10f.	20
10	12; 13; 57, A. 51
11	9, A. 4; 20
12	20, A. 42
27	70, A. 102
182	70, A. 102
391	70, A. 102
Contra Apionem (= c.Ap.)	12
1,43	70
1,164f.	81
1,164	91, A. 226
1,178	67, A. 93
1,179	60, A. 70
2,179-181	57; 58
2,180	57
2,219	70
2,233	70

7.3.5 Philo von Alexandria

de Abrahamo

Abr 251	67, A. 94

de agricultura

agr 135	18, A. 35

de Cherubim

Cher 48	89, A. 220

de congregatione eruditionis gratia

congr 105f.	40

105   42

de vita contemplativa   23; 42; 44

contempl 1   42; 48
          2   28; 34; 42; 43, A. 47; 46f.; 55
          3-9   42
          11   42
          13   45
          18-22   44f.
          18   44f.; 74; 82
          19f.   47; 68, A. 95
          19   26; 28; 32; 39
          20   44
          21f.   43
          21   44f.
          22f.   43
          22   93
          23   43, A. 50
          24   47
          27   47; 84, A. 186
          28   47
          29   47; 87
          30   47
          31   47; 86, A. 202
          32   48; 86, A. 197
          34   47
          37   47; 86, A. 203
          38   47
          40   47
          63   47
          64   47
          66   47f.; 86 mit A. 201; 91, A. 225
          67   26; 30; 39; 74
          70   47
          72   47
          73   47
          88   43, A. 47
          89   47; 84, A. 186
          90   71

de decalogo

decal 66   42

quod deterius potiori insidiari soleat

det 73   18, A. 36

de ebrietate

ebr 69   40; 42

in Flaccum

Flacc 44f.   44, A. 47
     49   44, A. 57

legatio ad Gaium

Gai 119   18, A. 36
    214   44, A. 57
    281f.   44, A. 57

de migratione Abrahami

migr 124   42

de plantatione

plant 42   18, A. 35

de posteritate Caini

post 184   39, A. 30

de praemiis et poenis

praem 43   42
    162   18, A. 36

quod omnis probus liber sit

prob 41   18, A. 35
   62   18, A. 35
   71   18, A. 35
   73   47
   75-91   12; 23; 24; 48; 114
   75   18, A. 35; 26; 28; 30; 34; 39; 41; 42; 46; 67; 68; 72; 118
   76   26; 32; 34; 39; 44; 47; 68, A. 95; 69; 75
   77   26; 32; 68; 72
   78   28; 32; 34; 69; 76; 77, A. 144

79	26; 30; 69; 75
80	28; 34; 47; 55; 69; 77
81ff.	36, A. 22
81	28; 34; 47; 70; 72; 78
82	47
83f.	36-38; 69
83	28; 34-37; 77
84	26; 28; 30; 32; 34; 47; 68; 69; 72; 76
85	28; 32; 76
86	26; 28; 32; 34; 47; 68
87	47
89-90	28; 70; 71
89	28; 34; 71
90	71
91	18, A. 35; 28; 34; 47; 71; 119

de sacrificiis Abelis et Caini

sacr 60	89, A. 220

de somniis

somn 1,151	64, A. 82

de specialibus legibus

spec 1,290	40
1,309	42; 43
2,62f.	36, A. 22
2,63	36f.
2,163	44, A. 57

de virtutibus

virt 175	18, A. 36
185	42

pro Iudaeis defensio

apol 1-18	12; 23; 24; 48; 114
1	26; 28; 30; 32; 39; 46; 47; 68; 75
2	26; 28; 30; 34; 39; 44; 46; 67
3	26; 30; 39; 44; 47; 68; 74
4	26; 30; 32; 47; 68; 69; 75
5	28; 34; 68
8f.	69; 75

8	28; 34
9	28; 34
10	26; 32; 68; 92
11	47
12	47
13	47
14-17	68
14	26; 30; 45; 47; 68; 74; 76
17	26; 30; 76
18	28; 34; 70; 71

7.3.6 Griechische und lateinische Profanschriftsteller

Apuleius, Apologie
(2. Jh. n.Chr.)

55,4	89f., A. 220

Artemidor, Traumbuch
(2. Jh. n.Chr.)

2,69	15, A. 14
2,70	16, A. 26

Diodor, Weltgeschichte
(1. Jh. v.Chr.)

II, 59,6	76, A. 140
II, 59,7	84; 105f., A. 300
X, 3,5	86; 95, A. 244
X, 7,4	87, A. 207
X, 9,6	86, A. 198

Diogenes Laërtios, Leben und Meinungen berühmter Philosophen
(3.Jh. n.Chr.)

VIII, 7	88, A. 214
9	86, A. 203
10	86, A. 195; 95, A. 244
13	42, A. 39; 92, A. 229
15	88, A. 214
17	85, A. 190
19	42, A. 39; 85, A. 191; 86, A. 196
20	87, A. 207

22	91
23	87, A. 207; 91, A. 224
28	92
33	86

Herodot, Historien
(5. Jh. v.Chr.)

4,93	81
4,94-96	81
4,94	81
5,16	46, A. 60
5,40	46, A. 60
6,63	46, A. 60

Hesiod, Werke
(um 700 v.Chr.)

159f.	64, A. 83
171	64, A. 83

Homer, Odyssee
(9./8. Jh. v.Chr.)

4,561ff.	63 mit A. 79

Jamblich (um 300 n.Chr.)

Protreptikos 106,18	85, A. 190

vita Pythagorica
9-12	18, A. 44
10	18, A. 44
12	18, A. 44
13	92, A. 229
14	84, A. 184
29f.	86, A. 195
37	91
68ff.	92, A. 229
68	86, A. 202
71-74	87
71	87 mit A. 211
72	86, A. 195; 87; 91
81	86, A. 195
96	84, A. 184; 85; 86, A. 202

97	85, A. 194
98	86, A. 199; 91
99	91
100	86, A. 196; 91, A. 224
101	87, A. 207
106ff.	92, A. 229
146	81, A. 162; 89f., A. 220
149	86, A. 196.201
153	86, A. 198.199; 92, A. 233
155	86, A. 201
162	88, A. 213
163	85; 86, A. 202
164	87, A. 209
178	91, A. 226
179	92, A. 234
188	86, A. 202
196-198	87, A. 207
198	91, A. 225; 92, A. 230
223	91, A. 223.224
224f.	87, A. 207
225f.	92, A. 230
226	91
231	87, A. 207
253	87, A. 208
256f.	84
256	85, A. 189; 87
257	86, A. 195
266	92, A. 228.233

Lukian, Wahre Geschichten
(2. Jh. n.Chr.)

2,6f.	64, A. 83
2,17	64, A. 83
2,23	64, A. 84

Pausanias, Graeciae descriptio
(2. Jh. n.Chr.)

VIII, 13,1	46, A. 62

Philostrat, Apollonios von Tyana
(um 200 n.Chr.)

I, 7	80, A. 155
8	80, A. 196

	14f.	86, A. 202
	16	86, A. 194
	32,2	86, A. 196
II,	38	85, A. 189
VI,	10,1	85, A. 189
	11	86, A. 202.203
	11,5	86, A. 196
	32,1	85, A. 189
VII,	26	92, A. 233
	31,1	85, A. 189
VIII,	7,17	86, A. 196
	13,3	85, A. 189

Pindar, Siegeslieder
(5. Jh. v.Chr.)

Olympia II,71   63, A. 79

Isthmos III/IV 54b   63, A. 80

Plato (4. Jh. v.Chr.)

Symposion 220D   5; 85, A. 188

Staat 600B   80, A. 155

Plinius, Naturgeschichte
(1. Jh. n.Chr.)

1,21   21, A. 48
4,80   83
5,71-73   24, A. 12
5,73   12; 23; 44f.; 74; 82; 93; 107

Porphyrios (3. Jh. n.Chr.)

vita Pythagorae
19   88, A. 214
20   75, A. 132; 86, A. 195

de abstinentia
1,36   84, A. 184

2,26	60, A. 68
4,6-8	42; 80, A. 158
4,6	85f., A. 194
4,13	88, A. 218; 101

Silius Italicus, Punica
(1. Jh. n.Chr.)

1,26-28	45

Strabo, Geographica
(1. Jh. v./1. Jh. n.Chr.)

VII, 3,3	46; 82
3,4	46; 82 mit A. 168
3,5	81
XVI, 2,42	43
2,44	43

Tacitus, Annalen
(2. Jh. n.Chr.)

6,44	82, A. 174

7.3.7 Kirchliche Schriftsteller

Arnobius der Ältere, Gegen die Heiden (um 300 n.Chr.)

I,43,1	90 mit A. 221

Clemens Alexandrinus
(2. Jh. n.Chr.)

Stromata I,15	60, A. 69

Hippolyt, Refutatio (Widerlegung aller Häresien)
(3. Jh. n.Chr.)

V, 10,2	90
27,2	88, A. 216
IX, 18,2 – 28,2	23